U0051379

楞嚴經講記

——第十二輯

——平實導師 述

ISBN 978-986-6431-22-7

以離念靈知心爲真如心者，是落入意識境界中，與常見外道合流，名爲佛門常見外道；以六識之自性（見性、聞性、嗅性、嚐性、觸知性、警覺性）作爲佛性者，是與自性見外道合流，名爲佛門自性見外道。近代佛門錯悟大師，不外於此二類人之所墮。

以六識論而主張蘊處界緣起性空者，與斷見外道無二；彼等捨壽時若能滅盡蘊處界而入無餘涅槃，彼涅槃必成斷滅故，名爲佛門斷見外道。此類人恐生斷見之譏，隨即益以「意識細心常住」之建立，則返墮常見之中；一切粗細意識皆「意、法因緣生」故，不脫常見外道範疇。此等人，皆違聲聞、緣覺菩提之實證，亦違佛菩提之實證，即是應成派中觀之邪見也。

《楞嚴經》既説真如心如來藏，亦同時解説佛性之內涵，並闡釋五蘊、六根、六塵、六識、六入全屬如來藏妙真如性之所生，附屬於如來藏妙真如性而存在及運作。如來藏心即是第八識阿賴耶識，妙真如性即是如來藏心體流露出來之神妙功德力用，諸菩薩目之爲佛性。

此經所説法義，迥異諸經者，謂兼説如來藏與佛性義，並將蘊處界入等一切法攝歸如來藏妙心與其功德力用之中。其中法義甚深、極甚深，謂言詞古樸而極簡略，亦謂其中妙義兼含地上菩薩之所證，絕非明心後又眼見佛性之菩薩摩訶薩所能意會，何況尚未實證如來藏之阿羅漢？更何況未斷我見之應成派及自續派中觀師？其餘一切落入意識境界之當代禪宗大法師，皆無論矣！有大心之真學佛而非學羅漢者，皆應深入熏習以求實證之。

目次

第十五輯：

自序

《楞嚴經講記》是依據公元二〇〇一年夏初開講《楞嚴經》時的錄音，陸續整理爲文字編輯所成，呈獻給讀者。期望經由此經的講經記錄，利益更多學佛人，藉以生起對大乘法教的仰信，願意景行景從而發起菩薩性；亦藉此書熏習大乘法義，漸次建立正知正見，遠離常見外道意識境界，得斷我見。同時可由深入此書中所述法義的如實理解，了知常住真心之義，得離斷見外道邪見；進而可以明心證真，親見萬法都由如來藏中出生，成爲位不退之實義菩薩，親自觀察所證如來藏阿賴耶識心體，絕非常見外道所墮之神我。並能現觀外道所墮神我，實由其如來藏所出生之識陰所含攝，不外於識陰範疇。乃至緣熟之時可以眼見佛性，得階十住位中，頓時圓成身心世界如幻之現觀，不由漸修而成，一時圓滿十住位功德，或能得階初行位中，頓超第一大阿僧祇劫三分有一。如是利益讀者，誠乃平實深願。

然而此經之講述與整理出版，時隔九年，歲月淹久，時空早已轉易；當時爲令學人速斷我見及速解經中如來藏妙義而作簡略快講，導致極多佛性義理略而未說，亦未對部分如來藏深妙法義加以闡釋，已不符今時印書梓行及流傳後世之考量，不符大乘法中菩薩廣教無類及顯示勝妙真如佛性義理之原則。是故應當加以深入補述，將前人所未曾言之如來藏深妙法義中，可以梓之於文者，以語體文作了大幅度增刪，令讀者（特別是已悟如來藏者）得以前後再三閱讀思惟而深入理解經義。由此緣故，整理成文之後，於潤色之時特地作了補述及大幅度增刪，令讀者得以一再閱讀深思而理解之，藉以早日轉入菩薩位中，遠離聲聞種性；並能棄捨聲聞法義之侷限，成真菩薩。此外，本講記是正覺同修會搬遷到承德路新講堂時所講，當時新購講堂之錄音設備尚未完善，更無錄影設備，是故錄音時亦有數次漏錄情況，只能在出版前另以語體文補寫，一併呈獻給讀者。

大乘經中所說法義，單說如來藏心體者，已經極難理解，是故每令歷代名聞諸方之大師難以理解，更何況《楞嚴經》中非唯單說如來藏心，實亦兼涉佛性之實證與內涵。如來藏心體對六塵離見聞覺知，而如來藏的妙真如性—佛性—則對六塵不離見聞覺知，卻不起分別，亦非識陰覺知心之見聞覺知；欲證如來藏心體及眼見佛性者，修學方向與實證條件差異極大，苟非一一實證者，縱使讀懂此經文義，亦無法實證之。何況此經文句極為精鍊簡略，今時人之文言文造詣亦低，何能真實理解此經真義？而欲證知經中所說如來藏心與佛性義，欲求不起矛盾想者，極難、極難矣！特以佛性之實證、內涵、名義，古今佛教界中所述紛紜，類多未知佛性、或未實證眼見佛性現量之凡夫所說者；如斯等人或讀此經，必然錯會而誤認六識之見聞知覺性爲常住之佛性；以是緣故，亦應講解此經而令佛教界廣爲修正舊有之錯誤知見。

然而此經中有時亦敘述如來藏具足令人成佛之體性，如同世親菩薩所造《佛性論》之意涵，並非《大般涅槃經》中 世尊所說十住菩薩眼見佛性，亦非此經中所說佛性—妙真如性—現量境界之實證真義；由是緣故，凡未親證如來藏又未眼見佛性者，往往誤會此經中所說十八界六入等境界相即是佛性境界，墜入六識之見聞知覺性中。是故九年前講述此經時，已依此經所說佛性真義而略述之，並依此經所說第二月真義，略加旁述佛性之理；然未盡說，預留讀者將來眼見佛性之因緣，故已隱覆佛性密意而略述佛性之義。藉此覆護佛性密意之宣演佛性方式，促使讀者將來明心之後更有眼見佛性之因緣，得以漸次成熟；或於此世、或於他世，得以一念相應而於山河大地之上，親見自己的佛性，頓時成就世界身心如幻之肉眼所見現量境界，不由漸修而得，一念之間頓時圓成第十住滿心位之身心世界如幻現觀。

又，地上菩薩由無生法忍功德所成就之眼見佛性境界，能由如來藏直接與眾生心相應；雖然凡夫、賢位眾生之心仍不知已被感應，但地上菩薩往往已經於初次相見之時，即已感應其如來藏所流注之種子，由此而知彼眾生往世曾與菩薩結下善緣或惡緣。未離胎昧之已入地菩薩眼見佛性時，具有如是功德，故能由此直接之感應，作出對彼凡夫位、賢位等菩薩應有之開示與因應，此即是三地以下菩薩隨順佛性以後，在無宿命通、天眼通之情形下，仍能妥善因應眾生根性之緣由所在。如是，諸地菩薩於眼見佛性之後所得智慧，迴異十住菩薩之眼見佛性境界智慧，非十住位至十迴向位菩薩所知。一切未眼見佛性而已明心之賢位菩薩，更未能知此。

至於尚未明心而長處無明長夜中之意識境界凡夫菩薩，更無論矣！皆名凡夫隨順佛性。聲聞種性僧人及諸外道，總將識陰六識之見聞知覺性錯認為佛性，據以誣謗十住菩薩之眼見佛性境界，何況能知諸地菩薩所隨順之佛性智慧境界？唯能臆想而妄加誹謗爾。然諸佛所見佛性，又異於十地、妙覺、等覺；謂諸佛眼見佛性後，成所作智現前，能以五識各自流注而成就無量利益眾生之事，化身無量無邊，非等覺及諸地菩薩所能臆測。故知眼見佛性者，層次參差不一，各各有別，少聞寡慧者並皆不知，乃至已經眼見佛性之十住菩薩仍不能具知也！如是眼見佛性境界，則非此經之所詳述者；故我　世尊已於別經再作細說，以令圓滿化緣，方得取滅而以應身方便示現進入涅槃。如斯佛道意涵，深邃難知，苟非已有深妙智慧者，難免誤會而成就大妄語，或因難信而生疑，以致施以無根誹謗，未來捨壽後果堪憂；是故平實於此序文中預爲說之，以警來茲，庶免少聞寡慧凡夫閱後惡口謗法，捨壽之後致遭重報。

此外，時值末法，每有魔子魔民身披佛教法衣演述常見、斷見外道法，轉易佛門四眾同入常見外道、斷見外道知見中；更有甚者，身披法衣而住於如來廟堂之中，實行印度教外道性力派—坦特羅「佛教」—譚崔瑜伽男女雙身合修之意識貪觸境界，夜夜乃至白晝公然宣婬於寺院中，成爲彼等眾人寺院中的公開祕密，唯獨淺學信徒不知爾。如是邪說邪行，已經廣行於末法時代之學密佛教寺院中，台灣海峽兩岸亦皆已普及，極難扭轉其勢，豈符世尊法教真義而不違佛制戒律？身披僧衣而廣行貪婬之行，墮落識陰境界中，豈能相應於真心如來藏離六塵貪愛之清淨境界？眼見如斯末法現象，平實不能不喟嘆末法眾生之福薄：屢遇如是宣揚外道法之邪師而不自知，更隨之暗地實修雙身法而廣違佛戒，日日損減自己每年布施眾生、供養三寶所得福德。

更有甚者，一心追隨邪師而認定邪法爲正法，不知邪師每每身現好相，佯爲實證及清淨之人；學人由無明所罩故，以護法之善心而與邪師共同造下破法之愚行，將了義勝妙之正法謗爲外道神我、外道自性見；亦將弘揚正法之賢聖謗爲外道、邪魔，坐令邪師勢力增廣，導致邪法弘傳益加普及。是則因於無明及名師崇拜，以善心而造惡業；然猶不能自知真相，每以**壞法**及**謗賢聖**之惡行得以成就，而沾沾自喜爲**護法大功**焉，實可憐憫。今此經中，佛陀對此廣有開示，讀者若能摒棄以前追隨名師所聞之先入爲主觀念，客觀地深入此書中，一一比對佛語而能深細檢驗；然後一一加以深思，並依本經所說蘊處界功能本質及生滅性之現量加以現觀，即可遠離既有之邪見而轉入正知正見之中；若能正確了知之後，益以正確之護法善行而積功累德，何愁此世無有實證如來藏而悟入大乘菩提之機緣？乃至福厚而極精進者，亦得眼見佛性而圓滿十住位之世界身心如幻現觀。

末後，令平實不能已於言者：對於中國佛門中已存在百年及密宗已存在數百年之宗喀巴外道法因緣觀及菩提道次第，亦應由此經義而廣破之。謂百年來常有大法師遵循日本學術界中少數人的錯誤觀點，一心想要以學術研究所得取代佛法特重實證的經中教義；而日本近代此類所謂佛學學術研究者，本質仍屬基督教信仰者急於**脫亞入歐**而提升日本在國際上之學術地位，想要與歐美學術界分庭抗禮；於是出之以嘩眾取寵方式而極力批判佛教，冀離中國佛教而且上於中國佛教，於是乃有批判中國傳統佛教如來藏教義之舉——三十年前日本「批判佛教」學派於焉誕生。於是專取四阿含文字表相法義，並扭曲四阿含法義，宣演外道六識論為基調之因緣觀，取代佛教四阿含所載八識論之因緣觀，自謂彼之謬論方屬真正佛法，主張一切法**因緣生**故無常，誣指中國傳統佛教如來藏教義為外道神我。然而，如來藏屬第八識，能出生外道神我，而法界中亦無一法可破壞之，此是一切親證如來藏者皆可現觀而證實之現量；外道神我則屬第六意識或識陰六識，被如來藏所生，乃生滅法；一主一從，二者天差地別，焉可等視齊觀？由此證知日本袴谷憲昭、松本史朗創立批判佛教之學說，純屬無明所言戲論，並無實義。

六十年來台灣佛教則由印順及其派下門人，奉行印順源自天竺密宗之宗喀巴六識論應成派中觀，採用基督教信仰者反對實證之西洋神學研究方法，曲解四阿含中所演八識論因緣觀正理，刻意否定中國禪宗法教之如來藏妙義，貶為野狐禪及外道神我；藉此表相建立其不落「俗套」而異於傳統佛教之「超然、不迷信」假象，然後佛光山、法鼓山、慈濟追隨印順而奉行之。

然而印順派之思想本質，乃外道六識論之因緣觀，近承日本不事修證之學術研究學說，遠紹宗喀巴、阿底峽、寂天、月稱、佛護等六識論諸凡夫論師；謂彼等因緣觀外道如是主張：**純由根、塵作爲因緣，即能出生六識：不必有本識如來藏持種，只藉六根六塵作爲因緣即能出生六識**。又主張意識常住不壞，公然違背聖教。如是外道因緣觀，全違法界現量—違背現象界中可以現見之事實—諸法不自生、不他生、不共生、不無因生之事實，全違龍樹中觀之教示。

而印順派所闡釋之因緣觀、應成派中觀，正屬龍樹所破之**他生**與**共生**之外道因緣觀；復又違背四阿含中處處隱說、顯說之八識論因緣觀——由第八識如來藏藉所生根塵爲因緣，出生識陰六識（詳見拙著《阿含正義》七輯之舉述），本質正屬外道六識論邪見之因緣觀。今此《楞嚴經》中更出之以**五蘊、六入、六界、十二處、十八界皆屬如來藏妙真如性所出生**之深入辨正，以九處徵心八還辨見之細膩法義，令知「**識陰六識不能自生**，根不能**獨生**識，塵不能**獨生**識，**根塵不能共生**識，虛空不能**無因生**識」等正理，完全符契四阿含諸經所說義理，而更深入闡述正義。如是深入辨正已，阿含聲聞道所述佛門因緣觀正理即得以彰顯，突顯佛門八識論因緣觀異於印順及宗喀巴之外道六識論因緣觀所在，則佛門學人即可遠離外道因緣觀邪見，疾證聲聞菩提乃至佛菩提，終不唐捐諸人一世之勤修也！

佛法特重智慧，是故成賢證聖而入實義菩薩位中，世世悅意而修菩薩道；或者捨壽後速入三塗永為凡夫而受苦難，多劫之中常與真實菩提絕緣，世世苦修仍不得入門，茫然無措；如是二類迥異之修學果報緣因，端在當前一念之中：**是否願意客觀分辨，及實地理解諸方名師與平實所說法義之異同所在，不依道聽塗說而盲從之，實即憑以入道或下墮之樞紐及因由也！**願我佛門四眾弟子皆能冷靜客觀而深入比較及理解，然後理智而不盲從地作出抉擇。審能如是，則此世即已建立修學佛道之正確方向；從此一世開始，佛道即能快速而悅意地修學及實證，非唯永離名義菩薩位，亦得永斷三塗諸惡因緣，真成實義菩薩，何樂不為？

此書既然即將開始潤色而準備梓行，於潤色前不免發抒感想、書以為文；由是而造此序，以述平實心中感慨，即為此書印行之緣起。

佛弟子　平實　敬序於竹桂山居

時值公元二〇〇八年　春分

第十二輯：

《大佛頂如來密因修證了義諸菩薩萬行首楞嚴經》卷八

（上承卷八未完內容）

「明極覺滿，名焰慧地。」「明極」是講什麼呢？是說無明已經滅除非常多了，所以智慧光明到達非常強烈的境界了。這當然不是指一念無明的斷除，而是指無始無明的斷除，也就是無始無明的上煩惱已經滅除很多了（編案：一念無明與無始無明的差別，請詳見平實導師的《勝鬘經講記》，總共六輯，都已出版完畢）。菩薩在第三地發光地中，光明已經非常圓滿了，也就是三地菩薩應有的各種功德已經發起了！爲什麼會以發光地來命名三地的境界呢？因爲三地入地心之後，進入住地心位開始實證三地的無生法忍以後，到了三地心的滿心位之前，開始修證四禪八定以及四無量心和五神通。當這些通世俗法、通外道的禪定等法修證完畢以後，由於有無生法忍的配合，絕對不是三明六通大阿羅漢所能測知的，更不是證得四禪八定、五神通的凡夫外道所能想像的；三地滿心菩薩身上放出的光明，十方世界諸佛菩薩都看得很清楚；

因爲光明很亮的緣故，就從這個外相來立名爲發光地。

凡夫中的初禪實證者，只要有天眼通，就會看得見他的白光非常強；何況三地菩薩又有無生法忍，又加上四禪八定具足而隨時都可以取證滅盡定，隨時都可以成爲俱解脫阿羅漢。因爲三地滿心菩薩是一大阿僧祇劫前就明心了，但是如今到了三地滿心位時，隨時可以取證滅盡定，他卻不想取證滅盡定；因爲他沒有時間住在滅盡定中浪費時間，只願意爲無生法忍、爲佛教正法的流布、爲眾生的法身慧命著想，所以心地廣大無可限量，不斷地利樂有情而不中斷，也因爲這個緣故而說他光明無量，成爲發光地菩薩。

當三地菩薩完成第三地的無生法忍智慧以後，再加修四禪八定、四無量心、五神通以後，光明到達很圓滿的地步了，功德也無法再增長了！這時因爲具足世間禪定的配合，也有四無量心而使利樂眾生的力量增長到最大了，五神通也圓滿具足了，於是他對佛菩提道的覺悟智慧已經很圓滿了，使他的智慧不斷發出光焰來，利樂眾生修學佛法的智慧非常強烈了，這時就進入第四地初心之中，叫作焰慧地。爲什麼叫作焰慧地？因爲他的光明無量、智慧無量，他有這一些功德，有四地的無生法忍，有這四種四諦的現觀，能爲眾生說種種法，所以才叫作焰慧地。

然而三地菩薩要修什麼法才能成爲滿心菩薩而轉入第四地焰慧地中？三地有三地應修證的無生法忍，當然三地菩薩的無生法忍還是在一切種智上面修證；但是在滿心位之前還要加修四禪、四空定、四無量心與五神通。所以別教中所有戒慧直往菩薩的修行，禪定與五神通都是在三地無生法忍修證完成以後，正是在三地心的最後階段才修的。當三地無生法忍尚未完成，四禪、四空定還沒有完成，四無量心的觀行也還沒有完成時，他是不修神通的。因爲一旦先修了五神通，就會障礙他修證三地的無生法忍智慧，也會障礙他修證四禪八定和四無量心，這就是佛菩提道中諸地之道的次第。

等到三地應修的這些功德以及無生法忍都圓滿時，還是無法進入第四地，必須證得三地滿心位的現觀時，才能進入第四地中，正式成爲第四地菩薩。這是說，在三地即將滿心前，他會體驗到一點：十方諸佛說法，以及自己以意生身去到十方世界爲人說法時，自己住在娑婆世界中聽起來，所說的一切法音都是猶如谷響；就好像山谷中有人說話時的迴響一般。因爲所說的一切法，其實都不是眾生的本心，都只在形容眾生的本心，也都跟這位三地菩薩自己的道業增進無關。因爲眾生的如來藏從來都無所得，從來不受一切法；而三地菩薩自己的如來藏也一樣，十方諸佛的真如心如來藏也是一樣，所以這一切法音都猶如谷響。當三地菩薩把猶如谷響的現觀完成時，就滿足三地心而進入第四地，成爲第四地的焰慧地菩薩了。三地的入地心、住地心、滿地心，都告訴諸位了，但是焰慧地的功德，要從什麼時候開始起修的呢？當然是要從七住位親證如來藏開始，也就是從禪宗的明心證悟開始。

再來看釋證嚴怎麼說的？一樣是有五頁，喔！這一回有六頁的空白頁，在六頁空白頁之後，釋證嚴如此解說焰慧地：「我常說，業來的時候要『歡喜受』，委員們知道『如是因，如是果』的道理，所以每天心無罣礙，精進地做利益社會的工作，所發揮的就是『焰慧』的功能；這已同時在培養善根、福德，爲何說慈濟人像用一隻翅膀在飛的小鳥呢？」因爲有人批評慈濟是修福不修慧，就好像一隻鳥只有一隻翅膀不能飛，所以釋證嚴提出來反駁。大乘佛法是福慧兼修的，福業與慧業都具足時才能成佛，故說諸佛都是福慧兩足尊；若是修福不修慧，或者修慧不修福，都像是只有一隻翅膀的鳥兒一樣飛不起來的。釋證嚴在書中爲自己辯解說：我們慈濟功德會的會員們不是只有修福而不修慧。但釋證嚴說的修慧是指什麼？是每天心無罣礙、精進去做利益社會的工作，她認爲這樣發揮出來的智慧就是焰慧地的功能。真是誤會一場。

接下來她又說：「我們修行，就要和那些駕駛員一樣，要不斷地向前精進，但是一點也不緊張和多慮。若能修到什麼都不掛意，就是『修而無修、忍而無忍』的境界，自然能『心無罣礙，無罣礙故，無有恐怖』，這就是斷『修惑』。」這根本與斷見惑、思惑無關，怎能說是斷除修所斷惑呢？她連我見都沒有斷，這樣的修法也是永遠無法斷見惑的，又怎能斷修惑呢？接下來釋證嚴又說：「**智慧的本性自然熾盛、光芒四射，這就稱爲『焰慧地菩薩』。**」這就是她所說的焰慧地第四地，完全與實相般若的取證無關，也與解脫道斷除見所斷惑、斷除修所斷惑完全無關。即使她所說的確實能使人斷除解脫道的見所斷惑、修所斷惑，能夠取證阿羅漢果了，也是仍然無法親證佛菩提果的，是連三賢位中的第七住位都無法實證的，何況能夠證得第四地呢？真是癡人說夢啊！

再回到《楞嚴經》解說第五地：「**一切同異、所不能至，名難勝地。**」這意思是說，世間人所認爲的同或異等等觀念，都沒有辦法進入到五地菩薩的心中來。五地菩薩當然都知道世間人所認知的同異等事相，但卻離開了世間人所知「**一切**」諸法互有「**同異**」的觀念；這樣的所知所見迥異世間人，也不是四地以下菩薩所能臆測，所以稱爲難勝地。爲什麼他對一切同異都能夠滅除掉呢？是因爲在第四地時重新觀察四聖諦十六心，是入地後依第一義諦創觀四聖諦；在第五地中則是重觀四聖諦，要將四聖諦與第一義諦合觀，融合無二，也要依第一義諦略觀因緣法，成就真諦與俗諦互通無礙的深妙智慧。可是爲什麼要講四聖諦有十六心呢？因爲苦聖諦有四心，苦集聖諦、苦滅聖諦、苦滅道聖諦也都各有四心。譬如苦聖諦，爲什麼有四心呢？第一是法智忍、第二是法智、第三是類智忍、第四是類智，這就是苦聖諦的四心，其餘三諦也是如此各有四心。

什麼叫作苦聖諦的法智忍？當你現前觀察三苦八苦，不論是依五陰或十二處、十八界來觀察，一一無非是苦；當這個觀察完成之後，能夠安忍下來（也就是能夠確實接受時），這就是法智忍了；有這種智慧的覺知心就是法智忍心。法智忍的觀行完成時，只要是確實能忍，法智便在隨後成就了，就是法智心。如果不能安忍，反而說服自己：「**五陰不是苦，樂受不是苦，我每天吃冰淇淋，好快樂呵！**」這就沒有苦聖諦的法智忍了，因爲認爲是樂而不知道其中的行苦，就沒有苦聖諦的法智忍，自然就沒有苦聖諦的法智。有智慧的人詳細觀察以後，會認爲樂受也是苦，因爲冰淇淋雖然好吃，吃過就沒了，不離行苦。也因爲冰淇淋雖然好吃，得要花錢去買；爲了買冰淇淋，得要努力工作，工作本身是辛苦的，正是苦苦！這樣確實現觀以後能夠安忍，知道吃冰淇淋、買冰淇淋都是苦，就是法智忍。

有這個法智的安忍以後，法智才能成就；若是不能安忍，法智便不成就。同樣的道理，當你觀察：我自己是這樣，別人吃冰淇淋時也是和我一樣的，都不離行苦與苦苦，那麼類智忍便成就了，因爲眾生和我自己是同樣具有同一種類的苦。類智忍成就時，類智便隨後成就了。這時就有苦聖諦的法智忍、法智、類智忍、類智等四心了！苦聖諦如是，集聖諦、滅聖諦、道聖諦也都一樣各有法智忍、法智、類智忍、類智等四心，所以總共是十六心。

這是在四地的住地心位所作的四地無生法忍的創觀（其實是在三賢位中已經觀察過了，但在入地以後是第一次以大乘真諦來觀察），完成這個創觀以後，才能產生「一切同異、所不能至」的覺悟智慧，才能成爲五地菩薩。也就是說，他在四地的住地心中，無生法忍所要修的部分主要是在這上面，四地心中對於四禪八定、五神通、四無量心，當然也是需要再加以深入修習的。進入第四地的焰慧地中，因爲三地末後心對四禪八定、五神通、四無量心等實證的緣故，於是他有意生身發起了；後來也漸漸能夠由意生身化現出很多化身，當十方諸佛世界的眾生有需要，也曾經跟他結緣，就會感應到他的意生身或化身。但是他這樣利益十方世界的眾生以後，當他的功德圓滿時，就會在某一個因緣下，證得**如水中月**的現觀。這一種因緣的出現，大部分都是諸佛的加持，因爲這種因緣都是很平常的事，你絕對不會起一個疑念去觀察它；但是諸佛觀察你滿足四地的因緣成熟了，就會加持你對某一個很平常的事相生起懷疑：爲什麼會這樣？於是就在這個事相上去作觀行，最後四地菩薩了知自己的種種化現，不論是意生身或所化現出去的無量無數化身，全都猶如水中月一般，並不是真月，只是影月，卻也能夠對眾生有所利益。當這個現觀完成時，便成爲四地滿心了，於是隨即轉進第五地中，這樣才能稱爲第五地的難勝地菩薩。至於這個第五地的同異境界，以及證嚴「上人」是怎麼說的，且待下回分解。

……（講經前的當場答問，移轉到《正覺電子報》〈般若信箱〉，以廣利學人，此處容略。）我們繼續講《楞嚴經》一五九頁倒數第二行，上週講到第五地，講了沒幾句，時間就到了。「**一切同異、所不能至，名難勝地。**」爲什麼說一切同異所不能至？我們先要來講什麼叫作一切法的同與異？因爲同與異等現象合起來就是一切法。爲什麼叫作「同」呢？也就是說，菩薩從六住滿心位明心證得如來藏而進入第七住常住不退，然後次第進修到了四地滿心時，已經有了意生身；這是由於三地滿心時所證的四禪八定、四無量心、五神通全都具足了，因此可以進入第四地。在第四地中依無生法忍而觀察四聖諦十六心，這十六心都屬於安立諦，都是世俗諦；但是現在五地住地心菩薩要以真諦—第一義諦—來重新再觀察四聖諦這個世俗諦了，同時還必須把真諦與俗諦互相融通無礙，還得同時略觀因緣法；也就是將第一義諦佛菩提道與世俗諦解脫道二者的內容與道理，全都互通無礙了，成就真俗二諦融通無礙的智慧，才能成就極難勝的極深妙智慧，成爲第五地滿心菩薩；由此緣故，必須深入觀察四聖諦與第一義諦之間的融通不二正理。但因爲四聖諦有兩種觀法，第一種觀法是二乘菩提中的觀法，菩薩在第十迴向位前已經完成現觀了，在第四地中是從另一種觀法，就是依第一義諦來現觀四聖諦十六心。而第一義諦中的四聖諦十六心的觀行，有創觀也有重觀，創觀則是第一次的觀行，是在第四地住地心中應作的觀行，重觀則是與第一義諦互相融通的觀行，是第五地住地心位應該修習的。

由於是依第一義諦（也就是以真諦）來觀察四聖諦俗諦，所以四地滿心菩薩（也就是五地初心的菩薩們），對於二乘無學所親證的四聖諦世俗諦，有極爲深入而不太一樣的現觀，這是二乘人所不能了知的，也是下地菩薩所不能了知的。這是經由第四地中依第一義諦創觀四聖諦的十六心，在第五地中又依第一義諦（真諦）重觀四諦，觀察第一義諦與四聖諦的同異，配合因緣法的初觀而融合真諦與俗諦二觀，因此現觀一切法都是他的自心現量，成爲「**一切法同**」的親證者。也就是說，經由四地心在無生法忍上的修行，再加上四地滿心位的**如水中月**的現觀，所以在第五地中現見一切法莫不是自心現量；既然一切法都是自心現量，也就沒有「異」可說了，那當然就是一切法同——同於自心如來藏，因此而使他可以成就五地菩薩的極難勝的勝妙智慧。所以五地菩薩常常掛在口頭上的一句話，就是「**一切法是如來藏，如來藏是一切法**」，這就是他的證量。因爲一切法不異如來藏，這就是他的觀行；既然現觀一切法都是唯心所生，所以名之爲同。

既然全部是自心現量，爲什麼又說有「異」呢？因爲解脫智有所差別，五地菩薩的解脫智不同於四地以下，而且這個解脫智不是二乘聖人所能絲毫了知，因此他這個智慧也有異。諸地菩薩所證的解脫智都不是二乘無學所知，乃至剛明心的人所得的解脫智也不是二乘無學所知。從另一方面來說，一切法也不等於自心如來藏，因爲一切法從如來藏心中出生以後，都是不斷變異終歸斷滅，所以也不等於自心如來藏，所以也是「異」。但是，不論是從哪一個方面來說一切法「同」自心如來藏，或說一切法「異」自心如來藏，當五地的入地心菩薩觀察自心如來藏的境界時，卻又只能證實：一切法的同異都無法到達自心如來藏境界中。由這個智慧繼續深入現前觀察以後，必定會發覺：原來世俗諦與勝義諦（真諦）本來沒有同異可說，本就同屬佛菩提道中的妙法。這時確定俗諦的四聖諦必定是爲了方便引度眾生實證涅槃，才從佛菩提道中方便析出的，本就沒有真諦與俗諦的同異差別可說，所以也是「一切同異、所不能至」。這時菩薩對於煩惱障的習氣種子，就能更自然地斷除了，所以名爲難勝地。

煩惱障的習氣種子斷除，是從初地心就開始的；初地菩薩們都有能力在捨報時入無餘涅槃，但都留惑潤生，卻已經開始斷除阿羅漢們所不曾斷除的習氣種子。到了三地滿心位，也就是進入四地的入地心時，又是一個很明顯不同的階段；因爲心量與實證的境界擴大而觸及天道、鬼道、地獄道的眾生，也觸及他方世界的佛菩薩與眾生，心量突然變得很廣大，所以煩惱障的習氣種子對菩薩的影響力就突然大幅度下降；於是在無生法忍的智慧配合下，開始快速斷除習氣種子，這不是二乘無學的阿羅漢們所能知道的。到了七地滿心位，所有煩惱障所攝的習氣種子也就全部斷盡了，即使是往世多劫世世共住的極親愛眷屬，從此時開始，也無法影響他的心境了！所以轉入八地心以後，就全部都在異熟種子與修集廣大福德上面用功修行了；至於有關解脫道的內涵，不論是現行或習氣，他都已經斷盡了，所以從八地心開始，解脫道的所有修行，對他而言都無功用了；因此他的所有行為，若是在解脫道中來說（譬如為人傳授解脫道的理論與行門），對他而言全都是無功用行。二乘無學斷盡思惑時，只是斷除解脫道所攝煩惱障的現行，不曾斷除煩惱障所攝的習氣種子；所以他們為人傳授解脫道時，他們自己的習氣種子也會受到影響而稍微清淨一些；所以對阿羅漢們而言，為人傳授解脫道時，對自己還是有功用的；但是對八地菩薩而言，習氣種子既已全部斷盡了，他們為人傳授解脫道時，就對自己完全沒有任何影響了，所以對自己完全無功用。菩薩是從初地就有能力入無餘涅槃的，卻留惑潤生而開始斷除習氣種子；所以當七地滿心菩薩斷盡思惑時，就已同時斷盡解脫道所攝的習氣種子，不是像阿羅漢們只斷現行而已。但這也是當代佛教大師們所不懂的，只有我還在傳授這樣的佛菩提道給你們。

昨天禪三最後一天，在小參室中，我常常會問一些破參明心的人，我問他們：「你現在能不能入無餘涅槃？」「不行！我沒有能力。」因為我執還沒斷；現在明心時只是我見斷了，我執還沒斷。但是，我問他：「你有沒有親證無餘涅槃的本際？」「有！」都敢拍胸脯這麼講。爲什麼敢說呢？因爲無餘涅槃中是什麼？是怎麼回事？他們已經知道了，是證得如來藏以後就會知道了。所以，菩薩還沒有斷除我執煩惱，卻能證得無餘涅槃的本際，是沒有進入無餘涅槃的能力，卻已經證得無餘涅槃境界了，所以說：菩薩不可思議，不斷煩惱而證二乘菩提，不斷煩惱而證大乘菩提。

你們這一回明心的人現在觀察看看，是不是這樣？你還沒有能力進入無餘涅槃，但是你卻已經證得無餘涅槃的本際了。因爲無餘涅槃中就是如來藏心獨住。可是在大乘別教佛菩提中，卻依舊說你們還沒有證得無餘涅槃，因爲你們還無法進入無餘涅槃，所以這個涅槃本際的實證，就稱爲本來自性清淨涅槃，如是而證涅槃。我在《邪見與佛法》中說二乘人不證涅槃，說他們有能力入無餘涅槃，卻不曾證得涅槃；因爲當他們入了無餘涅槃以後，他們五陰都不在了，是誰證涅槃？十八界都滅盡了，是誰證得涅槃？所以二乘無學聖人並沒有實證涅槃。而在無餘涅槃中，如來藏獨住時卻沒有證自證分，從來不起覺觀，所以祂也不曾了知自己住在無餘涅槃中，所以也沒有涅槃可證，因爲祂自身就是涅槃。五地入地心的菩薩依這樣的現觀安住其心，所以現觀這樣的實相境界中並沒有所謂的同或異可說，同與異都不存在了，所以「一切同異、所不能至」。所以我也說，二乘無學能入無餘涅槃而不證涅槃，捨報後入了無餘涅槃時更不能證涅槃，因爲涅槃就是如來藏，而他們都不曾證得如來藏。所以這個大乘解脫智是不一樣的，所以菩薩所證的解脫智不同於二乘所證的解脫智，是從實相來觀察解脫及輪迴，是從實相來證得涅槃、證得解脫。

在進入四地之前所看這個智慧：二乘的解脫智與大乘的解脫智有異，有一些地方他還無法詳細的現觀。但是經由四地對四聖諦十六心的具足現觀，所以觀察到無同也無異，一切同或一切異，都不能到實相本際境界中，因此就離開第四地了！所以這不是四地心所知。四地證得的無生法忍是從三地滿心位轉過來的，然而四地滿心時的無生法忍，有個現觀叫作**如水中月**；五地難勝地進修到滿心時，他的現觀是**變化所成**，是現觀自心如來所變現的意生身與無量無數化身，都是由自心如來變化所成。意識不斷運作而化現無量無數的化身，但所有化身其實還是自心如來所化現，意識只是加行而已；由於這樣的現觀，所以證得**變化所成**的現觀，才能成爲五地滿心菩薩而轉入第六地中。不但意生身，無量無數的化身都是**變化所成**，乃至所有的一切法也都是變化所成，這就是五地滿心而轉入第六地菩薩的現觀，這樣才算是完成第五地滿地心的修證。

到了這個層次的金剛三昧智慧境界，以及禪定、意生身、神通等等，全都是自心現量；他所現觀的一切法，無有一法不是自心現量，所以這時發覺沒有一法可以再貪取，連一絲一毫極微細的貪都不存在了，當然是「一切同異、所不能至」。五地心之前常常會有一個見地：一切法即如來藏，如來藏是一切法。但是到了五地滿心時，連這個觀念也不存在了！這不是一般沒有悟的人想像思惟所能了知的。剛悟以後，還沒有到達五地以前，就開始想像說：「那我就把同異都丟掉，不就同異不能至了嗎？」其實不然，因爲沒有現觀而只是想像或思惟所得的境界，不可能等同五地入地心的這種現觀境界。由於五地菩薩對於真諦與俗諦已經相融而互通無礙了，智慧極深妙，所以說五地入地心菩薩的境界是難勝地。一切天人外道、一切下地菩薩所難以了知，智慧深妙無人能比，所以稱之爲難勝地。

接著繼續上週所舉的證嚴法師的說法，因爲十地還沒有完，而她講的是十地境界，我們且看看她怎麼說。關於第五地的智慧境界，釋證嚴說：「何謂『難勝地』？也就是『六波羅蜜』裡的『禪波羅蜜』。學佛要修習『禪定』，心能定下來，就能達到禪的境界。如何讓心定下來呢？要斷除『思惑』，將心中的明鏡『時時勤拂拭，勿使惹塵埃』，而且不是一曝十寒。」然後就講解一些世間法來解釋難勝地的境界，是以世間法的修行來取代諸地無生法忍的修行。既然她說的這些都是世間法，我就不必唸它了。釋證嚴這樣講解難勝地的修證，好像難勝地是很容易親證的，既不必明心，也不必見性，更不必修證大乘的無生智，諸地的無生法忍也都不用修，而且是在完全誤會真諦與俗諦的想像境界中，就可以得到第五地的無生法忍果。

釋證嚴說，只要能修習禪定，心可以定下來，就可以斷盡思惑。外道們證得四禪八定，譬如須跋陀羅一百二十歲時，在他還沒有覲見世尊之前已經證得非非想定了，可是佛陀說他仍然是凡夫。連證得非非想定的人都還是凡夫，釋證嚴竟然說，心靜下來能夠長時間一念不生，就能斷除思惑。可是，連證得非非想定的人能夠很多天住在定中一念不生、都無妄想，遠比釋證嚴只能幾分鐘一念不生的境界更超勝無數倍，卻都還是凡夫，不曾斷見惑，哪裡有斷思惑？然而釋證嚴竟然說這樣就是斷思惑。假使一定要先斷盡思惑才能發起禪定，那麼，外道們證得四禪八定時應該就是阿羅漢了，爲什麼世尊竟說他們都還是凡夫呢？反過來說，如果一定要修學禪定使心靜下來才能斷思惑，那好！請問慧解脫的阿羅漢有沒有斷思惑？有呀！當然有呀！然而慧解脫的阿羅漢們有沒有具足證得四禪八定？有沒有證得滅盡定？他們多數人只有初禪，這個初禪卻是因爲離欲而不是修定得來的；至於純屬禪定境界的二禪以上定境，阿羅漢們可就不一定要實證了。所以慧解脫阿羅漢無妨一天到晚思索法義，思索如何爲人說法，妄念不斷，但他們已經斷了思惑；所以斷思惑並不是由禪定來斷除的，而是由智慧來斷除的。

如果要有禪定才能斷除思惑，那麼釋證嚴並沒有得到非非想定，她連初禪的實證都沒有，當然就不可能斷思惑，應當如此。如果要先斷思惑才能發起禪定，而釋證嚴連我見都沒斷，思惑當然是具足存在，那麼她當然也是連基本禪定都沒有實證的人。如果必須證得四禪八定才能斷除思惑，那麼世間就沒有慧解脫的阿羅漢了！慧解脫的阿羅漢，有許多人是連二禪都沒有的。至於釋證嚴，她是連未到地定的證量都還沒有的，連初禪的實證知見都沒有，連斷見惑的知見都沒有，知見欠缺到如此嚴重的地步，還在書中亂說斷思惑的道理，自以爲懂得俗諦，確實是不知量力的愚人。釋證嚴是主張意識心不斷的人，是主張意識常住不壞的常見外道，證明她連見惑都斷不了，還能夠斷思惑嗎？天下沒有不斷見惑而能斷思惑的事，只有釋證嚴不斷見惑就認爲自己已經斷思惑。

她的書中接下來的文字都是戲論，我就把它跳過去不唸，因爲她只是講一些故事來取代修證五地的無生法忍。然後她接著說：「真正的學佛，是要修練我們的心，在任何境界下，都要能保持一分定力。時時刻刻都很清淨，對於任何境界都不起煩惱，這才是真功夫。」這跟難勝地的實證有什麼關係？八竿子也打不著。這種說法，連無相念佛的境界都無法成就，何況修證無生法忍？這根本不可能成就難勝地的智慧境界。而且，禪定境界的修證，是在三地後期已經具足修證的，不是到了五地心時才修的。五地心是重修禪定，並不是三地心所修四禪八定等辦事靜慮，所以釋證嚴是不懂佛菩提的，連聲聞菩提都不懂。至於三地與五地的禪定創修與重修，等以後重講《成唯識論》時再說，這裡就不說了。

接著釋證嚴又說：「人並非一生下來就有煩惱，而是受到環境的染著，增長了無明煩惱；也不是每個人都缺少歡喜心，其實歡喜心也是自己培養出來的。修行就是在培養這一念心，才能常常歡喜自在，不被境界所轉，這樣就是『禪』。」她說的是：不必明心證得如來藏，你只要有歡喜心，就不會增長無明煩惱。然而真的是這樣嗎？她又認爲：培養這樣的歡喜心，常常歡喜自在而不被境界所轉，就是禪。換句話說，你們不必抱怨不能去參加禪三參禪，也不必修學禪定；因爲參加禪三是明心，自認爲得到「上人法」的釋證嚴所講的禪，則是只要常常念念分明，控制自己能夠作主，不要被境界所轉，常常起歡喜心，這就是禪。而我們的禪卻要去尋找如來藏，真的迥然不同！

接著釋證嚴又說要怎麼樣體會到真空的道理：「我們對『真俗二諦』若沒有障礙，不相互衝突，就可以體會到『真空』的道理。譬如：修行者既已出家，追求真理，就應以佛法的真理引度父母，使他們蒙受法益得安樂，這是出世的大孝。在家人則是給予物質的回報，這就是『俗諦』，世俗的孝道。」這怎麼能叫作俗諦呢？可見印順法師的書，她都沒有讀進去；因爲釋印順也知道解脫道是俗諦，他只是把俗諦的內容弄錯了；可是釋證嚴連她師父的書都沒有讀進心中去，竟然說出與她的師父完全不同的說法。俗諦是指二乘菩提，雖然印順法師把二乘菩提說錯了，但是無妨知道俗諦就是二乘菩提，就是阿羅漢們所修的解脫道。可是釋證嚴所說的俗諦卻不是解脫道，她說出家人要追求真理，爲在家人說法，就是真諦；在家人除了要孝順供養父母以外，還要供養出家人，以物質回報出家人，說這樣就是俗諦。這樣的在家人與出家人，都只是有世俗而無諦，因爲跟解脫道完全無關！世俗諦解脫道說的正理是：斷除見惑與思惑。斷見惑是要先否定意識的，要先承認意識是生滅法，這樣斷了見惑以後才能進而斷思惑。但釋證嚴卻是主張意識常住不滅，具足常見外道的見解，根本不懂世俗諦，竟然認爲：出家人給在家人佛法知見，就是真諦；而在家人以物質回報出家人，就是世俗諦解脫道。這與三乘菩提完全無關，與真諦及俗諦也完全無關，真是胡扯一通。

釋證嚴又說：「兼顧這兩種孝道是我一直提倡的，這樣真諦、俗諦就不會相互衝突，可以成就真俗二智。」她的真俗二智竟然是這樣修的！「若能推而廣之，在菩薩道上做到『難行能行，難忍能忍，修而無修』，到達自在解脫之時，就能達到『難勝地』的境界。」怪不得他們都不必修學佛法，只要努力慈濟眾生就好了，說這樣就是修而無修，就是難勝地。釋證嚴認爲：出家人把佛法知見傳授給在家人，就是真諦；相對於出家人有佛法來引度父母，在家人以物質回報這樣的出家人，就是世俗法中的孝道，就是俗諦；這與世尊所講的真諦、俗諦完全不同，就是把佛法極度淺化，把佛法極度世俗化，使得本來很勝妙的佛菩提妙法與二乘菩提解脫道，變成跟天主教只論行善一樣。

釋證嚴這樣的「修行」方法是跟德蕾莎修女完全一樣，但德蕾莎修女在天主教中算是聖人，但這種人在佛法中，不論是二乘菩提或大乘菩提中，都只是凡夫，都還不入十信位中。然而，依照釋證嚴的說法，德蕾莎修女的證境顯然是超過釋證嚴。如果釋證嚴自認爲是十地菩薩，那麼德蕾莎應該是成佛了！釋證嚴對這一點，有什麼看法呢？我真的很想知道呢！所以，像她這樣的難勝地，與世尊所講的難勝地，相差何止十萬八千里！簡直是天地懸隔！所以，諸位真的需要建立正知正見，別因爲我破斥邪說就生起煩惱心。如果我不是一本又一本書寫出來辨正，末法眾生對佛法親證的因緣就會斷滅，因爲像釋證嚴這一類人，不斷將極度淺化的錯誤佛法，廣大弘傳出去，眾生都會被嚴重誤導了！佛教正法不久以後一定會再度像古天竺一樣名存實亡，所以，救護眾生、教導眾生的佛法事業，還要靠諸位共同來努力，才能把正法永續流傳下去。如果你不是要往生他方世界，未來世還要在娑婆度眾，努力去救護眾生的結果，也是在利益未來世的自己。

「**無為真如，性淨明露，名現前地。**」第六地現前地的這種智慧境界，是要由五地的住地心來修道完成的。在五地心中，菩薩依第一義諦重觀四聖諦與第一義諦而融合無二；因爲在五地前的四地心中，依第一義諦創觀四聖諦；到了第五地心中，同時在五地心中也要依第一義諦來創觀因緣法。在進入第六地時，於住地心位修學無生法忍的主要內容，是要把四聖諦十六心的每一心都加以現觀；現觀時是把十六心與第一義諦融合觀察，成就真諦與俗諦無二的智慧，進入第六地初心中。在第六地心中，則是必須現觀十因緣與十二因緣的每一支，全部具足八識心王法來現觀——把每一支都用八識心王具足來現觀，這是六地滿心之前要修的，這就是重觀因緣法的細觀。如果像五地心創觀因緣法，沒有把四聖諦的每一心都用八識心王來現觀，就無法把真諦與俗諦完全融通契合，那麼「**一切同異**」還是會存在菩薩心中，不能得到五地滿心應有的無生法忍，更無法獲得五地滿心位應有的**變化所成**現觀功德，當然就無法進入第六地中，那麼六地心的「**無為真如，性淨明露**」現前的智慧境界就無法獲得，不能成為現前地的菩薩。

五地滿心的現觀是**變化所成**，這個現觀完成時才能轉入第六地中繼續進修無生法忍。在五地滿心位完成**變化所成**現觀時，轉入第六地心中，導致「**無為真如**」已經開始「**性淨明露**」了，所以第六地就稱為現前地，是因為無為真如的清淨法性分明現前的緣故。這是因為五地滿心位已經成就真諦俗諦圓融無礙的智慧而導致的。也因為已經現觀一切法都依止無為法性的真如，導致對於三界愛的習氣種子更加淡薄了，所以七識心的心地已經隨之清淨，使如來藏中的習氣種子的清淨性，跟著明顯地表露出來。真如法性分明顯露了，全都現前了，就稱爲現前地。

這就是說，六地的無生法忍智慧境界，是由重觀十因緣、十二因緣法，把每一支都用八識心王去現觀，而且每一支也都要現觀三世十二因緣。每一支的三世十二因緣，就叫作三念十二因緣；這樣現觀的結果，不但所證的出離觀非下地菩薩所知、非二乘無學所知，並且他的安隱觀也不是下地菩薩所知，極爲勝妙。由於深入現觀因緣法中的安隱觀而不只是因緣法本身的出離觀，因此成就無爲真如的功德；於是使如來藏中的種子更加清淨，所以叫作「性淨」，意思是本性已經是清淨性的了；由於自性清淨的結果當然就會「明露」，分明顯現真如法性了。因此緣故才能繼續安住於第六地中繼續進修，準備邁向七地心。這意思是說，六地菩薩的證境，是在五地滿心位所證的「一切同異、所不能至」現前，才能轉入第六地現前地中；如果有人不證真如，而說能證佛法，都是大妄語人。

接著再來看釋證嚴，她的現前地是怎麼說的：「菩薩的第六地是『現前地』。例如：一面擦得十分潔淨的鏡子，不管它所照的外境是多麼污濁，只要境、物移開後，這面鏡子依然十分潔淨；就像世間的喜、怒、哀、樂已經影響不了修行人的心，所以面對周圍的環境時，即能了然分明，這就稱爲淨性『現前地』。」諸位！你無相念佛成功的時候都是淨念相繼，比她所講的一念不生還要勝過兩、三倍，這時你看一切物都了然分明，卻又都不能影響你的心境；依照釋證嚴的說法，你就是現前地的六地菩薩了！也不必證得初禪，只要能像她講的這樣，就到現前地了！佛法是這麼容易實證的啊？

釋證嚴又說：「如何才能達到『現前地』的境界呢？這就要先成就『慧波羅蜜』，亦即『大圓鏡智』。」喔！六地就可以證得大圓鏡智？她到底懂不懂佛法？連等覺菩薩都無法證得大圓鏡智，六地菩薩卻能證得？而釋證嚴說的大圓鏡智是什麼境界呢？原來她是說「面對周圍的環境時」能夠「了然分明」！這也能夠稱爲大圓鏡智？那她跟密宗用自己的想法取代　佛陀的證德，其實並沒有兩樣。

我們昨天禪三小參時，我舉一個例子說：以後如果有人遇到你們，當對方談起佛法說他已經證得無分別心，那一定是意識好像無分別的境界，那你就把左腕手錶現出來，要求對方說：「我們來做個實驗，請你保持無分別一分鐘。」對方答應以後，你就假裝看錶；其實不是在看手錶，你是要在心中算：一、二、三、四、五、六、七、八、九、十，隨即就一巴掌給他。對方當然會罵你：「你怎麼打我？」你問他說：「你不是一分鐘之內都無分別嗎？怎麼知道我打你？」你看！「一念不生了然分明而無分別」，「了然」是什麼意思？就是不論什麼都清楚、知道，知道就是分別完成了；可是當代的所有大師們宣稱證悟了，卻都沒有智慧檢查自己是否悟錯了，都自稱已經證得無分別心了。話說回來，釋證嚴也是一樣的情況，所以她認爲：「只要這樣子清清楚楚，心了然分明，那就是大圓鏡智了，這就是現前地。」諸位！且不說第六地菩薩無法證得大圓鏡智，只說證嚴說的「只要這樣子清清楚楚，心了然分明……就是現前地。」當你們學會無相念佛以後，無相念佛淨念相繼，而且同樣是時時刻刻都清清楚楚，心中都了然分明，比她一念不生的了然分明更勝妙；因爲她至今都還無法修成無相念佛的淨念相繼功夫，那麼諸位應該都不止六地而是七地、八地了！然而，有這樣的六地、八地菩薩嗎？可見釋證嚴是完全不懂佛法的。

釋證嚴又怎麼說呢：「要修到心如明鏡的境界，就要斷『見思惑』，」見思惑是指什麼惑？證嚴作了一個解釋：「見解和思想上的疑惑。」原來釋證嚴認爲在見解上的疑惑就是見惑，而佛法說的見惑卻是指我見、身見尚未斷除；所以釋證嚴講的見惑只是人間諸法或學佛時在見解上的疑惑，與佛法中講的聲聞初果所斷的見惑完全不一樣，當然不是佛法。而我們講的思惑，是貪瞋癡慢疑等修所斷惑，也就是我執——五鈍使；但釋證嚴講的思惑，卻只是思想上的疑惑，與 佛陀所說的思惑完全不同。我真不知道她究竟是不是佛門中的法師，竟公然與 佛陀唱反調，而且是印在書中公開流通。

釋證嚴又說：「在修行道上，難免會有執著。比如：執著自己已修到某種程度，自認是個心地清淨的人，因而與人隔離，認爲對方是個受污染的人。多數人都會起分別心。其實，這樣的分別心不能有，應當『境來照境，離境則清淨』，這才是真正現前地的菩薩。」換句話說，你如果心中一念不生，境界來的時候能夠清楚照見那個境界，不是昏沈不知；當境界離開時，心中就繼續清淨地一念不生，不作任何的分別貪著，那就是現前地的第六地菩薩了。依照她的說法，我要在這裡恭喜諸位：諸位都證得六地滿心了，因爲她說的這些境界只是一念不生，但諸位比她所說的程度更高，應該早就是六地菩薩了！那麼諸位明天都不必來上課了，只要在禪淨班學上半年就夠了，因爲半年就會無相念佛了，遠比一念不生清楚明白更勝妙。想要住在一念不生之中，那還不簡單？只要把她學不會的無相念佛的淨念捨了，都還比她的一念不生更精純呢！

釋證嚴又說：「因此，過去的事，不要讓它的影子留置在心中；才能時時清朗、沒有人我是非的牽絆，這就稱為『現前地』。」當事情過去了，不要讓事情的影子留置在自己心中，能夠時時清朗而沒有人我是非的牽絆，就是現前地了。你們看，釋證嚴的六地證量就只是這樣子呀！然而佛門中從來不曾有這樣不斷我見、我執，而且不懂如來藏、不證真如的六地菩薩。她書中的現前地境界講完了，接下來還是空白頁：一、二、三、四、五、六，總共六頁的空白頁。只不過是一百五十幾頁的書，她講的十地內容，在每兩地之間都是五到六頁的空白頁，內容真是貧乏。

這樣子，你們就瞭解了，我近來說她不懂佛法，絕對沒有冤枉她。我現在就是要儘量說她，因為現在正在開新班，如今兩個講堂中聽經的人突然增加了很多，有些不夠用了，所以要多講一些；假使有人聽了起煩惱，可以趕快走人，免得講堂擠不下；也免得將來明心了以後，一旦聽我講評她的錯誤所在時，又再生起煩惱。晚走不如早走，現在走人，比將來得了法再走人，可要好多了！因為將來得了法以後才走人，可是會毀謗正法、破壞正法的人，所以我不如現在先篩選一番。譬如稻穀收成時都要先篩選，要用鼓風機先吹一吹，把不貞實的空穀淘汰掉。所以我要請新班的親教師們，開課以後就先趕人再講課；悟緣不熟的人可以先趕走，因爲那不是我們要度的人。佛菩提的證悟，應當是菩薩種性者才可以。菩薩種性的學佛人是絕不崇拜名師的，一定就事論事、依法論法，都是依法不依人的。不過慈濟功德會、佛光山、法鼓山、中台山的信眾們，都有共同的現象，就是依人不依法，所以他們跟密宗信徒差不了多少。我們正覺同修會的特性就是依法不依人，如果我說錯了，我就自己處罰自己，把所有職務都卸下來，退休回家一樣是吃自己的老米。佛門中的弘法人，本來就應該這個樣子。如果有更高的修證者被我找到了，我一定會請他來爲大眾說法，而我也跟大眾一樣隨他學法；我是只看證量而不看名氣的，所有佛法中人都應當如此**以法爲歸**而不應當依人，依人都會有大問題。現在佛教界依人不依法的情形很嚴重，所以開新班時要先破斥一番；如果學員是屬於依人不依法的習性，他們聽了就會很痛苦，會離開；就是要這樣篩選出我們所要度的菩薩種性學人。

「**盡真如際，名遠行地**。」什麼叫作「**盡真如際**」？也就是說，五地滿心菩薩進入第六地以後，要再重觀十因緣與十二因緣觀，每一支都要極爲深細，一一支都要與八識心王的各種心所法配合觀察；所以初地修學無生法忍不過百法明門，然後是千法明門、萬法明門等等，必然是越來越深細。那些很深細的地方，還沒有明心的人，或者剛破參明心的人聽了，都會覺得厭煩；但是地上菩薩聽了都是歡喜得很，因爲將來成佛與否，就在這上面。極深細的法義，大家所體會不到的，從來不曾想到的法義，繼續深入探討而一一體驗，就是諸地菩薩地地增上的正道，佛菩提道的修道位就是這樣修的。

現前地修到滿心而進入第七地時，爲什麼叫作「盡真如際」？「盡真如際」的表面意思，是對於真如—也就是如來藏的真如法性—在二大阿僧祇劫之內所應當修證的無生法忍，全部都修學完成了；使得真如心如來藏由於含藏的習氣種子即將斷盡了，心性極寂靜，連我執的習氣種子也是即將斷盡了；使如來藏心中的習氣種子幾乎不存在了，是極淡泊、極清淨的，所以使如來藏蘊含的各種功能性，大部分開發出來了，也就滿足六地心而轉入第七地心中。這時不是像阿羅漢只斷我執的現行，而是連煩惱障的習氣種子也即將斷盡了！接下去是更微細而且所剩不多的煩惱障習氣種子，要在七地心中全部任運修斷，不必再時時刻刻加以注意；這時如來藏的真如法性已經全部與意識心相應了，所以才叫作「盡真如際」，成爲第七地菩薩。

所以在第六地的無生法忍位，必須再三重觀十因緣、十二因緣，要把每一有支的八識心王如何運作而成就，一一詳細觀行完成；把諸法藉緣生起的詳細內涵，歸攝於自心如來藏中，完成每一有支都是自心如來藏藉緣生起的實相般若智慧，成就更深妙的一切種子智慧，證得**非有似有現觀**而進入第七地中；這時智慧成就，已經生起一切佛法的緣故，具足各種可以幫助成就佛菩提的法門，已經窮盡真如本際，於佛菩提道已經有能力遠行了，所以說是「**盡真如際，名遠行地**」。由於這個緣故，在真如法性及四聖諦及因緣法中，又能更深入作許多極爲深細的現觀；於三乘菩提已經非常深入，已經沒有什麼法可以再作觀行的了；這時已經可以自力遠行於佛菩提道中，所以才叫作遠行地——遠行的境界。

不但是有能力遠行，也是已經走很遠了！譬如一條很長的路快要走到底了，就是遠行，若沒有走了很遠就不是遠行。這意思是說，第七地菩薩在佛法上，已經得到遠行的功德，他已經走很遠很遠了：二大阿僧祇劫的極長時程已經修過了，所以是遠行地。如果還沒有走完二大阿僧祇劫，怎麼叫作遠行呢？這二大阿僧祇劫應修的功德，已經完成了，當然走得夠遠了！但阿僧祇劫並不是很具體來計算時間的，所以佛菩提道的三大無量數劫中，有的人是每過一念就過完一大劫，這樣一念之間過完一大劫。可是性障深重而且很鈍根的人，可就真的要依照世間的時間一一計算：三十天爲一個月，十二個月爲一年，而以一個世界的成住壞空爲一大劫；一點點都無法縮短或減少時間，真的是要這樣計算，他的佛菩提就是要這樣很長時間才能完成的。

精進而且利根的性障極少菩薩，則是將長劫化入短劫中，那麼三大塵沙數劫是每一念就過一大劫的。所以三大阿僧祇劫的時程，是從佛法的實際取證來講的，不是從時間上來講的；時間上的三大阿僧祇劫，只是對性障很重而且又鈍根的人所說的一種形容。因此，從證量上來說，七地菩薩在佛法上已得遠行，所以叫作遠行地；所以只要把七地的證量完成時，就是遠行地菩薩，就是快要過完兩大無量數劫了。所以，當我們製表列出如何進入初地時，我們會中有一些同修很有信心：我這一世一定要到達初地。然而會外的學佛人敢這樣子想嗎？他們總是說：「**我這一世能夠明心就很好了，什麼初地？哪有可能！你們正覺都是大妄語。**」

可是當你們把《楞伽經》詳細而正確地理解以後，事實上是不是這樣？是！乃至後面的佛菩提內容，我們也會漸漸開發它；如果不是可以有這樣的證量去修行，諸佛世尊來人間弘化時，如何能夠在一世之中把佛菩提道全部講完？既然可以講完，化度之緣已經滿足，當然 佛說出來的每一句法，只要都能一一親證，豈不是一世就過完三大無量數劫了嗎？所以最後身菩薩就這樣示現：從凡夫地修行而一世成佛。都只看福德夠不夠？智慧夠不夠？有沒有真善知識佐助？如果定力、慧力、福德都夠，就能在此世入地；若是還不夠，就退而求其次；乃至有人必須以人間的一大劫爲一大劫，緩慢過完三大無量數劫。當然，密宗那些宣稱自己一世就成佛的人，全都是大妄想產生的大妄語，都是地獄人，因爲他們連我見都斷不了，還能成佛嗎？

然而遠行地的智慧境界，還是要由六地實修的無生法忍，才能轉進而獲得。在六地滿心時的現觀中，一切諸法都是從自心如來變現出來的；變現出來之後的一切諸法**非有似有**，這個**非有似有**就是六地滿心的無生法忍現觀；若是沒有這個現觀，便無法滿足六地心，不能轉進第七地。但是這個**非有似**有的如實現觀，會造成一個現象，就是當他進入定中時，雖然沒有起心動念要證滅盡定，但是滅盡定會自然現前，這就是六地滿心菩薩的所證。

爲什麼一定會在六地滿心位證得滅盡定呢？六地滿心菩薩並不是從斷思惑去證，因爲思惑早在初地入地心中就已經能夠斷盡了，卻故意留惑潤生，開始一世又一世斷除習氣種子；到六地滿心位時已經把習氣種子幾乎斷盡了，只剩下極少分，在七地滿心時就會斷盡；所以六地滿心菩薩證得**非有**

似有現觀時，當他入定後，滅盡定是自然而然會出現的。六地滿心菩薩若是沒有證得滅盡定，也是無法進入七地心中；這就表示，還沒有親證非有似有的現觀以前，就是六地住地心的現前地親證境界。這也是從二乘菩提俱解脫的滅盡定解脫境界的現前，而使六地滿心位的無生法忍現前，所以叫作現前地。現前滿足時，當然就會轉入第七地心中；但這個現觀的取證，必須有所實證，才能自稱是第七地的入地心菩薩。

第七地為什麼又叫作遠行地呢？這也是說，到了七地時，在有相功用上面已經到達極致了，沒有辦法再推進了。有相功用，譬如六地菩薩想要變現某一些境界來利益眾生，可是當他想要變現時，要很努力加行才能變現出來；而這些都是三界中的有為法，是有相的功用。若是還沒有到達三地滿心位以前，根本別說想要變化什麼，即使加行到腦袋破掉了也變不出來；只有自心證量智慧部分可以變現出來而為人解說，有相法的有功用事物可就變不來了。然而到了七地時，變現前的加行就不必像六地菩薩那麼辛苦了；若是到了第八地時，不論想要變現什麼，都不必加行，只要心中生起作意就行了，只要起一個念頭就能變出來了！這是因為七地滿心時已經把方便波羅蜜多修學完成了！這是阿拉與耶和華都做不到的，因為他們連七住賢位菩薩的實相般若智慧都還沒有呢！所謂創造天地萬物，只是人類對他們的想像而創造出來的說法，所以哲學界常有人說「是人類創造了上帝」。

話說回來，七地住地心的菩薩們在方便善巧上面還要繼續進修，這就是方便波羅蜜多。在有功用行的有相法變現上面，當他修到滿心位的念念入滅盡定境界時，七地心中應修的無生法忍已經究竟，在定果色有相法上面的功德同樣已經究竟圓滿了。這就是《華嚴經》中說的：「菩薩摩訶薩於此地中，得諸智慧所行道，以是力故，第八地自然得成。」這時在有相法上的種種變現，都是隨意成就的。有相法的變現就是說，他可以變化定果色出來，布施一切天界、餓鬼界等眾生；但這卻是在七地住地心中修習方便波羅蜜多圓滿以後才能具足成就的。未滿七地心以前，得要經過加行才能變現出來；進了八地當然只要起作意就能變化成功，不必再作任何加行，也因此而將七地滿心叫作遠行地。另外也說，由於七地菩薩在真如無爲的無相境界，已經現觀到了邊際，所以叫作遠行地。

這樣子，請諸位檢視一下：從七住位菩薩的真如總相現觀，開始進修到第七地滿心爲止，都不離哪一個識呢？（眾答：第八識）正是不離第八識，全都依第八識如來藏而作證悟與進修的內涵；若不曾證得第八識如來藏，而自稱是修習佛菩提道已經有所證了，當然都是自欺欺人之譚。但是釋證嚴的現前地，仍然不必以第八識的真如法性作爲內涵來修持。剛才說過，七地滿心是「盡真如際」，就是究竟了知真如法性的本際，所以稱之爲遠行地。可是釋證嚴說的遠行地卻與第八識的真如法性完全無關：「第七『遠行地』，則是成就『方便波羅蜜』，就是心和境接觸時能觀照得很清楚，但又『即境不染心』。」說這樣就是遠行地。她說的遠行地境界，顯然與她說的現前地完全一樣，只是加上「不染心」三個字。那很簡單！性障少的人只要把無相念佛的淨念捨掉，退回到一念不生的境界來，對五欲都不貪染就行了，這樣子就是釋證嚴說的「即境不染心」呀！因爲當覺知心和境界接觸時，能觀照得很清楚，不要去貪染就行了，這就是她所講的遠行地。

這幾句後面，她又講了一些與實證無關的世間故事，我就把它翻過去不唸它。再看釋證嚴後面是怎麼說的？她講了一個很長的故事以後，接著說：「後來，三歲的小女孩『草莓』聽了這個小故事，就跟媽媽說：『媽媽，您跟師公說好不好？請師公出門的時候帶一支手電筒。』這也是她的善巧慧思。所以童心就像月亮一樣，那麼溫柔又能發出光芒。只要大人平時能以『用慈施悲』的心來教育下一代，便能使孩子在潛移默化中培養善解與純真之愛。**這也是方便的教育；**」她的意思是說，這也是七地所修的方便波羅蜜。她用這種世俗而粗淺的事例與境界，來解說七地的甚深方便波羅蜜多，真是不倫不類。

釋證嚴又接著說：「**人人若有這分雖處於污濁、煩惱的環境中，卻能不被薰染、又能發揮清明的智慧，這就稱為『遠行地』菩薩。所以，要達到『遠行地』菩薩的境界，必定要有成就方便的智慧，也要發大悲心才行。**」換句話說，若是有世間的清明心境去學習世俗法上的種種方便，就是方便波羅蜜多。這跟無生法忍中所說的方便波羅蜜多完全無關，這樣的佛法居然也有人會相信，所以才說現在真的是末法時期。如果沒有人會信這種世俗言說的「佛法」，那就是回到正法的時代了。完全不必證得實相般若的總相智（根本無分別智），也不必證得實相般若的別相智（後得無分別智），也不必通達實相般若，更不必證得無生法忍，只要在世俗法中修學慈悲布施、一念不生、離開世俗法中的染污，就能證得七地的遠行地果證了！這只能說是釋證嚴個人新創的佛法十地境界，卻完全不是佛法中的十地境界。

「**一真如心，名不動地。**」「**一真如心**」，也就是說一切法實際上是歸屬同一個真如心，一切法也就是一個真如心；這就是究竟轉依真如心了。因此接下來的修行就只是異熟種子的變異性要加以滅除，所以從第八地開始，都不在煩惱障所攝的見思惑現行與習氣種子上面用心了，因爲已經全部斷除了。然而什麼叫作「**真如**」？這可得要探討「**真如**」的意義了！「真」是真實不虛，毫無虛妄，能生萬法而真實存在，絕對不是虛僞的想像法或施設法；這個不虛僞的法就是第八識如來藏，所以就叫作「真」。「如」是不被六塵所轉，不論在什麼樣的六塵境界中，處於一切可愛或可厭的六塵境界中，都同樣不動其心；而且自從無始劫以來已經不動心，現在也不動心，未來無數劫以後仍將一樣不動其心；是本來就如，現在未來一樣是如，這個如不是修行以後才變成的有生的如，這樣才能叫作「如」。這樣的「真如心」，找遍了所有法界以後，永遠都只能找到一個，就是大眾都有的第八識如來藏。

錯悟大師對離念靈知的傳統說法是：「**我的離念靈知心，了了分明而無分別。**」然而對境了了分明時就已經是分別完成了，所以仍然是分別心；對境了了分明時也不可能是「如」，因爲看見景色漂亮時已經知道而領受了，同時就有樂受了，所以看見的當下了了分明而知道是美時，就已經不是「如」了！當離念靈知心看見地上一坨狗屎，看見時就有厭惡之心而不是「如」了；因爲知道是狗屎了，厭惡心已經生起了，哪裡叫作「如」？即使經由修行而真的可以如，也是有生的如，不是本來就如。可是若從佛性來講，可就沒有這些問題存在了！雖然從佛性境界而言，也有見聞覺知，但是祂也是如，因爲佛性本覺對這些並不加以了知。所以昨天我問那位剛見性的同修：「這地上這麼髒，有沒有佛性？」「有。」「好不好看？」「好。」所見若是見佛性時，全部都很美，即使是在狗屎上看見的佛性，與在美麗的花朵上面看見的佛性一樣，都是很美，全無差別。如果所看的是泥巴地而不是看泥巴地上的佛性，那就不美了！佛性本身就是這樣，與離念靈知完全不同。

佛性雖然不離見聞覺知，卻是打從無始劫以來就常住不動的，這樣才能叫作「如」。意識心離念靈知能夠常住不動嗎？意識離念靈知是不可能常住不動的，是常常會起心動念的；就算是永遠都能一念不生而了了分明時，也不是不動心的，還是繼續在分別六塵的，不能說是不動的「如」。而且，離念靈知心現在看這個色塵，等一下又看另一個色塵；現在聽這個聲塵，等一下又聽另一個聲塵；始終是動來動去，不是常住不動，怎麼能叫作「如」？當然不是常住不動。常住心是絕對不動的，菩薩在七住位中證得第八識如來藏心的真如法性，就如同般若諸經中一樣把祂叫作真如心。接著依這個真如心進修，由於煩惱障已經斷盡了，所有的證境全都依止於「一真如心」的智慧上安住，永遠不動其心；乃至許多劫以來一直與他互爲配偶的真愛—三界中最親愛的人—出現在八地菩薩眼前了，也已經絲毫都不動其心了！這樣才能叫作不動地的菩薩。

所謂的「不動地」，所謂的「一真如心」，正是因爲對一切染汙法乃至對一切淨法的執著都已斷盡，已經沒有所謂染淨的貪著；三界愛的現行與習氣種子全都斷盡了，煩惱障所攝的一切法都已經無可進修了，只剩下無始無明的上煩惱要斷；也就是針對異熟種子的變異性，要再經由一大阿僧祇劫加以修斷。所以，八地菩薩在解脫道上面已經是無功用行了，因爲一切解脫道的修行—不論是現行或習氣種子的修斷—對他全都不會有功用了，所以叫作無功用行。很多人把無功用行解釋錯了，說他不必作任何的加行就可以完成某一件事；其實無功用行或有功用行，是從繼續修習這些法，對自己有功用或者無功用來說的。八地菩薩所作的一切弘法行爲，對眾生的解脫有功用，並不是無功用；對眾生在世俗法上的利益、出世間法上的利益也都有功用，但是對他自己都無功用，所以就沒有一法可以動轉他的心了；因爲他的無分別智已經是任運相續在運作著，所以沒有任何人事物能動轉他的心，因此叫作「不動地」。

而且八地菩薩可以在一切境界上面顯現無分別智，而這個無分別智卻是任運相續而不暫斷的，所以一切煩惱都不能傾動或者移動他，所以八地菩薩才叫作不動地。在解脫道上面的任何加行，譬如說七地菩薩還沒有滿心之前，他想要斷除煩惱障的習氣種子，還得稍作加行。有時也許生起煩惱障的習氣了，可能還要五秒鐘、一分鐘才能把它斷除，這就表示仍然需要有加行。但是八地菩薩的覺知心絕對不會傾動，因爲不再有煩惱障的習氣現行了，全都斷盡了！這時他的心非常的輕利，沒有人能比得上，所以才叫作不動地。這是因爲他在七地滿心位，把七地心的無生法忍完成了，也把方便波羅蜜多修學完成了，所以他所證的到達無相真如境界中安住的各種方便與功用，已經究竟而無可再修了；這導致他的解脫境界遠遠超過二乘無學聖人的出世間道，也就是煩惱障所攝的見惑、思惑的現行早在初地心前就斷除了，故意留惑潤生而在七地滿心前處處斷除習氣種子，並且在七地滿心位斷盡了，遠遠超越二乘無學聖者；並且在八地入地心中，也具足了大乘無生法忍中的方便波羅蜜多，所以能夠永遠而且絲毫不動其心，才能在佛的加持下轉入第八地中，成爲不動地的八地菩薩。這全都依止於「**一真如心**」而實證，出世間道已經究竟的緣故。

接著我們再來看釋證嚴是怎麼說的，我還是摘錄唸出來，其中講故事的部分就把它省略：「所以，接下來是第八『不動地』，也是『願波羅蜜』，『不動』就是不受動搖。」她說的跟我們依循世尊所講的不動地法義，完全不一樣。釋證嚴又說：「古德云：『發心容易，恆心難持。』一般人受到感動時，口頭上發願要付出愛心很容易，但是要以恆常的時間身體力行就很難了。」這就是她說的不動地的修行。接著又是講一些故事，我就跳過去，不唸它。「第八『不動地』，意思是指：只有發心是不夠的；要在境界來時，不受外境誘惑而能通過考驗才行。」換句話說，你在行慈濟志業，在布施利樂有情的時候心不能動；如果被境界誘惑沒有通過考驗，心動了，那就不是不動地。「若肯下這番功夫，才能堅定意志、擁有『不動』的善念。從此，他的人生完全改變了。一個月後，他見到我就說：『師父，我已經戒賭了。現在就算有人到家裡來拉我，也拉不動了。』」說這就是不動地。原來釋證嚴講的七地菩薩還會賭博，要到第八地以後才能戒賭，才能對賭博不再動心呢！而她說的八地菩薩也是不曾斷除我見、不曾證真如的呢！這真是天方夜譚。

最後釋證嚴這麼說：「若能立下堅定的願，菩薩十地當中，時時刻刻抱持如初的歡喜心。任何境界來了我都很歡喜，任何順、逆之境都不致於動搖我的心；」說這樣就是不動地了，「**若能如此，立宏誓願、持續不退，這就是『願波羅蜜』，也是菩薩第八不動地。**」所以，釋證嚴的第八地證境，是盡心盡力整整一世之中，都歡喜而發願不退於慈濟功德會的布施利樂世間人；當這種願心不退失時，就是八地菩薩了！我們只能說這是釋證嚴自創的八地佛法境界，還是跟般若總相智、別相智的實證完全無關，也跟禪宗取證如來藏的明心智慧完全無關，又跟諸地所證的無生法忍完全無關。佛教中竟然有這樣簡單易修的八地境界，奇怪的是 世尊竟然不教導我們取證這種簡單易證的八地境界，卻教我們要精進修持整整兩大阿僧祇劫才能證得的第八地境界；看來好像 世尊的智慧是遠不如釋證嚴的，才不會教導我們易修易證的這種八地境界。當然，有智慧的您，一讀就知道這樣的八地境界，全都只是釋證嚴個人的妄想施設、自我陶醉，並不是佛法。釋證嚴的書中所講八地菩薩境界講完以後，依舊是五頁的空白頁，才開始講解第九地善慧地。

「**發真如用，名善慧地。**」請看第九地的實證，依舊不離真如法性；所以世尊所說的十地境界，全都圍繞著第八識的真如法性來解說，來教人實證，從來都沒有離開過第八識的真如法性。什麼叫作「**發真如用**」？就是說，由於前八地無生法忍的實證功德，在第八地的願**波羅蜜**多修證圓滿以後，發起了真如心的作用，這是以前所不曾相應的第八識真如心的功德、力用，這叫作「發真如用」。因爲有這種與真如心的作用直接相應的功德力量等作用的智慧出現了，能夠直接與真如心的功德相應而加以使用，有這種智慧力的菩薩們，才能叫作「善慧地」。

請注意，世尊所說的善慧地，依舊是以真如爲中心來說「善慧」，而不是指世俗法中的方便善巧智慧。並且，菩薩修到善慧地時，還有一個能夠很清楚顯現出來的功德，叫作「四無礙」；四無礙的圓滿，正是九地菩薩所修證的功德；正因爲有這四種無礙，所以善慧地菩薩才能成就力波羅蜜多。諸位常常聽到有人講四無礙，也就是法無礙、義無礙、詞無礙、樂說無礙。法無礙是證得陀羅尼，也就是獲得總持了，所以一切法都能了知，於是證得法無礙。法無礙是一切法都已了知，已經了知佛法中總共有多少法；這就是說，九地菩薩必須是已經證得總持了，而總持就是把所有三乘菩提法，只用一個咒語全部函蓋在其中；所以若是把總持咒（陀羅尼）修得了，全部佛法都在其中，就是證得法無礙的人。

總持咒（陀羅尼）中的某一個字，代表某一部經或某一種法；有時是兩個字或三個字代表某一部經或某一種法；如果獲得全部佛法的陀羅尼，也就是獲得全部佛法的總持時，就是證得法無礙的人。這時，三乘菩提的所有法都在你心中具足了，所以是證得法無礙的菩薩。由於有法無礙的緣故，就會進而發展爲「義無礙」：唯一佛乘的陀羅尼中的所有法的內涵，已經知道其中的全部內容了，就叫作義無礙。譬如我們正覺總持咒，講的是正覺同修會所要弘揚的法義，所以就是正覺同修會的陀羅尼，就是正覺同修會所弘揚佛法的總持。有很多人初來乍到，先不必懂得它的內容，只要能夠背誦就行了。有人則是聽說背誦正覺總持咒可以驅走鬼神、能夠避邪，於是他就背誦受持，那也很好！因爲這樣做，就會把佛法總持的訊息傳播到鬼神界去，那也很好。

正覺總持咒中的第一句是「五陰十八界」，你只要真的懂了，也就是把這五個字的真實義，鉅細靡遺地了知，那你就有了這五個字的義無礙；如果也有詞無礙而能夠具體表達出來，你就可以走遍全球所有佛教道場，所向無敵。因爲五陰十八界，現在全世界佛教道場，不管哪一個大師，不論是南傳佛法或北傳佛法的大師，乃至一切顯教、密宗的大師們，目前還沒有哪個人弄清楚；光是意識覺知心，他們就弄不清楚了，才會認爲意識一念不生時就是真如了，或者認爲有生有滅的意識心是常住的；所以釋印順才會建立細意識常住說，所以釋證嚴才會主張意識心是常住不滅的。你只要把五陰中的識陰所攝的意識心的種種變相，全部都舉出來說明，他們可就傻眼了，因為他們連聽都不曾聽過。如果你還能再講得更細緻一點，譬如講解意根的心性與生滅性，那就更勝妙了！可是，當你一講到意根，他們就頭疼了，因為意根不是他們所能理解的，更別說是親證了；而他們大部分也都是否認意根的存在，那就更無法與你對談意根的法性了。

昨天我聽○○師說，常常有法師去找他論法，剛去拜訪他的時候都是趾高氣揚，講話都是威風凜凜。我們的○○師修養好，就先聽他講，聽到後來就對他們說：「我們只講十八界中的一界，只講眼識界就夠了。請問：眼識為什麼是無常、變異？為什麼是苦、是空、是無我？」那些法師們聽了，各個都傻眼、閉口結舌。有的法師說「眼識要有九緣才能生起」，講得天花亂墜，等到○○師問上這一句，他就只好閉嘴了。如果講到意根，○○師說，那些人如果聽到意根，都對意根很痛恨，他們無法了知意根，心裡很生氣，就一腳把意根這個法踢出三界外去，根本不想談。因為他們不懂呀！所以，我們光說五陰中的識陰所攝的兩個識就行了，第八識就更不用說了。所以，總持就是讓你受持住很多法，使你不會忘記而遺失了。我們正覺總持咒就包含了三乘菩提，你將來悟了以後，一步一步進修，把正覺總持咒的內容全都具足實證了以後，臨時有人請你上座說法時，你就不會退卻畏縮。因爲有了法無礙，也有義無礙時，口才也不是很差，臨時上座說法時就不會有困難了。九地菩薩正因爲四無礙法，所以當然是善慧的境界。

「法無礙、義無礙」，法無礙就是所有佛法的總相都知道而沒有遺漏，義無礙是所有佛法總相所代表的全部內涵也都具足了知，這就是「法無礙、義無礙」。這時再加上言詞無礙，也就是善能運用語言來表達這些法中的真實義，就是具備「詞無礙」的菩薩。如果沒有詞無礙，想要表達這些法中的真實義時，講得結結巴巴，讓人無法聽懂，就是沒有「詞無礙」的功德；那麼就算已經有「法無礙、義無礙」，真的有證量了，依舊是說不出口，沒辦法上座說法。如果加上「詞無礙」的功德，能夠詳細而且清楚宣說出來；到了這個地步，隨時隨地請你上座說法，你都沒有問題，可以講上三天三夜，沒有困難，當然是「樂說無礙」的菩薩，就具足四無礙了。除非是有私心的人，才不想爲人說法；但是有私心的人，絕對不可能獲得「法無礙、義無礙、詞無礙」，因爲他一定無法入地，何況能夠修得九地心中的前三種無礙。

到了這個地步，四無礙具足了，就表示已經有善妙智慧了，才能稱爲善慧地的菩薩。這時一切佛法總相都了知，一切佛法的內涵也都了知，並且言詞辯給，能以種種方便爲人解說，使聽聞你說法的人可以聽懂。如果講得天花亂墜，連他自己也不懂，別人當然更聽不懂，那他出來講經說法有什麼用處呢？有許多人說法時是連自己都聽不懂的，因爲他自己也是用猜的；猜測其中的道理以後，再加上一些名相來講，把說法時間用盡，就算是說法圓滿了！那就不是法無礙、義無礙、詞無礙了。當這三個無礙具足了，也有慈心與悲心，只要有因緣就願意爲眾生演說深妙法，這便叫作樂說無礙。有了這四個無礙，表示他的智慧已經沒有障礙了，能夠完全顯發出來利樂眾生了，才能稱之爲善慧地。

可是善慧地只需要有這四個無礙嗎？當然不是，還要能夠前往十方世界到處去說法，於十方世界都無所障礙。若是還沒有到三地滿心位，請你到十方世界去說法看看，或者只要求去東方最近的另一個佛世界就夠了，知道該怎麼去嗎？都不知道呀！那又怎麼能叫作善慧？而這是三地滿心菩薩就能夠做到的智慧。所以善慧地不但要有前八地修行累積下來發起的真如作用等功德，還要具足四無礙辯，還要能夠遍到十方界，遍到無量無數那由他世界去爲眾生說法；而且是以四無礙辯去爲眾生說法，才能叫作善慧地的菩薩。

如果沒有到達這種境界，千萬別自稱為善慧地的菩薩。

那麼我們再來看大法師釋證嚴是怎麼解說善慧地：「接下來是第九『善慧地』。『善慧』，即是慈悲而有智慧。」這倒是跟聖嚴法師說的一樣：「慈悲要有智慧。」釋證嚴接著說：「要達到『善慧地』的境界，首先要打穩基礎的功夫，努力成就『力波羅蜜』。」她的力波羅蜜是怎麼解釋的呢？諸位再聽：「我常常說：『發多大的願，就有多大的力。』」釋證嚴的力波羅蜜，不是經由四無礙辯的善妙智慧而產生的威神力，而是要看你發了多大的願；那麼釋證嚴所說的發願是發什麼願呢？她認為：願一生都為慈濟服務作志工，這個大願就表示你有力波羅蜜。原來是要發願整整一世都為慈濟功德會做事，然而發這樣的願所產生的願力，並不是善慧的智力，與九地菩薩的力波羅蜜完全不同，真是差很多。

然後釋證嚴又解釋說：「有願力來配合，心地自然能夠時時清淨、專心一念；擇善堅持於任何遭遇而能清淨，就不生煩惱、不起惡念；不生煩惱就是智慧，不起惡念就是善念。有智慧、慈悲的善念，再加上一股毅力去推動，就能把理想變成事實，也能轉理論為實際，使人事理圓融無缺。」她說這樣就是力波羅蜜，就是善慧地。原來她說的善慧地的力波羅蜜，就是要懂得作人，才能把慈濟功德會救濟世人貧苦的事情永續做下去，而不是九地的無生法忍真如智慧，也不是九地所證得三乘菩提四無礙辯的智慧。

接下來她又說了一些故事，我就把它跳過去不唸，因爲這是很多頁的故事，都不是佛法。然後在最後一段，釋證嚴說：「所以，學佛可以是如此合情合理又生活化。日常生活中的一切，都是我們能做的事；若能做到這樣的程度，就稱爲『善慧』。」她認爲在日常生活中所能做的事，你能夠有智慧善巧而能做好，就是九地菩薩的善慧。依舊是跟無生法忍無關，也與真如法性的實證無關，更與九地菩薩的四無礙無關。釋證嚴又說：「有這分愛心，並立下堅定的願，就有辦法突破萬難，達到第九地的菩薩境界，也就是『善慧地』。」這又證明她說的善慧地，根本不是佛法中的善慧地，只是她自己所施設的善慧地。像她這樣誤導慈濟功德會中的委員或會員們，只怕會有許多慈濟委員、會員們跟著犯下大妄語業，將來捨壽時該怎麼辦呢？釋證嚴有沒有爲那些一生在慈濟功德會中付出錢財、身力、心力的委員與會員們設想呢？

九地心全都說完了，佛陀作了一個小結論：「阿難！是諸菩薩從此已往，修習畢功，功德圓滿，亦目此地名修習位。」這是指初地到十地的修行之中，只有第十地是果；而九地滿心之前，下至初地住地心爲止，全都是修習位，也就是修道位。至於明心時的第七住位乃至第十迴向位，全都是見道位：明心時的第七住位是真見道位，悟後進修到第十迴向位爲止，都是相見道位，第十迴向位圓滿而進入初地的入地心時，則是見道的通達位。所以從初地住地心開始，到達九地滿心位爲止，都是修習位——修道位。九地滿心進入第十法雲地時，則是由十方諸佛加持成爲十地的滿地心，已經是修道位圓滿以後所得的果報了，因此不列在修道位中。

「從此已往」的意思，是說從九地滿心以後。九地的修行內涵，可以使人進入第十法雲地，法雲地就可以稱之爲法王了，所以十地菩薩就是法王菩薩。第十法雲地菩薩的境界，爲什麼沒有講很多呢？因爲九地滿心進入十地以後，並不需要勞神費心苦修，只是任運而修；因爲十地的境界主要是靠諸佛加持，來圓滿十地心而進入等覺位。當你修到九地滿心以後轉入第十地了，由於九地累積下來的各種功德，當時節與因緣成熟時，自然就有大寶蓮華王宮殿出現，那時十地菩薩進入宮殿上座以後，只做一件事，就是放光照耀諸佛世界；於是諸佛看見了，知道有菩薩進入第十地了，可以賜給祂承繼諸佛的職務；所以十地菩薩叫作受職菩薩，諸佛共同授給祂職務，要祂承擔如來家業，將來紹繼成佛。

所以十方諸佛同放寶光為祂灌頂，幫助祂成滿十地心。這種灌頂才有用，千萬別找喇嘛們灌頂，那只有越灌越輪迴、越墮落（編案：詳見平實導師《狂密與真密》詳說）。這時諸佛的主光來為十地菩薩灌頂，灌頂以後，成就十地所需要的一切功德；諸佛同時以餘光為諸方前來的九地以下菩薩灌頂，因此大眾都從這位十地菩薩及諸佛所，獲得極多三昧功德。當十地菩薩坐上大寶蓮華王宮殿中的寶座，放光照耀諸佛世界的時候，十方諸佛世界的所有九地以下菩薩只要能來的，全都來了；因為大家都知道有好處，只要有人成為十地菩薩，前來瞻仰的菩薩們都會有好處。在佛法中，只要有人成就道業時，不會只有一個人有好處，大乘佛法中並不是這樣的。

譬如我在佛菩提道上有成就了，當我有因緣弘法時，你們也可以獲得利益，所以你們才要來正覺學法；如果我出世弘法，你們來了都不會獲得實質利益，那你們來正覺修學就沒有意義了！正因為我在佛菩提道上有所成就，你們來到正覺也會獲得利益；同樣的道理，將來有一天你成為十地菩薩時，只要一放光出去，諸佛世界無量恆河沙數的九地以下菩薩都會來瞻仰你，因此獲得諸佛加持的利益；而你是主角，這時諸佛都為你灌頂，諸佛的寶光灌頂時就會使你具足無量無邊功德；而這灌頂光還有餘光，那些餘光就為十地菩薩身旁圍繞的所有九地以下菩薩們灌頂，大家都獲得大利益。所以還沒有進入十地以前，只要哪一天看見有寶光來到 佛前，從 佛陀足下進入時，你就請求 世尊加持，趕快去拜謁新的十地菩薩，因為去了就可以得到諸佛的加持力。接著就要說明第十地了：

【「慈陰妙雲，覆涅槃海，名法雲地。如來逆流，如是菩薩順行而至，覺際入交，名為等覺。阿難！從乾慧心，至等覺已；是覺始獲，金剛心中初乾慧地；如是重重，單複十二；方盡妙覺，成無上道。是種種地，皆以金剛觀察如幻十種深喻；奢摩他中用諸如來毘婆舍那，清淨修證，漸次深入。阿難！如是皆以三增進故，善能成就五十五位真菩提路，作是觀者名為正觀；若他觀者，名為邪觀。」】

講記：「被大慈之心所潤澤的微妙法雲，覆蓋及保護涅槃之海，名為法雲地。如來逆流而上，親證覺果；依照如來所走過的這個成佛之道，菩薩們就沿著同一條大道順行而到；最後證得本覺之邊際而進入佛覺大海，已經能夠與佛覺大海互相交感了，就稱之為等覺。阿難啊！從初信位前的乾慧心，到達等覺位才算是完成道業；而這個本覺初次證得時，即是金剛心中最初乾有其慧的境界；要像這樣子一重又一重，單數與複數合計共有十二個階段；方才可以究竟窮盡妙覺如來，成就佛菩提的無上道。這些過程中的種種境界，全部都以金剛心的自性來觀察如幻等十種深妙的譬喻；在歇心於佛菩提道而安止時，都是用諸佛如來所說的觀行，隨逐每一個階段來清淨修證，依循著一定的次第而漸次深入實證。阿難啊！如果像這樣子全部都以助因、正性、現業等三種方法增進的緣故，善於修習而能成就五十五個位階的真實覺悟之路，遵循這樣的觀行而求證的人，我名之爲佛法正觀的人；若是在這樣的正觀以外另外作別種觀行的人，我名之爲邪觀的愚人。」

什麼叫作慈陰？也就是說，十地菩薩雖然也有五蘊，但是這個五蘊可以放出無量無邊的大慈光明，普遍潤澤祂所說的無量法雲，這就是「慈陰妙雲」。陰就是遮蔽、遮蓋、保護；不論是保護眾生或是保護所說出來的無邊勝妙法雲，都是「慈陰妙雲」。妙雲，是說第十地菩薩經由十方諸佛共同加持之後，成爲受職菩薩，圓滿無量無邊諸法；從此以後可以在十方世界爲任何菩薩說法，一切九地菩薩雖有四無礙，還是得要聽受祂的說法；因爲祂所說的妙法之中，還有許多妙法是九地菩薩所不知道的，因爲佛法實在太微細、太勝妙了！十地菩薩由於諸佛加持而成爲受職菩薩的緣故，因此說法如雲如雨、永無間斷；只要眾生有需要，祂就滔滔不絕一直演述下去，所以叫作法雲；而祂所說的法義極爲勝妙，所以又名爲「妙雲」。也由於這個緣故，所以十地菩薩稱爲法雲地，可以說法如雲如雨永無窮盡。

十地菩薩所說妙法，能「**覆涅槃海**」。對眾生而言，涅槃如同大海一般可望而不可即；但十地菩薩已經能具足了知諸佛如來所證的四種涅槃，只是乾有如來地的智慧而不能生起如來地的妙用。四種涅槃中的本來自性清淨涅槃，你們這幾天禪三明心的人已經證得了。**本來自性清淨涅槃**是四個法：**本來性**、**自性性**、**清淨性**、**涅槃性**。我且問你們這回明心的人：你的如來藏是不是本來就有的？以前有沒有出生過？沒有出生過，因爲祂本來就有。你的如來藏有沒有自性？有呀！不是一切法空，也不是只有名詞，而是真實存在的心，並非釋印順講的「一切法空就是真如」。他還說一切法斷滅就是無餘涅槃，其實十八界滅盡後的無餘涅槃中就是如來藏心，所以真如心就是如來藏，不是一切法空；因爲真如心能出生五陰十八界，所以祂有真實自性。那祂是不是本來清淨呢？對呀！祂對六塵從來沒有起貪過，然而有所染汙的六塵，如來藏既不會討厭，所以也不會生起煩惱，所以是清淨性的心，而且是無始劫以來本就是清淨性的心。祂是不是涅槃？是呀！祂本來就不生，當然永遠不滅，當然是涅槃。這樣子，當你們證得如來藏的妙真如性時，依我剛才所說同時加以觀察，證明確實是如此，這就是證真如，因爲如來藏的妙真如性，是時時刻刻都分明顯露而沒有遮隱的。這樣證真如時就能現觀如來藏本身就是本來自性清淨涅槃，因爲如來藏心從來不生不死、不生不滅。

涅者不來、槃者不去，涅者不增、槃者不減，涅者不生、槃者不滅，涅者不垢、槃者不淨，涅者不貪、槃者不厭，涅者不生、槃者不死；凡是兩邊都沒有祂的份兒，那不是「善得中道」的涅槃嗎？這與二乘無學聖者所證的涅槃是完全不同的，是二乘無學聖者所無法想像的涅槃。當你們找到了祂，親自體驗祂，是不是這樣子？（似乎有人輕聲回答）啊？果然如是！所以你就證得菩薩們所證的本來自性清淨涅槃了。然後再由這個涅槃漸漸斷除思惑，將來到了初地心前斷盡了思惑，就是有餘涅槃、無餘涅槃，當然諸地菩薩都是隨即留惑潤生的。然後再繼續進斷無始無明的上煩惱，當你把所有上煩惱全部究竟斷除了，就是無住處涅槃，既不住於生死之中（因爲阿羅漢所斷的分段生死，那時你也斷除了；他們所不能斷的變易生死，你也斷盡了，所以那時你不可能是住於生死中），雖然常常示現有五蘊在三界中生死，利樂有情永無窮盡，其實並沒有生死；可是那時成佛以後的你也不會進入無餘涅槃，而你的無餘涅槃卻比阿羅漢們更勝妙、更徹底。阿羅漢們滅盡五蘊十八界而入無餘涅槃，可是你永遠不入無餘涅槃；這樣子不住生死之中，也不入無餘涅槃之中，就是無住處涅槃。第十地菩薩的證量—所獲得的智慧—可以遮覆保護自己與佛弟子們的涅槃大海，就是「**覆涅槃海**」，這樣就稱之爲法雲地。也因爲十地菩薩的大法智雲，含藏各種功德法水，能夠蔽蔭於一切學佛人，如同虛空遍布一樣地充滿於法身之中，所以稱爲法雲地。

至於釋證嚴是怎麼說法雲地的呢？在第九地的說明之後，她這本一百多頁的書中一樣又有五頁的空白頁，然後她說：「**菩薩十地的最後一地是『法雲地』，『法』是『智慧』，『雲』是慈悲、愛護之意。**」雲是指慈悲愛護之意嗎？不是。法雲的意思是說十地菩薩的智慧無量無邊，充滿法身之中，所以說法時如雲如雨無有窮盡；由此緣故，十地菩薩所說的一切法能夠保持覆護一切眾生的涅槃海；因爲所有的涅槃都不出於祂對佛法的證量，祂演說的妙法已經函蓋了四種涅槃。而釋證嚴講的卻不是這樣，她說：「**我們每個人的慧命、心地的種子都是『因』，需要的是『緣』。『法雲』就是緣，能夠成就一切。**」法雲的深妙意義，竟然可以這樣粗俗地解釋。她又說：「**『法』有如智慧的甘露，能滋潤群生。『雲』象徵慈悲、愛護，能解除眾生的熱惱，這就是慈悲。」釋證嚴說的法雲地是這樣子粗俗。但是她後面還有解釋，而我們講經的時間已經終了；如果想要瞭解她後面怎麼說法雲地，且聽下回分解。

……（講經前的當場答問，移轉到《正覺電子報》〈般若信箱〉，以廣利學人，此處容略。）上週講到釋證嚴書中講的十地境界，還沒有唸完；我們繼續再舉證她的講解，看她對法雲地是如何解釋的：「佛陀在人間說法四十九年，歸納起來，就是要我們『行菩薩道』。要像太陽一樣，能使眾生智慧明朗；亦有如慈雲適時覆蓋，使眾生在慈悲、愛護之下，身心安定、悲智雙運，這稱爲『法雲地』。」這樣解說法雲地，真的很簡單。接著她說：「人生要時時如一片法雲，既不受任何障礙，又能普施及時雨。學佛，就是要使心鏡能照見山河大地；但是，山水並不會成爲自己內心的負擔，這就稱爲『大圓鏡智』。能夠到達這樣的程度，就是『十地菩薩』了。」現在又變成是十地法雲地才證得大圓鏡智了！前面明明是說第六地現前地就證得大圓鏡智了！她究竟是主張在哪一地證得大圓鏡智呢？

像釋證嚴這樣的十地定位和解釋，其實是把十地菩薩的無生法忍出世間法的修證，全部世俗化而成爲世間法；所以慈濟功德會的會員們只要在世俗法的救濟眾生上面，一生一世都不動轉，把慈濟的事業越做越大，就可以成就十地的修證了。比如第八不動地，依照釋證嚴的說法，如果學習某一種法門，有人想要轉變你，對你講了一大堆話，想要讓你退轉而離開；然而你都不會動搖，堅定地繼續修學而不動心，就是不動地的八地菩薩了。可是這樣的八地菩薩卻跟無生法忍的實證完全無關，只是世間法中的不動心罷了，並不是出世間法。又譬如說，你如果能有方便善巧，教人家怎麼樣投入慈濟裡面努力布施，那你就是有善慧的善慧地菩薩了，就是九地菩薩。

像這樣的說法是非常荒唐的，和真實佛法完全不相應。但釋證嚴爲什麼會有這樣的情形發生？根本原因就在於他們把三乘菩提的根本加以否定了，也就是否定三乘菩提根本所依的如來藏心。否定了第八識如來藏以後，就不用想辦法在出世間法中求明心開悟證如來藏、證真如，也不用尋求如何眼見佛性，更不用修學唯識學的一切種智，甚至於連否定意識而斷我見的觀行都免了，所以對於十地的法門和證量，就只好從世俗法上來解釋了。所以，我在公案拈提的序文中，談到他們如何把佛法世俗化、膚淺化，真的沒有絲毫冤枉他們的地方。

從釋證嚴的書中，從她這本《心靈十境》中，你們可以瞭解一件事實：

佛法被他們世俗化到了什麼程度。他們這樣做，二千多年前世尊來人間降生的唯一大事因緣，就被他們全部抹煞了。然而世尊來人間受生示現的唯一大事因緣，就是教導眾生怎樣證悟法界實相心如來藏，怎樣眼見佛性而親證如幻觀，乃至如何次第進修而成就究竟佛果；這些全都是圍繞著第八識如來藏心而進修、而開演的，這就是世尊示現到人間來的唯一大事因緣。如今他們卻說：不必明心找到如來藏，不必眼見佛性，也不必斷除我見與我執（因爲他們所謂的斷我見與我執並不是世尊所說的斷我見我執，而是主張意識我常住不滅），只要在世俗法中能夠不動心，就是證得第八不動地的證量；只要能有方便善巧去度人學佛—加入慈濟志工行列—來清淨意識覺知心不要生起貪瞋，有這種方便善巧的人就是第九善慧地的大菩薩了。

若是依照釋證嚴這樣的「佛法」，九地所修的極難具足實證的四無礙法就成爲白修了；因爲釋證嚴那樣輕易做到的世間境界也是九地境界，我們依照佛所說的內容來修證善慧地的四無礙，一樣也是第九地；可是二者之間的內容與難易度，「相差不可以道里計」，真的無法以幾公里、幾華里來計算，實在是太懸殊了。

因此，真正的佛法確實是不容易懂的，光是二乘見道就很難體會了，大乘見道就更別提了。且看現在全球佛教，那麼多的四眾弟子，還沒有看見有哪一個人是證悟明心的人，更不要說有哪一個人是有眼見佛性的人；等而下之，到目前爲止，還不曾看見有誰是已經斷除我見證聲聞果的。不說大乘法的見道，淺如二乘解脫道的見道，他們都可以誤會成這樣，怪不得會有那麼多人把意識心住於無念、離念的狀態中，我見都沒有斷除，就公開宣稱已經證得初果了。又如所謂的「活在當下」，所謂的「動中禪」，無非是如此。既然是以意識心不動，當作是斷身見、斷我見，這樣的見道其實不是見道，都還沒有證悟二乘菩提的初果智慧，因爲我見都還具足存在，都還沒有斷除，更別說是大乘法中的見道了。

覺知心，不論是處在什麼樣的境界之下，永遠都是意識心，不可能變成真實常住心；而三界中最微細的意識，就是非想非非想定中的意識心；那個覺知心雖然是很微細，但祂仍然是意識，不能自外於根、塵二緣所生的範疇，永遠都是生滅心。可是現在看看南傳佛法，南洋那些所謂的初果、二果乃至四果人，以及現在台灣有些人在弘傳南傳佛法，他們所謂實證的初果、二果乃至四果，全都沒有斷我見，所以都成爲因中說果；凡是因中說果，就是大妄語業。

並且，這一些人又把二乘菩提解脫道，取代大乘菩提的成佛之道在弘揚，公開宣稱聲聞解脫道就是成佛之道；所以他們對於大乘法中所說的明心、見性以及解脫道，是混淆不清而全然不知道其中的異同；都因爲他們對解脫道與佛菩提道從來不曾分清楚，因此這種誤會非常嚴重。對治這種淺化佛教、世俗化佛教的工作，得要由我們大家來做，並且要長期來做，無法依靠他們。並且，這是短時間內無法完成的工作，必須要二、三十年的時間才有可能成其功、竟其業，這就是我們大家應該共同努力來做的事情。如果我們這一代，大家都有努力去做，未來的佛教就可以安隱無憂，否則始終將是無法脫離這種世俗化、淺化的現象與後果；而這些破壞佛教正法的根本源頭，就是釋印順遵從西藏密宗黃教應成派中觀的六識論所導致的，本質仍然是肇因於台灣佛教的密教化；因爲現在各大山頭大多信受釋印順的應成派中觀六識論，而應成派中觀的意識常住邪見，本是藏密黃教的根本法。

從上面所舉證的所謂大法師，自認爲已經得到上人法的大師所說法義中，大家都可以瞭解：佛教今天確實已經走到了危急存亡的關頭了。更糟的是：不只台灣密教化很嚴重，其實大陸佛教的密教化比台灣還要嚴重；因爲大陸的佛教道場，大約有百分之九十跟密教的法義脫離不了關係，他們的密教化比台灣還要普及。然而這種大乘佛法與二乘菩提的危機，並不是一朝一夕造成的，而是長時間漸漸累積而成的。在台灣的密教，其實是在這二、三年中，由於星雲、陳履安、聖嚴法師、淨心長老的推波助瀾，才使這幾年（編案：這是二〇〇二年十一月說的）台灣佛教密教化的進展非常快速。但我們現在對於這種錯誤的法教，應該加以澄清，讓外道法回到外道法中去，讓佛教裡的正法可以正本清源而純清正確地宣揚出來，這才是最重要的工作；千萬別想要再當老好人了，否則佛教正法的滅亡，就不會太久了！以前在天竺「密教興而佛教亡」的舊事，將會在中國地區重新上演，那麼佛教就正式滅亡，不必等待一萬年後。

「**如來逆流，如是菩薩順行而至，覺際入交，名為等覺。**」說到這裡，聖位菩薩的十地境界講過了，所以說如來是逆流而成佛的，因爲如來是獨覺。既是獨覺，當然不是兩人以上同行而同時證悟的；所以是獨自一人與世俗法相違背，當然一定是「逆流」而上。現在的佛教界有一個最大的問題，就是「順流」：絕大多數的大小法師們，大家都同樣順著世俗法、隨順著大眾同一所墮的意識境界走下去，所以是「順流」；然而順流的結果就是世俗化、商業化、膚淺化、學術化。在阿含部《羅云忍辱經》中 佛說：「**佛之明**

法，與俗相背；俗之所珍，道之所賤。清濁異流，明愚異趣；忠佞相仇，邪常嫉正。」所以我常常說「佛法背俗」，不可能同於現代大法師們所說的世俗佛法見解一樣，而是與世俗法相反的。世俗法中以爲是真實而寶貴的意識覺知心，在佛法中卻認爲是虛假而應該捨棄或否定的；在世俗法中認爲應該追求的，在佛法則是認爲應該捨棄；如今的所有顯密大師們，所說卻都同於世俗法一般，與世俗人一樣認定意識覺知心是常住不壞心，這就是「順流」。

然而菩薩與世俗佛法的大師們所見不同，全都植基於明智與無明的差別，所以說學佛人與世俗人應該是「明愚異趣」，不該如同現代大法師們「明」愚同趣，否則佛法就同於世俗法了；不幸的是現代諸大法師們所說的道理，都同於世俗法，我只能說他們與世俗人是「愚愚同趣」。因此，如果有大師認爲覺知心一念不生時就變成常住的真如心了，而其他所有大法師們也是這樣的見解；當大家都同樣是這樣的見解時，就表示大家都同樣是「順流」；既然都是隨順世俗法而流轉的，那就是世俗法而不是佛法了。如果你所證的真如心是跟一般大師「順流」說的真心不一樣，你就應該知道：自己所證的一定是正確的佛菩提。因爲你是「與俗相背，明愚異趣」。

佛是自己一個人「逆流」而上，始從斷我見我執而證無餘涅槃，接著明心發起大圓鏡智，眼見佛性發起成所作智，全都與世俗法相違背，當然都是「逆流」。但是「如來逆流」以後，走出這麼一條路了；我們所有菩薩就可以隨順這一條大道步步登上，所以說「如是菩薩順行而至」。菩薩們只要順著佛所走過的路，就可以到達等覺地，這時的本覺、真覺就能與佛地妙覺大海互相交感了；這時的覺悟如同諸佛、似已等同諸佛的覺悟境界，也就是已經與佛地相差不遠了，所以「名為等覺」。假使違背 世尊所說，當然就不是「菩薩順行而至」，只能稱爲凡夫妄想而至。

「**阿難！從乾慧心，至等覺已；**」「已」就是終止或完成的意思。從乾慧心，也就是十信位前的三種增進修行的第一種「修習」，也就是「除其助因」的遠離五辛、欲愛乾枯而不樂於雙身法，決定開始修習佛菩提道的首楞嚴妙法，這就是「乾慧心」；要從這個「乾慧心」進修到等覺位時才能「已」，也就是要從決定修習而斷除五辛、認定婬欲不是佛法的時候開始，最後必須次第到達等覺位時，才算是到達最終完成的階段。

「**是覺始獲，金剛心中初乾慧地；**」但是等覺位所證得的本覺，其實不是在等覺位中才獲得的，而是在證得金剛心位的「初乾慧地」就已經證得的。「初乾慧地」，是最初時的乾有其慧的智慧境界，是真正佛菩提道的初發心時，也就是實證金剛心的初發心位，就是第一次明心時，即是第七住位的「般若正觀現在前」；這時是第一次證得金剛心，所以是「初」；而且這時的金剛心實相智慧，也是乾有其慧而仍然無法運用，所以稱為「乾慧地」，合起來就稱為「初乾慧地」。所以，證悟金剛心的位階是很多的，這些位階中的人同樣都是已經證悟金剛心的菩薩；但是一定會有最初證得金剛心的時候，那就是第七住位，這就是「是覺始獲」的時候，也是證得金剛心的「初乾慧地」。在最初發菩提心（第一次決定信入佛菩提道）的初信位前，雖然名為「乾慧地」而無覺悟的境界，所以不稱為「金剛心中初乾慧地」；經過十信位的修習，具足信心而進入十住位的初住乃至第六住位，是外門廣修菩薩六度萬行；然後「若修第六般若波羅蜜，正觀現在前；復值諸佛菩薩知識所護故，出到第七住常住不退。」（編案：出自《菩薩瓔珞本業經》）這就是修學佛道的過程中，初次獲得金剛心本覺的實證，名為「是覺始獲」——這個本覺初次獲得。這時就是證得「金剛心中初乾慧地」，就是初步獲得金剛心中的乾慧境界的第七住位菩薩智慧。

因地時明心開悟所證的如來藏正是金剛心，但是因地的金剛心畢竟還有許多的雜染，距離佛地仍然還很遙遠，當然得要隨順十住、十行、十迴向、十地等次第繼續向上進修。但是因地第七住位所證的金剛心如來藏，不能因爲還不是佛地的金剛心如來藏，就說祂不是金剛心；因爲祂的體性始終是金剛性，始從因地一般世俗人的境界中，乃至在異生凡夫或者下賤譬如螞蟻、蚯蚓的境界中，牠們的如來藏心仍然是金剛心；所以第七住菩薩證得如來藏時，就已經是證得金剛心了！只要已經證得如來藏的人，都是已經進入「**金剛心中**」。但第七住位菩薩的金剛般若智慧，仍然是無法有大作用的，所以只能說是「**初乾慧地**」。

「**如是重重，單複十二；方盡妙覺，成無上道。**」想要到達佛地而發起神妙智慧與種種大用，得要遵循一定的過程與內容，當然必須像前面所講的乾慧心、十信、十住、十行、十迴向、四加行位、十地、等覺、妙覺的過程。「**如是重重**」之中，有單有複：譬如乾慧地是單，又如入地前四加行位的每一位也都是單，等覺也是單數，妙覺也是單數，這些單數的位階總共有七個；至於十信乃至十地等位階，都是以十爲單位來計算的，所以是複數；而這些複數的十信到十地等位階，總共有五種。這樣子，把單數的七種加上複數的五種，合起來總共是十二種，所以說「**如是重重，單複十二**」。換句話說，從最初的尚未證得金剛心的「乾慧地」，到達最後的妙覺位總共有十二種，分成五十五個位階；這些全部修證完成了，才能夠究竟到達妙覺位，才算是究竟盡證而完成妙覺位的究竟功德，才是成爲最後身菩薩。接著是觀察人間眾生得度的因緣成熟時，便降生人間示現成佛而發起一切種智，這時才能四智圓明而開始轉法輪，這樣才算是成就了無上道。

如果沒有這樣的修證過程，而是以聲聞果的四向四果當作成佛之道，自稱成佛了，當然不是真正的佛道，而是自己施設與想像的成佛之道，那絕對不是正確的成佛之道。這樣的一類人，我們也可以直接判定他們都沒有證得聲聞果；因爲真正實證聲聞果的四果人，下至初果人都會知道那不是成佛之道，何況四果人還會不知解脫道不是成佛之道嗎？所以這樣的人當然都是未曾證得聲聞初果的凡夫。而且整個成佛之道的所有境界取證，全都要依金剛心如來藏的實證；若是否定如來藏而專修解脫道，那絕對不是成佛之道。由此證明釋印順等人所說的成佛之道，根本不是佛道，而是聲聞道、羅漢法。並且說一句老實話，他的聲聞道、羅漢法，也是不符合四阿含諸經的聖教，更不符合所有阿羅漢們的實證。

「**是種種地，皆以金剛，觀察如幻十種深喻；**」這個十二類總共五十五個階位的修行，都要以金剛心的實證來觀察如幻觀等十種深奧的譬喻；在安止於五十五個階位境界的時候，要用諸佛如來所說的觀行方法與道理，逐漸清淨自心修證的智慧境界，逐漸依照次第深入。換句話說，如果不是以金剛心如來藏的實證作根本，就不是成佛之法；如果有了金剛心的實證，但沒有如幻觀等十種深妙譬喻的現觀，就不是佛法中的聖位真實證量；或者宣稱這二者都有了，但是並沒有依照諸佛如來所說的觀行方法與道理來清淨自心，只是用自己想像或施設的方法來用功，乃至是用聲聞解脫道來用功，這也不是真正的佛法；或者宣稱這三者的內涵都具足了，但卻是躐等而進，不是依照十二類五十五個階位的次第，一一逐漸深進，也不可能是真正的佛法，而是籠罩大眾的說法；否則就是所說是佛法，而沒有實證。

這裡面的要點是：所證必須是金剛心如來藏，不同階段必定有不同階段的現觀，佛法是漸次實證而不是一悟就成佛的。我們可以從這裡來觀察當代佛教所有大師們：他們全都沒有證得金剛心如來藏，當然是沒有見道的凡夫；再看附佛教的外道大師們，也就是西藏密宗的所有「法王」們，一樣都沒有證得金剛心如來藏，當然也是沒有見道的凡夫。再從耳根圓通觀音法門的次第來說，當代所有顯密大師們也都沒有完成「入流亡所」的次第，都還把意識抱得緊緊地，始終不肯承認意識是生滅法，連我見都還具足存在，是連聲聞見道斷三縛結的功德都沒有實證的，都還沒有聲聞法中的初果人證量；若是要談到連阿羅漢、辟支佛都不知道的金剛心如來藏的實證，那就更別提了。在這種當代所有顯密大師都未斷我見也未證金剛心，而足以證明全都尚未見道的大前提下，個個自稱開悟聖僧、十地法王、成就佛果，當然都是因中說果的大妄語業。

成佛之道的取證，必定有其次第而逐漸實證，若是沒有十種現觀的境界，而金剛心也都還沒有實證，甚至於連我見都還沒有斷除，是絕對不可能完成佛道的，連賢位菩薩的證量都沒有。在成佛之道的修習過程中，十種現觀是必須親歷的過程；不可能是沒有這些現觀就說他已經入地或成佛了，所以一切學佛而不是學羅漢的人，全部都要以金剛心來觀察如幻、陽焰、如夢、猶如鏡像、猶如光影、猶如谷響、如水中月、變化所成、非有似有、如尋香城等十種甚深、微妙的譬喻。

這裡講的是十種階位的現觀：十住菩薩眼見佛性時，所見世界身心猶如幻化；第十行位所見妄心七識的現行與運爲，都如同遠處熱沙地上所現的陽焰一樣不實；第十迴向位常常會在定中或夢中看見往世多劫的造業淪墮與修學佛道等事，因此使他所見此世一切生活與道業等事相，也都如同夢中的虛妄事一般，成就如夢觀；初地滿心所見一切六塵境界，全都如同鏡中影像一般，全都是自心所現、虛妄不實；二地滿心所見七識心如同鏡中的光影在影響鏡中的六塵影像，所以他能運用七識心光影來改變內相分六塵境界；三地滿心化現意生身前往他方世界為眾生說法，或聽受他方世界諸佛說法，自心同時在此世界觀察這個境界時，那些法音猶如空谷迴響一般；四地滿心菩薩的意生身或化身，前往他方世界利樂有情或聽聞諸佛說法時，觀察自己所現的意生身猶如水中月一般，與真月非一非異；五地滿心菩薩觀察自己以及所有菩薩們的意生身或化身，都是自心如來變化所成；六地滿心菩薩觀察意生身與所說所聞諸法，全都是自心變化所成，並非實有也不是實無，所以非有似有。七地滿心菩薩斷盡故意保留的最後一分思惑以及所有煩惱障習氣種子以後，證得二乘三明六通無學聖人所不能證的有餘及無餘涅槃；然而卻又有深妙無生法忍智慧，照見這個遠比二乘無學聖人更究竟的涅槃，仍然如同尋香城一般虛妄不實；因此不取無餘涅槃，在諸佛加持下，獲得「引發如來無量妙智三昧」，轉入第八地初心中。這就是「如幻十種深喻」。

如果沒有這些現觀的實證，而說他已經證得十住、十行乃至初地、八地境界，都是大妄語人。假使有人宣稱已經證得這十種深喻的全部或局部，但卻是否定第八識金剛心的人，我們也可以判定那個人一定是大妄語人；因爲這十種深喻，都是以實證金剛心如來藏爲根本，才有可能證得；若是沒有證得金剛心如來藏，卻說他已經證得這十種現觀的局部或全部，當然都是想像所得的說法，必然是大妄語人；所以說：「**是種種地，皆以金剛，觀察如幻十種深喻。**」

「**奢摩他中用諸如來毘婆舍那，清淨修證，漸次深入。**」於「**奢摩他中**」是說於佛法之中安止時，也就是實證佛法而使自心得以止於某一種智慧境界中；這不是講禪定的定境，而是實證佛法，使自心能夠決定不移而安止於所證的佛法之中；接著要用諸如來所傳授的毘婆舍那，也就是諸佛所傳授的觀行方法與道理，繼續清淨自心，也繼續保持所修證佛法的清淨性——要將自己修證的智慧中，凡是有被外道法滲透染污的部分加以淨化，也就是將不清淨的外道法捨棄，繼續逐漸依照次第深入修證。奢摩他與毘婆舍那就是止與觀。奢摩他（止），譬如明心不退時，就安止於習種性中而不會退轉或動搖，這就是奢摩他；又如眼見佛性以後轉入初行位中安止，心不動搖而安住於性種性中，這也是奢摩他（止），就是已經安住於所證的佛法中，完全不會動搖或轉易了！其餘就舉一反三，依此類推，全都是奢摩他（止）。

能夠如法安住於所證佛法智慧境界中了，在每一個階位證境的「止」中，都要再依諸佛所傳授的觀行理論與方法，把每一個位階中的智慧境界加以觀察簡擇，除去一切不清淨的世間法、外道法；這就是「清淨修證」的意思，這句裡的「清淨」二字是作動詞用。而這種實證後安止下來以後所作的觀察與簡擇，必須每一個階位的「止」境中都加以實行，不能只是安止下來就沒事了！否則智慧就無法增長，也無法再往前推進；而所證的那個智慧境界，也有可能仍舊留存著一些不清淨的世間法或外道法，所以必須「清淨」自己的「修證」。這樣依循 世尊的吩咐，在每一個階位的實證境界安住下來以後，都有加以如理作意的簡擇觀察，使自己所住的境界清淨了以後，再往更高的層次進發，然後再同樣一一加以觀察簡擇，這就是 世尊所說的「漸次深入」。

當然，這樣的「漸次深入」，一定是要遵循單七複五等十二類的五十五個階位，依照前後次第逐一實證，一一實證如幻乃至如尋香城等十種現觀，才能究竟窮盡成佛之道，最後才能成爲妙覺、如來而成就無上道。話說回來，這樣實證「成無上道」，不論是初始的聞思修，明心開悟的實證以及眼見佛性的實證，乃至十種現觀的取證，全都要依止金剛心爲根本，是依金剛心來取證如幻觀等十種深奧的妙喻。而且都是必須依照先後次第一一取證，不可以改變前後次第；事實也不可能改變前後次第，因爲若是沒實證**金剛心**，就不可能證得**如幻觀**；沒有證得**猶如鏡像**的現觀，就不可能證得**猶如光影**的現觀；乃至沒有證得**非有似有**的現觀，就不可能證得**如尋香城**的現觀。如果這些現觀都沒有實證，或是所證順序前後顛倒，根本就不是實證的人，怎麼可能成就佛道而自稱成佛了？當然都是大妄語人。

所以，依照 世尊所說的這些道理，我們來觀察當代的所有顯密大師們，有誰是成佛的人？或者有誰是入地的人？當然都沒有。且不說成佛或入地，單說開悟明心證得金剛心如來藏；這也不談，只說更粗淺的斷我見、斷三縛結而證聲聞初果就夠了，當代所有顯密大師們，沒有一個人是斷我見、斷三縛結的人。他們都落入意識之中，連聲聞初果都無法證得，就別說大乘法中的開悟明心了；至於有人自稱入地或成佛，當然更是天方夜譚；所以他們所說全都無憑無據，只是空口白話籠罩佛教界罷了！我們既是實證佛法者，就不該再像一般沒有實證的人一樣，被這些膽大妄爲的大妄語人籠罩。

「**阿難！如是皆以三增進故，善能成就五十五位真菩提路，作是觀者名為正觀；若他觀者，名為邪觀。**」佛說，就像是這樣的道理，單七複五等十二類的修證，總共五十五個階位的歷程，含攝在「**三種增進修行漸次**」之中來成就。「**三增進**」就是前面所說的「**一者修習，除其助因；二者真修，刳其正性；三者增進，違其現業**」等三種；以這三種增進，才有可能方便善巧成就五十五個階位的「**真菩提路**」。一般都說五十二個階位以後成佛，因爲菩薩地有五十二個階位，最後身菩薩是妙覺菩薩位，成佛時就不在菩薩位中了。但是在《楞嚴經》這裡是把一生補處的妙覺位預列爲當來下生的如來位中，因此菩薩地總共有五十一個階位；另外把入地前應修的四個加行位合計起來，所以總共有五十五位，這五十五位的修行才是真正的菩提路。這五十五個階位的修行，其實與《華嚴經》所說的五十二個階位一樣，只是在初信位前的乾慧地並不計入，也就是「**一者修習，除其助因**」，以免障礙佛菩提道的修行；然後在入地前，特地加上四種與明心前不一樣的加行內容，幫助大眾容易入地，所以成爲五十五個階位。但這五十五個階位，全都依「**三種增進修行漸次**」來成就。

接著 世尊又說：如果是依照這樣的內容來作現觀，並且爲人解說，這樣才可以叫作佛菩提道的正觀；如果不依照這樣的佛道內涵來實證及觀察，而作了別種觀行和解說，那就是邪觀。由此也證明我們所說的佛菩提道次第與內容才是正確的。這樣從初信位修習上來，進入初住位開始外門廣修六度萬行；到了六住滿心位雙觀能取與所取皆空以後，求證金剛心如來藏；證得金剛心如來藏之後，又因爲有佛菩薩等善知識攝受的緣故而不退失了，從此成爲第七住的位不退菩薩，開始進入內門之中廣修六度萬行，再求眼見佛性而成就十種深喻中的第一種現觀——如幻觀。這樣次第邁向成佛之道，才是真正的佛菩提路。可是我們現在看見當代所有顯密大師們，他們所說的佛菩提道，全都不用親證如來藏，也不必取證各種現觀，更不必修證無生法忍，甚至都不必斷我見，就以覺知心意識作爲常住不壞心，認爲只要一念不生或心中不起我所煩惱，便是成就佛菩提了！依照世尊的開示，這些都是「他觀」，不實的「邪觀」而不是「正觀」。誠如世尊在卷六末後所吩咐的聖教：「若不斷其大妄語者，如刻人糞爲栴檀形，欲求香氣，無有是處。」世尊也告誡說：「譬如窮人妄號帝王，自取誅滅；況復法王，如何妄竊？」然後又說：「因地不真，果招紆曲；求佛菩提，如噬臍人，欲誰成就？」所以當代這些未悟言悟、未證謂證的大法師們，全部都是大妄語人；他們想要求證佛菩提是永遠不可能成就的，何況他們座下隨學的出家在家四眾弟子，又如何能奢求大乘菩提或二乘菩提的見道呢？諸位這樣子聽完了，如果有了如實的理解，就會珍惜你們現在斷除三縛結與親證如來藏的智慧境界，才不會被那些認同印順邪說的各大山頭名師籠罩而退回意識境界中，也可以作為在成佛之道中繼續邁進的自我保證。

【爾時文殊師利法王子在大眾中，即從座起，頂禮佛足而白佛言：「當何名是經？我及眾生云何奉持？」佛告文殊師利：「是經名大佛頂悉怛多般怛囉無上寶印十方如來清淨海眼；亦名救護親因度脫阿難及此會中性比丘尼得菩提心入遍知海；亦名如來密因修證了義；亦名大方廣妙蓮華王十方佛母陀羅尼咒；亦名灌頂章句諸菩薩萬行首楞嚴；汝當奉持。」】

講記：這時　文殊師利菩薩聽完　佛陀的開示，就從座位上站起來，頂禮佛陀足下而且向　佛陀稟白說：「應當要以什麼名號來作為這一部經典的名稱？我文殊師利以及所有眾生們，應該如何奉持這一部經典？」佛陀就開示說：「是經名大佛頂悉怛多般怛囉無上寶印十方如來清淨海眼；」佛陀說：「這一部經典的名稱叫作大佛頂大白傘蓋無上寶印十方如來清淨海眼經。」大佛頂，我們第一次講經講過了。第一次開講本經時，大佛兩個字講兩個鐘頭，現在我們就不再重複解釋它了。「悉怛多般怛囉」，譯作白傘蓋；譬如卷七開頭時就說：「若有宿習不能滅除，汝教是人一心誦我佛頂光明摩訶薩怛多般怛囉無上神咒；斯是如來無見頂相無爲心佛，從頂發輝，坐寶蓮華所說心咒。」「摩訶薩怛多般怛囉」，就是「摩訶悉怛多般怛囉」，「摩訶」是「大」，所以譯爲大白傘蓋。大白傘蓋當然是指稱如來藏金剛心，因爲如來藏心量廣大而函蓋一切法，如同大白傘蓋遮覆十方諸佛國土一般。又因爲如來藏心自性清淨，所以稱爲「白」；如來藏心遍覆一切法，所以稱爲「大傘蓋」，就合稱爲「大白傘蓋」。

如同本經卷六所說 世尊「從其五體同放寶光，遠灌十方微塵如來，及法王子諸菩薩頂；彼諸如來亦於五體同放寶光，從微塵方來灌佛頂，並灌會中諸大菩薩及阿羅漢；林木池沼皆演法音，交光相羅如寶絲網。」顯示十方國土合成一個大白傘蓋，全都是如來藏心所示現的境界。又說：「此娑婆界大地山河俱時不現，唯見十方微塵國土合成一界，」正是示現大白傘蓋遍覆一切世界的如來藏心境界。而且，世尊宣說大白傘蓋神咒時，是從頂上放出百寶光明，再於頂上的百寶光明中示現千葉寶蓮，由大寶蓮花中的如來宣說大白傘蓋神咒，命令文殊菩薩持此神咒前往婬坊救護阿難菩薩。這也是在顯示大白傘蓋的意思。大白傘蓋如來藏心既然遍覆一切國土、遍覆一切有情、遍覆一切法、遍覆一切諸佛，所以是十方三世一切法界與一切佛的本源；

當然成佛之道的初獲始覺乃至最後的成佛，全都必須以如來藏心作爲印定的標準，而且必然是唯一的標準；所以這個有關如來藏心的法義，當然就是「無上寶印」。這個無上寶印自然也是「十方如來清淨海眼」的依據，若不是親證如來藏金剛心而進修到究竟位，就沒有一切種智、四智圓明可以成就；所以說，一切佛法的初證乃至究竟佛位無上妙慧的果證，全都要以如來藏心的種種法作爲印證的依憑，所以這部經典中所說的如來藏心自性，以及如來藏心流注出來的佛性功能等法義，當然就是「無上寶印」。

有很多人說：凡是修學佛法，一定要和三法印相應。但是三法印只是一般人所應該懂得的印證內容而已，卻不是第一義諦寶印。當然，三法印一樣可以印證明心的智慧境界是否正確，只是不能究竟印證而已。你們明心回來以後，把這一次明心所證的真如心，用三法印來印證看看：有沒有相違背之處？連一點點的違背之處都沒有。這就表示說，你所悟的真如心如來藏與原始佛法的解脫道是沒有互相違背的，你們都可以多方面加以檢驗。然而，一般大師們所說的三法印所印定的，其實都是侷限在解脫道上面。可是有很多人，以解脫道取代大乘的成佛之道來弘法，那就是釋印順、釋星雲、釋證嚴、釋昭慧等人，他們從來不曾理解佛菩提道，甚至釋聖嚴講禪宗的禪時，也是以解脫道的法理來弘揚的，所以他們都不懂佛菩提道。近來台南的大願法師，以及郭永進所弘揚的意識境界，都同樣以解脫道取代佛菩提道。

至於這幾年很活躍的現代禪也是一樣，他們提倡要活在當下，說要傾宇宙之全力活在眼前一瞬。然而活在當下時，不論是否傾宇宙全力或是散漫零散的心力，都還是意識心、覺知心；而如來藏根本就不理會你覺知心是不是活在當下，或者是不是傾全力。當你意識活在當下的時候，如來藏依舊離見聞覺知而如如不動其心，因爲始終住在涅槃境界中；若是有人不樂於活在當下，自殺了，如來藏仍然是如如不動，永遠住於涅槃之中，不與活在當下或不活在當下的境界相應。所以凡是落入意識心中的時候，就違背解脫道了！都是我見沒有斷除的凡夫。我見沒有斷的人，怎麼可能證得解脫道呢？即使不違背解脫道，但卻以解脫道來解說、來取代大乘法，全都不是正法；因爲就算解脫道確實證得了：我見斷了，我執也斷了；終究只能以聲聞道中所說的三法印來印定；若是想要用《楞嚴經》中說的如來藏心「無上寶印」來印證，可就全都通不過檢驗了。

二乘聖者阿羅漢與辟支佛所證得的解脫道，是解脫道中的極果，就是第四果阿羅漢位或第五果辟支佛果；他們所證的涅槃，只能通過三法印來印證，到了這個「無上寶印」面前可就無法通過檢驗了！因為「無上寶印」的檢驗內涵是要依無生法忍為標準來判定的，然而印證無生法忍的第一關，就是要先親證金剛心如來藏的所在與自性，才能獲得「金剛三昧」；可是阿羅漢、辟支佛畢竟不知道自己的如來藏何在，也畢竟沒有眼見佛性的證量，想要用這個「無上寶印」來印證，一開始就無法通過，因為他們都沒有證得大乘法中才有的「金剛三昧」，何況是悟後進修將近一大阿僧祇劫才能證得的諸地無生法忍？所以親證解脫道的二乘無學聖人所證的解脫境界與智慧，只能用三法印來印證，沒有辦法通過「無上寶印」來印證；因為「無上寶印」的印證依據是金剛心如來藏，所以《楞嚴經》中的法義才稱之為「無上寶印」。世尊又說這部經典也是「十方如來清淨海眼」，十方如來有五眼，上從佛眼、下至肉眼，全都依憑這個金剛心如來藏而有；而《楞嚴經》所講的法正是如來藏心的內涵，所以《楞嚴經》中所說的如來藏法義，就是「十方如來清淨海」的寶貴法「眼」。

「**亦名救護親因度脫阿難及此會中性比丘尼得菩提心入遍知海；**」這部《楞嚴經》又叫作「救護親因」，因為阿難即將毀破比丘戒及菩薩戒體，可能要下墮地獄了，卻被 世尊以楞嚴神咒救護回來；而阿難正是 釋迦如來的最小堂弟，所以這部解說大白傘蓋神咒法義的經典便叫作「救護親因」。又因爲這部經典宣講的楞嚴妙義，同時也度脫阿難與同在楞嚴會上的性比丘尼摩登伽女，在後時也同樣證得菩提心而進入諸佛的「遍知海」中，所以又稱爲「救護親因度脫阿難及此會中性比丘尼得菩提心入遍知海」。

爲什麼叫作「遍知海」呢？因爲阿難在此之前仍是聲聞人時，能夠了知十八界法的虛妄性，可是不能了知一切法，因爲尚未證得金剛心如來藏，所以無法現觀一切法都從如來藏心中出生。菩薩則不然，所有證悟的菩薩們都了知十八界法，也了知一切法，因爲都能現前觀察一切法都從如來藏直接、間接、輾轉出生，一切法全部歸屬如來藏，所以菩薩能夠了知一切法，才能稱爲「入遍知海」。想要「入遍知海」而了知一切法都是如來藏，就得從證悟如來藏開始；如果沒有證得如來藏，就無法進入正遍知大海的境界。所以諸佛的「正遍知覺」當然要從因地的親證如來藏開始；然後現前觀察十八界及輾轉所生的一切法，全部都從如來藏心中出生，才能夠普遍了知一切法的根本因，才能叫作「入遍知海」。而這一部經所教導的法義，就是讓人親證真實不二的如來藏，使人因此而有智慧能夠現觀一切法都從如來藏心中出生，世尊因此故說：能夠經由獲得菩提心的實證而進入正遍知海中。

「亦名如來密因修證了義；」爲什麼又叫作**「如來密因修證了義」**呢？因爲如來藏的密意是三世一切如來的密因，不是顯因。解脫道是顯因，可以爲眾生明講，所以 佛世尊常常爲外道明說解脫道；外道常常由於聞法而獲得法眼淨或當場證得阿羅漢，所以就歸依佛門成爲勝義僧或三寶弟子。但是一旦談到宇宙萬有的本源時，世尊會說這是如來藏心，可是這時 世尊就不明說了！一定要觀察他過去世有沒有學習佛菩提，有沒有菩薩性，還要觀察他有沒有證悟的因緣；如果這些都齊全了，才會爲他演說大乘法如來藏妙義。如果過去世沒有修學佛法而只學羅漢法，就沒有證悟的因緣。或者雖有因緣但菩薩性不夠，或者有菩薩性但證悟的福德還不夠，就不會爲他演說佛法如來藏妙義，只會爲他演說解脫道；由此可知親證如來藏是**「如來密因」**，不可公開給所有人，一定要具足因緣以後才會幫助他實證。

如果是佛弟子，乃至已經出家了，甚至已經成爲阿羅漢了，然而證悟佛菩提的因緣還不夠，世尊也不會爲他演說如來藏法。考慮的是：悟緣還不具足時若是爲他演說而使他證悟了，他無法信受，就會四處找人談論解疑或到處去否定，然後密意就會洩漏；那時真正了義的如來藏妙法就很難再繼續弘傳，只能剩下依文解義的表相佛法，如同今天各大山頭依文解義而講的佛法一樣在弘傳。所以，如來藏的所在與現觀，是三世一切如來的密因；這個如來藏密意當然必須小心保護，不許外洩。所以你們去參加精進禪三，在佛前得要發誓不許洩漏這個密因。並且我們會規也規定，不可以私下互相討論，更不許爲家人或別人作任何引導；因爲我們很注重 世尊的吩咐，不許如來藏密因被洩漏出去。既然 釋迦如來已經在經中一再吩咐、一再告誡：不要把如來藏密意洩漏出去，所以悟緣尚未成熟的佛弟子來向 佛陀頂禮請求時，佛陀也不爲這些佛弟子演說如來藏妙法，因爲這是十方三世一切如來的密因。

如來藏妙法也是佛菩提道所「修證」的「了義」法，如果不通過如來藏心的實證，便無法進入佛菩提道的見道位中，也無法進修入地成就聖位無生法忍，更無法進修到最後圓滿成就佛菩提。如果不能實證如來藏，努力修學佛法的結果，最多只能證得二乘菩提的解脫道果報，只能出離三界生死而沒有辦法實證佛菩提智慧。因爲這個如來藏如來密因證得之後，不但可以通達二乘菩提，也可以次第實證聲聞緣覺果位而出三界生死；更可以因此發起實相般若的總相智、別相智，繼續進修而次第證得諸地無生法忍智慧，最後證得究竟佛果，成就一切種智，所以又是「了義」法，因此叫作「如來密因修證了義」。

「**亦名大方廣妙蓮華王十方佛母陀羅尼咒**；」「**大方廣**」，是說如來藏心量廣大而函蓋十方三世一切法，當然三乘菩提也都函蓋於其中了！這在本經剛開講時就解說過了，現在不再重複講它。正因爲這個緣故，所以這部《楞嚴經》又名「**大方廣**」。「**妙蓮華王**」，是到了十地滿心所得的「**妙蓮華王**」宮殿，表示這部經典所說如來藏妙義的實證，可以使人藉此修證而次第到達十地滿心位，獲得十地滿心位的「**妙蓮華王**」寶殿，接著進入等覺位中，百劫修相好；整整百劫之中廣作無盡的內外財布施，以一切布施來成就佛地應有的大福德，最後成就圓滿報身佛果；這些全部都要依靠《楞嚴經》中所說的如來藏的實證，也要依靠如來藏妙真如性（佛性）的實證，才能夠達成的，所以名爲「**妙蓮華王**」。

釋迦牟尼佛的圓滿報身佛果，是 盧舍那佛境界，住於蓮華藏世界海中；這個世界海呈現爲蓮華台形狀，這個蓮華台共有千葉寶蓮。「一葉一世界，一華一如來」，諸位都聽過，但是很多人誤會了，就說地上花朵的每一葉花瓣就是一個世界，說每一朵花都有一尊如來住持著，不應該隨意亂踩，這誤會可真鬧大了！也有人把這兩句話雕刻成藝術品，掛在牆上裝飾。一葉一世界，是說明大寶蓮華（妙蓮華王）是圓滿報身 盧舍那佛所坐的寶座。這個蓮花寶座的花瓣有一千葉，每一葉是一個三千大千世界，每一個三千大千世界都如同一個大蓮華，每一個大蓮華都有一尊 釋迦如來示現坐在大蓮華上，所以說「一華一如來」；然後由這一尊 釋迦如來化現百億化身如來，這樣住持一個大千世界的佛法。所以就有一千位 釋迦如來，各各化現百億 釋迦化身來度眾生。而這樣的「一葉一世界」總共有一千葉，構成一朵超大號而無法想像的大寶蓮華（妙蓮華王）；這朵千葉妙蓮華王就是 盧舍那佛的化區，所以千葉妙蓮華王上面所坐的圓滿報身佛就是 盧舍那佛，是 釋迦如來的圓滿報身。所以才說「一葉一世界，一華一如來」。但這不是現代天文學所能瞭解的，哈伯望遠鏡如今也只能看清楚這個世界海中的極小極小部分；因爲這是超過人類光學成就所能觀察的境界，只有八地以上菩薩才能稍微了知，只有諸佛與諸妙覺菩薩才能究竟了知。而這部《楞嚴經》所說的如來藏與佛性法義，可以使人次第漸修而在最後達到 盧舍那佛「妙蓮華王」的究竟境界，所以同時命名爲「妙蓮華王」。

這部經又叫作「十方佛母」，因爲這部經能使菩薩修到「大方廣」的境界，也能在最後成就十地「妙蓮華王」寶殿，進而成就圓滿報身如來境界，就表示這一部經典是諸佛之母，所以名爲「十方佛母」。十方世界一切菩薩凡是修行佛法，必須依循這五十五個階位的修證，才能到達究竟圓滿報身佛的境界，當然得要修習這部《楞嚴經》，所以《楞嚴經》中的法義就是「佛母」。

關於「佛母」，密宗已經誤會以及濫用到很嚴重的地步了！他們認爲只要有哪一個女人願意跟喇嘛們上床合修雙身法，就把她找來先作密灌，然後那個女人就可以和喇嘛們合修雙身法，她叫作佛母。密宗又因爲那個女人有性器官，可以使喇嘛們藉性交達到樂空雙運的境界，誤會那就是報身佛的快樂境界，所以有時又稱這種女人爲「智母」，表示她擁有使喇嘛們開啓如何獲得長久快樂智慧的功能。這真的很荒唐！因爲雙身修法所得的任何境界，不論是身受的觸覺或是所謂樂空雙運的智慧，全都是外道法，與佛法完全無關：既不能使人了知法界實相、五陰體性，也不能使人獲得實相般若。

所以，佛法中說的「佛母」就是般若，般若是了知法界實相的智慧，所以用般若二字函蓋三賢位的實相般若與十地的唯識一切種智。在般若系列諸經中所講的般若，是實相般若的總相智和別相智，在第三轉法輪的所有方廣諸經中所說的唯識一切種智，則是最究竟的般若，因爲屬於一切種智，而一切種智是成佛之依憑；然而不論是三賢位的實相般若總相、別相智慧，或是諸地所修證的一切種智，都屬於般若所函蓋的範圍。而三賢位所證的實相般若智慧與諸地所證的一切種智等智慧，全都依憑如來藏的實證才能發起以及進修；而《楞嚴經》中所說的內涵，正是如來藏心與祂所顯示出來的佛性境界，十方佛子應該據此修行以後才能成就佛道，正是諸佛的本母，所以又名爲「**佛母**」，因此就合稱爲「**大方廣妙蓮華王十方佛母**」。而楞嚴咒心是指如來藏心，如來藏心是一切佛法的總持；「**陀羅尼**」就是總持，所以這部專講如來藏心與祂的佛性的經典，就稱爲「**大方廣妙蓮華王十方佛母陀羅尼咒**」。

「**亦名灌頂章句諸菩薩萬行首楞嚴；汝當奉持。**」佛說這一部經又名「**灌頂章句諸菩薩萬行首楞嚴**」，換句話說，經由修學《楞嚴經》而次第進修到達法雲地時，承蒙十方如來灌頂而滿足十地心，進入等覺位；世尊就在首楞嚴咒中宣說了成佛之道的概要，而諸菩薩們就依這些章句中所說以及這部經典所說的內涵，生生世世修學六度萬行、十度萬行，最後才能成爲「**首楞嚴**」的諸佛境界，所以又名「**灌頂章句諸菩薩萬行首楞嚴**」。這也是 佛陀開講這一部經時，會引發十方如來前來灌頂共同成就這一場極重要法事的原因，所以也因此而叫作「**灌頂經**」。

當然，這種灌頂，絕非密宗玩家家酒本質而且邪婬的初灌、二灌、三灌、四灌，你們可千萬不要去受灌，因爲被灌頂以後就種下惡法的因緣了，真的要很小心呵！不但自己不要被密宗灌頂，而且要勸導親朋好友都別去密宗接受灌頂；因爲那個灌頂，你們只要讀過《狂密與真密》引證的明確證據，就會知道密宗灌頂的本質了！因爲密宗的灌頂是從雙身修法的理論根據來爲大家灌頂的。所以，當密宗喇嘛們爲人灌頂時，要先觀想自己頭頂上有雙身佛在交合享樂，然後達到性高潮時流注「甘露」，再觀想這些婬液流入他的頂門中，再從他的頂門經過中脈下降到尿道而流出來爲歸依密宗的人們灌頂，在初灌時就已經是這樣灌頂的了。

這在宗喀巴的《密宗道次第廣論》中已經明講了，只是這本書依舊不是很容易取得，所以一般人無法瞭解其中的祕密與詳情。現在大陸有很多法師想要這本書，我們沒有辦法贈送，因爲沒有經過密灌的人是無法取得這本書的，而我們目前只有一本留作證據資料。所以我們針對比較重要的幾位大陸法師，用影印方式裝訂起來寄給他們，讓他們證明宗喀巴確實是這麼講的。（編案：現在已經很容易取得了，因爲已經有出版社公開印行出售了。請詳見本會結緣書《西藏文化談》末後的其他出版社販售訊息。）因爲密宗有許多上師與喇嘛們都這樣辯解說：「我們黃教從來都沒有雙身法，我們黃教一直都是很清淨的。」其實黃教在背地裡搞雙身法，搞得比紅、白、花教還要厲害，達賴不正是黃教的法王嗎？他在外國是公開弘傳雙身法的，有時公開演講也承認有在弘傳雙身法，一點都不避諱這件事情；只有在台灣時才會講得隱諱一些，但也是欲蓋彌彰，瞞不了內行人。

像密宗這種邪婬的灌頂，是眾生所不知道的；所以有很多人在西藏密宗道場中接受灌頂，自從讀了《狂密與真密》的舉證以後，他們很苦惱：「這究竟是真的還是假的？如果是假的，怎麼會舉出密宗某一本書第幾頁作根據？如果是真的，我一定要把《密宗道次第廣論》找來讀，可是我又拿不到。」因為這種密書，得要進入密宗很精進修學十幾年了，被上師深心中接受了，才能拿得到；所以他們現在都是很惶恐，不曉得應該怎麼辦。這就是說，其實應該要知道什麼才是真正的灌頂，學佛才不會走偏鋒；可是大部分人都不知道詳情，都不曉得密宗灌頂的真正本質，所以就在不知情的狀況下跟著喇嘛們走錯路頭。

這一部經典在 世尊開講時，世尊放出寶光往十方世界為諸佛灌頂，諸佛寶光也前來為 世尊灌頂；這樣無量寶光互相交錯而成為寶光明網，也同時為法會中的諸菩薩及阿羅漢們灌頂。也說明了依次進修到法雲地時的諸佛灌頂，而如來藏心及佛性的實證，本質就是諸佛對見道菩薩的實質灌頂；世尊所說楞嚴咒及咒心等章句的本質，也是想要讓諸菩薩在外門的六度萬行滿足以後，可以實證如來藏妙心和佛性，成就諸佛為諸菩薩灌頂的實質，所以也說是「**灌頂章句**」。但又不是實證如來藏心，以及眼見佛性以後就是成佛了，所以勤行外門六度萬行而開悟以後，還得要世世不斷進修，廣修內門六度萬行、十地的十度萬行；要藉廣行菩薩行而親自經歷五十五位的真菩提路，要「**清淨修證，漸次深入**」以後才能究竟成佛，所以又叫作「**諸菩薩萬行**」。而這部經專講如來藏心與佛性，如來藏與佛性則是萬法之首；由如來藏心與佛性的實證，可以漸次完成佛道，所以如來藏心與佛性能使一切佛法的修證究竟完成，而且使佛法的實證堅固不壞，最後究竟一切世出世間法而成為究竟佛，所以又名「**灌頂章句諸菩薩萬行首楞嚴**」。然後　佛陀就交代　文殊菩薩說：「**你應該這樣奉持。**」

【說是語已，即時阿難及諸大眾，得蒙如來開示密印般怛囉義，兼聞此經了義名目，頓悟禪那修進聖位增上妙理，心慮虛凝，斷除三界修心六品微

細煩惱。即從座起頂禮佛足，合掌恭敬而白佛言：「大威德世尊，慈音無遮，善開眾生微細沈惑，令我今日身意快然，得大饒益。世尊！若此妙明真淨妙心本來遍圓，如是乃至大地草木蠕動含靈本元真如即是如來成佛真體，佛體真實，云何復有地獄餓鬼畜生修羅人天等道？世尊！此道為復本來自有？為是眾生妄習生起？世尊！如寶蓮香比丘尼持菩薩戒，私行婬欲，妄言行婬非殺非偷，無有業報；發是語已，先於女根生大猛火，後於節節猛火燒然，墮無間獄；琉璃大王、善星比丘——琉璃為誅瞿曇族姓，善星妄說一切法空，生身陷入阿鼻地獄；此諸地獄，為有定處？為復自然彼彼發業、各各私受？唯垂大慈，發開童蒙，令諸一切持戒眾生，聞決定義，歡喜頂戴，謹潔無犯。」

講記：當世尊說完這些話以後，這時阿難以及所有大眾，都已蒙恩於如來所開示祕密難解的無上寶印「大白傘蓋」的真義，並且也聽聞這一部經典中究竟了義的幾個主要名義，因此而頓時悟入從智慧靜慮而修進聖位的各種增上妙理；這時心中有了靜慮而空虛凝然，已經斷除三界修心六品微細煩惱，已斷除見道所斷惑的惡見（五利使），以及修道所斷惑的貪瞋癡慢疑（五鈍使）。於是阿難等人隨即從座位中起身，頂禮佛陀足下，雙手合掌而恭敬地稟白佛陀說：「大威德世尊的慈和之音都沒有遮障，善於開示及斷除眾生微細深沈的迷惑，使我們大眾今天身意全都很爽快，獲得很大的饒益。世尊！如果這微妙光明真實清淨勝妙的如來藏心，是本來就周遍而且圓滿一切法，如您所說乃至大地草木、能夠蠕動的低等含靈等有情，牠們的本元真如就是如來成就佛道的真實法體；然而這個諸佛法體既然本就真實圓滿，爲什麼還會有地獄、餓鬼、畜生、修羅、人、天等六道有情差別？世尊！這六道有情究竟是本來自己就存在的？或者是眾生由於虛妄熏習而生起的？世尊！譬如寶蓮香比丘尼受持菩薩戒以後，卻又私下遂行婬欲，然後又妄言『比丘尼私底下行婬並不是殺害眾生，也不是偷盜，所以沒有苦果業報』；她對別人說出這樣的言語以後，首先是在她的女根出生了大猛火，然後就在她的身體肢節中，一節又一節生起猛火燒燃起來，死後就墮入無間地獄中。又如琉璃大王與善星比丘的真實事相：琉璃大王爲了誅殺世尊俗家的整個族姓，善星比丘妄說『一切法空所以造業沒有惡報』，因此他們以父母所生的色身陷入無間地獄中。而這些不同的地獄，是有固定的處所呢？或者是由於所造惡業而自然地各自發起業報、各人私自領受？唯願世尊垂下大慈，開發我們這些初向佛菩提道的弟子們，也能使一切持戒的眾生們，聽聞決定不變的正理，然後歡喜頂戴，嚴謹受持而潔心自愛、永無違犯。」

從這裡開始要漸次講解悟後起修的內容了。因爲前面講的都是如來藏的體性，以及如何修證祂；當 佛陀開示完了，文殊菩薩也請問了應該受持的經名，所以阿難及諸大眾承蒙 如來開示了祕密印的大白傘蓋真實正理，並且已經頓悟到悟後修學靜慮而修進聖位的增上妙理。但因爲楞嚴妙義並不是只有明心與見性而已（前五卷講的都是明心與見性的部分），後面講的已經是修進聖位的勝妙正理等等增上法義，這已說明並不是明心加上眼見佛性就能夠成佛了；所以藉五十五個階位來解釋明心與見性只是見道入門，說明悟後還要繼續增上進修，才能到達佛地。當阿難等人頓悟之後又聽聞了修進聖位的增上妙理，於是心慮就開始空虛而不再是見道時的興奮狀態了；爲了增上進修的緣故，開始把心凝聚起來，下定決心斷除三界修心所斷的六品微細煩惱。

一般人初學佛，還不懂什麼是微細煩惱，總是在**我所**等煩惱上面用心，這些都是粗煩惱，只是人間境界中的粗煩惱。當代各大道場所教授的修行方法也是一樣，都只能在粗煩惱上面用心，全都落在**我所**等粗煩惱中，根本不知道「三界修心六品微細煩惱」，所以都是在放下我所煩惱上面用心；他們所謂的禪，也只是修定而無禪，與靜慮無關。所以各大道場都是以定爲禪，不是中國禪宗的靜慮；因此他們學禪、修禪時，都是在一念不生上面用心，完全沒有靜慮的實質，卻又總是散亂。然而散亂其實有兩個意思：一是心不得定，常常生起妄想攀緣；另外一種散亂是心不決定，始終徬徨，不知成佛之道的內容與次第，不知道究竟應該怎麼修學與上進。由於全無所知，而各大道場的住持大師們自己也不懂佛菩提道，都是以聲聞解脫道來弘揚佛菩提道；並且他們所知的聲聞解脫道，又是錯誤的解脫道，所以不論是靜坐或學法，全都落入意識境界中，都只能針對我所煩惱等粗煩惱來對治，根本不知道「三界修心六品微細煩惱」。

所以只要問他們說：「佛法之道應該如何修學，你知道嗎？」都只能搖頭。再問：「有沒有把握實證佛法呢？」還是搖頭，所有人心中總是很徬徨的。必須要找到了如來藏，再用經典印證無誤，然後再來讀我的書中所描述的內涵而一一印證，並且讀過我在書後列印出來的菩薩五十二個階位，然後才能確定自己如今處在哪個階位中，接著要如何進修。這樣確定分明以後，於是一步一步按部就班走上去，當然不會徬徨與散亂。這就是先空虛以後，接著凝心（也就是心得決定）而斷除了「三界修心六品微細煩惱」了。

「三界修心六品微細煩惱。」因為這不屬於我所煩惱，也不是未學法的眾生們所能知道的煩惱，所以名爲微細煩惱。這「六品微細煩惱」是指什麼呢？就是六根本煩惱。從解脫道來說，第一個煩惱就是惡見，接下來就是五鈍使：貪瞋癡慢疑。合稱爲六根本煩惱。惡見主要就是我見——身見，細分爲五個結使：身見、邊見、邪見、戒禁取見、見取見。由於惡見等五個結使輕微而易斷，斷我見的見道位中就可以斷除，所以說爲「五利使」。「利」是輕易的意思，因爲這五種見解都容易斷除，所以叫作利使，屬於見道時所斷除的見惑；雖然在解脫道中說它是五利使，但是卻已經不是世俗人所知的了。乃至現代各大山頭的大師們，在我們出來弘法以前，他們也是不知道的；因爲他們的書中都沒有講出這些微細煩惱的內容，而他們也都還沒有斷我見，同樣都落在見惑等微細煩惱中，所以當然是難知的微細煩惱而不是易見的粗大煩惱。

當惡見等五利使斷除以後，接著就是要斷除修道所斷惑：貪、瞋、癡、慢、疑。這五個結使是要經過修道才能斷除的，不是在見道位中依靠見道智慧就能斷除的；所以屬於修道所斷的煩惱，是比較深重難斷而且不容易覺察的煩惱，所以也叫作微細煩惱。此外，又因爲這六種修心所斷的六品煩惱，都不屬於世間人所知道的煩惱，乃至不屬於想要修證涅槃的外道大師們所能了知的煩惱，所以都說是微細煩惱。徵之於現代台灣佛教各大山頭的住持和尚，他們連斷除見惑的正確內涵都弄錯了，至於附佛法外道以及外道們，當然更不可能知道內涵，所以證明這六品三界修心所應斷除的煩惱，真的是微細煩惱。

當阿難與諸大眾聽完 世尊的開示以後，已經確實斷除見惑與思惑了；但定性聲聞人在五百結集時竟不承認阿難的果證，百般刁難，編出一段故事來。阿難這時已斷盡思惑，佛菩提智也大大增上了，就從座位上站起身來頂禮 佛陀足下，並且合掌恭敬向 佛稟白說：「大威德的世尊啊！以大慈之心宣演勝妙的法音而沒有遮止任何眾生，並且善於開示眾生微細沈積的疑惑煩惱，使我阿難和大眾在今天色身輕安心意快然，」確實是聽到不亦樂乎而「獲得很大的饒益。」然後又稟白說：「世尊！如果這個微妙光明真實而清淨的妙心是本來就遍一切法而且圓滿具足各種功德，那麼我們每一個人的身心，乃至大地草木、蚑蝡等蠕動的含有靈性的低等生物，各各都有的本元真如心就是如來成佛的真實法體；這個法體既是真實而清淨的，爲什麼還會有地獄、餓鬼、畜生、阿修羅、人類、天人等六道有情的差別？」

因爲前面已經解釋說，如來藏是微妙心，是本來就不被無明所籠罩的心；而且祂是本來就真實存在的心，也是本來就清淨的心，又是能夠出生萬法的微妙心，又說是本來就遍於十八界法中，而且是圓滿具足各種功德性的心。世尊也說，如來藏的這種功德性能變生山河大地草木等，也能變生一切有情，乃至最低等的蠕動含靈也都有這樣的本元真如。換句話說，一切法全都是如來藏妙真如性所變現的。既然本元真如的如來藏心是如來成佛的真實本體，而這樣的佛體當然是真實的，那又為什麼還會有地獄等六道眾生繼續輪迴呢？這也正是現代一般學佛人所不懂的地方，阿難是為當時未悟眾生及末世凡夫大眾提出這個請問。現代末法時期的各大法師們，不都有這樣的疑問而不敢提出來講嗎？有一些比較急性而又自信的法師們就曾經口頭上及文字上提出這個質疑，因此就直接認為大乘佛教經典中的這種說法，是不符合邏輯的，所以反對大乘經典中的說法；後來乾脆認定大乘佛教是從聲聞法中漸漸演變出來的，認為 佛陀在世時還沒有大乘佛教存在，認為大乘佛教是後來演變出來的；所以指稱大乘佛教是在 佛陀入滅後幾百年才開展出來的，並且指控大乘佛教的教義有所演變，因此索性指控大乘經典全都是後人創造出來的，所以公然提出「大乘非佛說」的謬論。（編案：這種謬說，平實導師在《阿含正義》中已經多方舉證破斥。）

從表面上看來，阿難提出的疑問似乎是合理的；因爲如來藏心既然是本來清淨的，就不該再出生有所染污的六道衆生而輪迴於三界之中。阿難爲大衆提出第一個問題，然後又提出問題來：「這些六道衆生，是本來就有的？或者是因爲衆生的虛妄熏習而生起的？」然後又請問寶蓮香比丘尼的事情，因爲寶蓮香比丘尼迴向大乘菩薩道而受持了菩薩戒，可是卻又私底下行婬，還大膽說出了虛妄語，企圖影響別人而公開主張比丘尼行婬並不是殺生，也不是偷盜，不曾爲害衆生，所以未來世不會有惡業苦報。然而她才剛剛說完了以後，隨即從女根生起大猛火，然後就順著肢節燃燒開來，所有肢節都被猛火先後燃燒；身體才剛剛燒完了，隨即便下墮無間地獄去了。

阿難又提出請問，譬如琉璃大王與善星比丘這兩個人：琉璃大王爲了誅滅瞿曇的族姓，也就是爲了誅滅釋迦族；因爲他小時候回娘家省親時，釋迦王族曾羞辱他，說他是婢女所生的兒子，種姓低賤；後來當上了國王，就出兵消滅釋迦族；釋迦世尊阻擋了三次以後，由於這件事情還有往世的定業，於是在第四次發兵時，世尊就沒有再阻止了，因此釋迦族就被消滅了，琉璃王也因此造就了無間地獄業。而善星比丘誤會聲聞法中所說的緣起性空，也誤會實相般若說的所生法緣起性空，於是因爲邪見而妄說一切法空、撥無因果，一樣成就無間地獄業。這兩個人都是生身墮入阿鼻地獄，是當場死亡而立即下墮無間地獄中受苦。然而阿難提出請問：這些現前人物曾經體驗到的各種地獄，究竟是有定處呢？或者是有情眾生自然而然各自發起業行而由各人私自領受呢？阿難提出這些問題來，希望世尊大慈大悲為大眾說明，使大家離開童蒙階段而發起更深妙智慧；也希望能夠因為世尊對這些問題加以解答以後，使一切受持戒法不失的眾生，聽聞了決定而不可改變的真理以後，都能歡喜頂戴世尊的開示，恭謹清淨地守持戒律而不再毀犯。

寶蓮香比丘尼以為自己的想法正確，所以自己私行婬欲；不但如此，而且去鼓動別人：「我們比丘尼如果行婬，這種行為並不是殺害有情，也不是偷盜，所以都沒有侵犯別人，當然無罪。」她自己犯了戒律，自己下墮也就算了，偏偏還要鼓動別人跟著她不清淨，公然與世尊制定戒法的聖教相違背；所以才剛講完這些話，果報就是下墮無間地獄，是十八地獄中最痛苦的無間地獄。無間地獄中的痛苦有五種無間，比如全身受苦無間，所受痛苦的時間也是無間斷而不能偶爾休息間斷的；而且壽命極長，也是長壽無間，一旦受不了極重痛苦，才剛剛悶死以後業風一吹，又立即醒過來繼續受苦都無間斷。總共有五種無間痛苦，而且壽命極長，應受的業報如果還沒有受完，是不可能離開無間地獄的。

琉璃大王跟善星比丘，這兩個人也是個大問題。琉璃大王三度出兵討伐釋迦族，只因爲她的母親本來是釋迦族中的婢女，後來被封爲公主出嫁給他的父親而成爲王后；母親生了他以後，有一次歸寧省親時，釋迦族羞辱他，說他是婢女所生的兒子，沒有資格與釋迦王族平起平坐。他和母親受了羞辱，於是他心中發了惡願：將來當上了國王以後，一定要滅掉釋迦族。後來即位成爲琉璃大王，於是發兵來消滅釋迦族。這件事情背後，當然還有過去世的因果；但 釋迦世尊總是顧念族人，於是就坐在軍隊一定會經過的路邊等待；琉璃大王看見 佛陀，就問：「佛陀！路旁有那麼多樹可以遮蔭，您爲什麼卻坐在露地讓太陽曝曬呢？」佛說：「我受生以後，受到釋迦族的庇蔭；你現在要把他們滅掉了，我就沒有庇蔭了，如同坐在露地中被太陽曝曬一般。」琉璃大王聽了，就撤兵回去。第二次出兵討伐釋迦族時，佛陀又坐在露地曝曬太陽，而印度的太陽很毒辣；琉璃大王看見了，於是又撤兵回去。在第三次發兵討伐時，佛陀又去阻止；後來第四次發兵時，佛陀當然知道這個定業是不可被逆轉的，就沒有再去坐在露地裡曝曬太陽而阻止戰爭。而琉璃大王爲了母親及自己受辱，把釋迦族滅掉；雖然是有往世的因果，但這個

行爲也是消滅了 世尊的族姓，於是生身陷入阿鼻地獄。

至於善星比丘是很愚癡的，他不懂緣起法，落入六識論中卻自以爲懂，於是主張「**一切法空**」撥無因果，也不信有地獄果報；這樣公然違背佛說，不信 世尊所說八識論的緣起性空正理，並且公然在佛陀還住世時企圖影響其他的比丘們，所以也是生身陷入無間地獄中。這個罪很重，原因是 世尊還在世，他就在僧團中公然與 世尊唱反調，所以招來這種極重純苦的長劫果報。請諸位想一想：現代版的善星比丘是哪一位呢？（眾答：印順法師）諸位都知道，他說一切法緣起性空，沒有一法是常住不滅的，認爲阿羅漢滅盡十八界入涅槃以後，就是一切法空，就是涅槃。然後又怕人家笑他落入斷滅見，於是又主張：**一切法空、一切法滅盡以後的滅相是不會再滅失的，這個滅相就是真如，所以一切法空不是斷滅空**。釋印順這樣狡辯，就是現代版的善星比丘；所幸現在不是 世尊住世之時，當然不會生身陷入地獄中，而是捨報以後的事了。我們只能希望他會懂得在捨報以前改絃易轍，改往修來，免除重報。

然而 世尊所說的聲聞解脫道，明明是依八識論來弘演一切法緣起性空，所以滅盡十八界以後還有本識獨存，也就是第八識如來藏繼續存在無餘涅槃境界中，所以並不是斷滅空；可是釋印順誤會了二乘法的解脫道，因爲他先相信密宗黃教應成派中觀的邪見，否定了第七識意根與第八識如來藏，陷入六識論邪見中。在四阿含諸經中，世尊說無餘涅槃就是滅盡十八界的境界，而無餘涅槃中有本際常住不變；可是釋印順不相信四阿含諸經中 世尊的說法，就否定四阿含諸經中 世尊所說的意根與本識，依六識論來主張一切法緣起性空。這樣一來他所認知的無餘涅槃，就成爲一切法空的斷滅空。印順知道自己的主張必然會落入斷滅空中，於是就發明**滅相真如說**，又發明**意識細心常住不滅說**，還誣稱他這種創見是 世尊所說的阿含解脫道。於是釋印順不但謗法，又成爲謗 世尊；因爲 世尊明明不是這樣講的，釋印順卻公然誣說 世尊在經中就是這樣講的，當然也是謗佛。善星比丘在佛世公然與世尊唱反調，他還有一些愚蠢事，這裡就不說他；但他因爲被勸告以後還是不聽從，繼續堅持他的錯誤講法，於是生身下墮阿鼻地獄；不是壽終捨報之後墮入阿鼻地獄，而是當場死亡，當下便下墮阿鼻地獄。

我們既已住持正法於人間，就不得不辨正釋印順的錯誤；可是現在印順派下的各個道場開始大舉掙扎，所以現在有線電視台上的宗教節目，大部分已經成爲釋印順派下的道場大打知名度的節目了；不但如此，他們還把釋印順抬出來號召佛教徒了。以前釋印順從來不接受訪問，也不出來說法；不過，現在釋印順也上有線電視台說法了，但他是用被訪問的方式來開講，由此可見他如今已經是身不由己了。但釋印順等人還不知道「妄說一切法空」的果報是如何嚴峻，難道他們沒有讀過《阿含經》嗎？當然讀過，但他們就是不信受。他們只從《阿含經》中選取自己所要的聖教與理論，只選取表面似乎符合密宗黃教應成派中觀六識論的文字，至於所有與應成派中觀六識論有所違背的聖教，就全部視而不見。將來釋印順對這種破壞佛法的大惡業，要怎麼善後呢？那就要看他自己了！好在他現在還是耳聰目明，還是有機會改變，我們就看他以後要怎麼自我補救吧！（編案：後來釋印順於二〇〇六年死亡，一直都沒有針對謗法、謗佛的言論有所澄清。因為他的私心中認為地獄是不存在的，只是一種度眾的方便施設，所以他不相信有地獄道的有情，心中全無恐懼之心。）

如今阿難尊者為大眾提出了一些問題，希望佛陀開示。從這段經文以及從《阿含經》的記載中，證實「妄說一切法空」的事情，並不是只有現代的釋印順等人在講，而是古時候就有了。都因為聲聞解脫道的真義也是很難懂的，事實上真懂的人也是越來越少了，所以古時發生過的事情，後代還是會有人再繼續重犯。也就是說，一旦誤會二乘菩提解脫道時，如果又信受了六識論的邪見，就無法免除妄說一切法空的惡行；所以我們得要把「六識論的一切法空」爲什麼是錯誤的道理，寫出來印成書，要久遠流傳。如果不作久遠的流傳，未來大家都會認爲「一切法空」的斷滅空就是涅槃，那麼二乘菩提的無餘涅槃就變成斷滅境界了！可是二乘聖者所證的無餘涅槃明明不是斷滅空，因爲在四大部阿含諸經中　佛陀常常說，無餘涅槃之中有本際、實際，而且說涅槃是「常住不變」的。既然無餘涅槃裡面有本際而且常住不變，怎麼可以說是「一切法空」呢？所以妄說「一切法空」的罪業非常深重，因爲這是從根本面破壞　佛陀所弘傳的正法；這不但是破壞大乘菩提，也是破壞二乘菩提，所以也是破壞四阿含解脫道的正法。（編案：後來平實導師寫了《阿含正義》七輯，證明六識論不符合四阿含諸經，已經把四阿含中的解脫道正義寫了出來。七輯全部都出版了。）

【佛告阿難：「快哉此問，令諸眾生不入邪見；汝今諦聽，當為汝說。阿難！一切眾生實本真淨，因彼妄見，有妄習生，因此分開內分外分。阿難！內分即是眾生分內，因諸愛染，發起妄情；情積不休，能生愛水；是故眾生心憶珍羞，口中水出；心憶前人，或憐或恨，目中淚盈；貪求財寶，心發愛

涎，舉體光潤；心著行婬，男女二根自然流液。阿難！諸愛雖別，流結是同；潤濕不昇，自然從墜。此名內分。」】

講記：佛陀告訴阿難說：「很爽快啊！你提出了這個問題，可以使很多眾生不會再陷入邪見中；你如今且詳細而正確地聽清楚，我即將爲你們解說。阿難！一切眾生其實本來都是真實清淨的如來藏心，因爲那些虛妄見解，所以有虛妄的熏習發生，然後才因爲這些虛妄熏習，而從整體的如來藏心中分別開展出內分與外分的差別來。阿難！內分就是眾生六道身分之內，因爲有種種愛染，發起了虛妄的情執；由於情執累積而不曾休止，所以能出生貪愛之水；由於這個緣故，當眾生心中回憶曾經吃過的珍愛美味時，口中就會有水流出；當眾生心中憶念著以前的人，此時或者由於愛憐、或者由於怨恨，眼中就會有淚水盈眶；當眾生貪求財寶時，心中發出貪愛的涎液，所以整個身體都被滋潤而顯發出光亮潤澤；當眾生心中貪著於實行婬欲時，男女二根之中便會自然流出液體。阿難！種種的愛雖然有所差別，然而導致流出液體的結使，其實同樣都是因爲有所貪愛；既然因爲貪愛而有了水性的潤濕，就不可能上昇，自然會跟隨著液體的沈重性而下墜於欲界人間，這就是我所說的內分。」

世尊接著要宣講「十習因」了！世尊認爲阿難提出這個問題來問，真是說中了眾生輪轉於欲界生死的原因了，所以讚歎說：「快哉此問，」輪轉生死中最痛苦的境界就是欲界，如果不是因爲欲界中有了義正法可以學習，我才不想繼續生在欲界中呢！而眾生之所以會不斷地出生在欲界中，乃至連人身都保不住，一定有其原因。當阿難提出這個問題時，世尊正好有機會在這個部分爲大眾教導，所以 佛陀才會讚歎說「快哉此問」。因爲眾生都入於邪見之中，所以永遠無法離開最痛苦的人間境界；如今阿難菩薩提出這問題請世尊開示，可以使眾生不會再進入邪見中，所以讚歎說「快哉此問」。於是 世尊叫阿難與大眾都要詳細而且正確地聽清楚。在人間了義正法道場中學法時，最大的問題不是善知識有沒有講清楚，而是聞法的學人有沒有聽清楚——有沒有正確地聞法？也就是有沒有誤會善知識所說的正理。

佛陀接著開示：從法界實相來看，一切眾生其實是本來真實、本來清淨的如來藏心，是一個本來無染的整體，也是本來真實的如來藏心而沒有五陰生死；因爲如來藏的自體性，從來就是清淨性而不曾染汙過，也不曾有生死等痛苦存在；只是因爲眾生不斷地錯誤分別而產生錯誤的見解，或者由於互相交談溝通而互相熏習錯誤的所知所見，於是有了虛妄不實的各類邪見的熏習，於是產生了不清淨的貪愛心想；由於這樣的緣故，就使整體的如來藏區分出內分與外分，在如來藏心的表面上顯現出來，因此就有了欲界眾生的輪轉不息。

所謂內分，就是從清淨自性的如來藏中引生出三界愛染的種子；外分則是顯現於外，使人能觀察出他具有超脫於人間的心境，從他的五陰身心顯現出來，這就是外分。什麼是內分呢？佛陀開示說，內分就是「眾生分內」的事情，這只是心中的執著與貪染，所以說爲內分。人間眾生因爲有種種貪愛或雜染—最主要的還是指貪愛—所以發起虛妄不真的感情執著。

「眾生分」，類似唯識增上慧學一切種智中所說的「眾同分」，卻是專指眾生五陰或四陰等身心中的情想或執著。我們先說「眾同分」，然後再來解說「眾生分」。眾同分有很多種，譬如人同分、旁生同分、天同分，簡言之就是六道有情同分。譬如「人同分」，所有人類都同樣是在一個身體上面有四肢，有一個頭，這個模樣就是人同分。如果有人是兩個頭，就是異常，就不符合正常的人同分。或者多長了一、二隻手，就不是正常的人同分，就會被指稱爲異常的人。也就是說，身體和支分有一個相同的模樣，所以心想就會大致相同；而正常人都不外於這個模樣，這個模樣就是人類的眾同分。猶如說畜生的眾同分中，比如狗同分，狗一定是四條腿而橫身走路，如果多或少了一條腿，就是異常，就不是正常的狗類眾同分。至於「眾生分」是指一切六道中的眾生各自的種類，叫作「眾生分」。在四聖六凡之中，「眾生分」並不包含四聖等聖人，只函蓋六凡等眾生，因爲四類聖者是有情而不是眾生，所以不包含在「眾生分」中。

「內分」是指「眾生分內」，依人間而言，就是人間各類眾生五陰身心內的事相——妄想與貪愛、雜染。當「眾生分內」因爲外六塵種種境界而有了貪愛和雜染，所以發起虛妄的感情執著；於是由於有了貪愛的情感不斷地累積而不休止，接著就自然地產生了愛水。愛水有很多種，所以 世尊開示說：由於「情積不休，能生愛水」的緣故，當眾生「心憶珍羞」，也就是在心中想起很好吃的食物時，口水就流出來了。「心憶前人」，當眾生憶念起以前相識的某人，心中想起這個人是自己很愛憐底人，或者想起他是自己非常怨恨底人；當心中正在極度愛憐或者極度怨恨時，自然就會「目中淚盈」，眼淚就自然地流出來了！因爲愛與恨是一體兩面，往往因愛生恨，所以恨到很深時也會有眼淚流出。如果是貪求財寶的人，就會「心發愛涎，舉體光潤」；當你看到那些珠光寶氣的貴婦們，日子過得很寫意，每天用心在珠寶上，她們總是「舉體光潤」，看起來都是膚色潤澤的；是因為「心發愛涎」而潤澤了身體，所以看起來全身都會散發出光潤的感覺。如果「心著行婬，男女二根自然流液」，人間男女如果互相愛戀時，就會想要結合而常在一起，於是男根與女根自然就會流出液體，準備結合，也是因為貪愛而使愛水流出的緣故。

講到這裡，我又要破斥密宗了！密宗那些人常常這樣說：**我們在婬行中追求第四喜至樂，但是我們心中都沒有貪**。這真是睜著眼睛說瞎話，既是自欺，也是欺人——欺瞞愚癡無智的貪欲深重有情。如果是愚癡而被別人欺騙了，情有可原；但如果是自己欺騙自己，那就是不可救藥。所以中國古話說：「**天作孽猶可違，自作孽不可活**。」如果是老天作孽，還可以想辦法逃避，違背老天的作孽，往往有機會逃避而不一定會受害；如果是自己作孽，將來果報臨頭時，誰也救不了他。同樣的道理，密宗就是自作孽的人。我們有關密宗的書寫了那麼多，印好流通出去，到目前為止，還沒有學密宗的顯教法師，或者密宗的喇嘛與信徒們寫信來斥罵。目前只接到一張支持密宗的明信片（編案：這是二〇〇二年十一月所說），對方也不敢留下地址，寫了一些文字，誰都不曉得他在講什麼；只是東湊一句、西湊一句，然後自稱是「中道人」。

然而實證中道的人都是賢聖，還會繼續走在密宗雙身法或者六識論邪見的岔路中嗎？絕對不可能嘛！因爲中道是如來藏，離開第八識如來藏時，根本沒有中道可證、可觀。然而證得如來藏時，以如來藏離見聞覺知的清淨寂滅境界爲所依止，以如來藏本來常住涅槃的境界爲所依止，而法界實相的涅槃境界中只有如來藏離見聞覺知，也是離一切思量性的無境界境界；這是連六塵都不觸知的，怎麼會跟男女雙身修法中的男女根觸覺相應呢？所以密宗的中觀修習者，都是以意識想像中道以後就認爲是證得中道，就自以爲懂得中道觀行而自稱他具足中觀了。這樣看來，密宗對《狂密與真密》四冊書的接受度，似乎還是蠻高的，因爲只有這樣一張匿名的明信片來抗議。然而一張明信片能罵得了幾句話？而且又是東拼西湊的，根本不值得保存，所以就丟進字紙簍去了。當喇嘛們與女信徒上床合修雙身法時，他們雙方男女根都不流液嗎？如果都不流液，我才會承認他們沒有「心著行婬」，這才是沒有貪愛；只要有流液，就一定有貪愛，不能說他們沒有貪。但喇嘛們卻都另外施設一種所謂的無貪——不貪求射精的樂觸境界，宣稱自己這樣就是已經離欲而無貪。這真是自欺欺人之譚。

人間有種種不同的貪愛，其實仍然同樣都是貪愛，所以　佛陀告訴阿難菩薩說：「諸愛雖別，流結是同；」種種不同的貪愛對象雖然有所差別，然而不論是「口水、淚盈、光潤、流液」，這些「愛水」所顯示出來的結使，都同樣是來自妄情愛染。由於妄情愛染的緣故而產生了「愛水」來滋潤，才能完成「口水、淚盈、光潤、流液」等四種現象；既然是潤濕的，一定由於情執深重而使如來藏心與沈重的「愛水」相應，於是往下沈墜，所以說：「潤濕不昇，自然從墜。」只有乾燥的才會輕飄，才能夠往上飛昇；內分若是潤濕的，一定是沈重的，於是他的如來藏心當然會與水大相應，自然會跟隨著水大重力而下墜於人間的水大中，於是就會出生在人間。這些愛戀欲界五塵境界的情想與執著，就是欲界人間眾生的內分。懂得這些道理以後，若能開始遠離這些內分情想與執著，就能離開欲界境界，上昇到色界天的境界中，不再被欲界法繫縛而流轉於欲界中。除非你是乘願再來住持正法，否則不會再受生於人間；這樣就解脫於欲界了，解脫生死的第一個部分就完成了。

【「阿難！外分即是眾生分外。因諸渴仰，發明虛想；想積不休，能生勝氣；是故眾生心持禁戒，舉身輕清；心持咒印，顧眄雄毅；心欲生天，夢想飛舉；心存佛國，聖境冥現；事善知識，自輕身命。阿難！諸想雖別，輕舉

是同；飛動不沈，自然超越。此名外分。」】

講記：「阿難！外分就是眾生分的外法。譬如因爲有各種渴求與仰慕，所以出生及發明種種虛妄想；當虛妄想持續累積而不能休止時，便能產生強烈的氣勢；由於這個緣故，當眾生心中樂於受持禁戒時，全身都會覺得輕安與清淨；當眾生心中受持某一種神咒與手印身印時，在人間顧盼之時就會顯示出雄毅的心性來；如果心中是想要往生天上的人，就會常常在夢中看見自己可以飛昇而高舉其身；若是心中存念於往生佛國時，他懸念的佛國聖境就會有時在定中或夢中顯現，只有他自己能看得見；若是一心樂意奉事大善知識時，就能夠自輕身命永遠承事。阿難啊！種種的心想雖然各各有別，然而心中輕舉的道理卻是相同的；如果心是飛動而不下沈的，自然就能超越欲界境界。這就是我所說的外分。」

世尊說「外分」是「眾生分」對五陰外法的心想。除了「眾生分」中本來已有的「內分」之外，對外法產生了種種渴愛以及仰慕，於是就會出現了「外分」。而這些「外分」是屬於往上提升的心想。這些能夠提升自己的眾生們，是渴愛與仰慕什麼呢？譬如有人渴愛無漏法，或者渴愛能夠在眾生之中出人頭地，不跟一般眾生一樣低下或沈淪，因此而發生、明現出各種「虛想」。「虛想」是說那些想法並不是屬於人間粗重貪愛的妄想，而是比較輕細上升的想法；又如有人學佛，雖然學的是無漏法，往往卻是因爲邪教導而學了錯誤的法教，所以也是「虛想」。

由於「想」與「情」不一樣，「情」是厚重的，會使人下墜於人間乃至三惡道而不能生天；「想」則是輕安而往上飄的，往往是能提升未來世的所生之處。由於各種「想」不斷累積下來的結果，就能夠產生強烈而遠勝一般眾生的氣勢出來；由於這種氣勢而往上提升，就會與情執深重而會下墜的眾生有所不同。由於「想積不休」的緣故「能生勝氣」，強盛的氣勢便成就了。譬如有眾生心中受持禁戒時，知道自己不許做惡事；當他長時間受戒約束而自然不造惡業時，心中便覺得整個色身都很輕安，都很清淨。這並不是針對內分五陰種子來設想，而是針對來世的外境有著追求上升的意願，所以名爲「外分」。

另外有一種人，因爲心中執持一種正法之咒，配合相應的身印和手印，這就是「心持咒印」；當他心中受持咒語和手印、身印時，心中覺得有所仗恃而沒有畏懼，於是「顧眄雄毅」。「顧」是詳細的看某一種事物，「眄」即是「盼」，就是不固定看某一種事物，而是常常轉頭看來看去；「雄毅」是心中具有英雄的氣概，不再畏懼某些以前曾經懼怕的事物。「心持咒印」的人，當他觀看眾生或其他事物時，覺得心中受持的正法咒語與手印，可以感應佛菩薩來保護他，或者認爲將來可以使他達成某一種預期的目標或境界，所以帶有一些高傲與慢心，覺得眾生都不如他；所以不論是顧或盼，都覺得很自在而無所畏懼，這就是「顧眄雄毅」。

「顧眄雄毅」的虛想狀況，在密宗裡最多；不論是讀到密教部中的某一部陀羅尼經，根本不知道那些所謂的密經是誰創造的；或是從密宗喇嘛們口授學得的咒語與手印，往往信以爲真，就開始受持。而他們心中誤以爲受持某一種咒語和手印以後，鬼神等全都不敢侵犯他；又認爲只要能夠受持幾百萬遍，就可以成爲具有某種神通的人，或者成爲大菩薩，或者成就佛果。當他們相信而受持唸誦到陀羅尼經規定的數目以後，他們自以爲真的成佛了，然後看待別人時就很有自信，當然就「顧眄雄毅」。但他們都不知道那個自信其實只是自我催眠，只是自我麻醉而產生的一種假相的自信；然而信以爲真的結果，所以「顧眄雄毅」。你們常常會看見密宗行者很瞧不起人，雖然他們其實不懂佛法，卻往往覺得自己證量很高，不屑於聽你爲他講解佛法正理。然而密續中，不論是被收入《大正藏》中，或者是被收入西藏密經中，那些密續所說的各種行門、理論與咒語、手印，其實都是鬼神假冒佛菩薩名號傳出來的世間法，都不是佛教中的真實法。因此，他們雖然個個「顚盹雄赳」，卻不知道自己其實是造作了下墮三塗的惡業，不知自己是以惡法爲因而不離虛想，死後絕無可能上升欲界天中，只能生往他們自己說的烏金「淨土」羅刹世間。

另外還有一種人，他心中常常想著要往生天界；他們很嚮往天堂的勝妙五欲，所以心中想的就只是要往生天堂，譬如道教、一神教、一貫道。然而行善往生天堂，是往生什麼天呢？是三界中的哪一界天上？是欲界天。因爲如果想要往生到色界天、無色界天，前提是必須證得四禪八定：證得四禪之內的禪定境界，可以往生色界天；超過四禪以上的四空定，則可以往生無色界天。除此以外，一切人行善都只能往生欲界六天。有很多人行善之後想要往生天堂，結果都是只能往生去欲界天中；不論是道教、一神教或一貫道，全都一樣不離欲界六天有男有女也有婬欲的境界。有一些人修習人天善法，心中常常想要往生天上，甚至於夢中也會妄想自己已經往生天上去了，夢見有五百天女奉事他，於是覺得很快樂，這就是「夢想飛舉」。這樣的人只要不抵制正法、不毀謗賢聖，也是不會淪墜的；將來一定會出生到欲界天去，不會繼續受生在人間。

如果有人行善的目的是求生某一個佛國淨土，他把一切行善的功德，全部迴向往生某一尊佛的世界，比如迴向往生極樂，或者迴向往生不動如來的世界、琉璃光如來的世界，或者也有人迴向往生 彌勒菩薩的兜率內院等等，這都屬於「心存佛國」。「心存佛國」的人往往「聖境冥現」，常常會夢見極樂世界多麼勝妙，或者夢見自己去 彌勒菩薩的兜率內院；若有定境的人，有時則是在定境中看見。這些都叫作「聖境冥現」，而這樣的人死後也是會往上飛昇，不會往下沈墮。

還有另外一種人是真正想要修學佛法的人，當他遇到真正的善知識時，誠心誠意奉「事善知識」，乃至可以「自輕身命」，把自己的身體與性命都不看在眼裡，隨時隨地準備爲真正的善知識付出自己的色身，準備把命根交付出去，這就是「事善知識，自輕身命」。我們同修會中也有不少這種人，每當有人化名來攻訐我，就會有人爲我寫文章或寫書；他們難道沒想過把書寫了出去，也許會有人來找他們的麻煩？他們也考慮過，然而真正「事善知識」的人，都可以「自輕身命」；由於「自輕身命」的緣故，就無所畏懼地寫出去了！將來同修會中一定還會有更多人持續寫出去，這就是真正在學佛法的人，已經懂得真正佛法的本質與內涵了，有智慧識別真假善知識，所以深深覺得真善知識的可貴，因此「事善知識」時乃至可以「自輕身命」。這樣的人未來世當然是往上飛昇而不是往下沈墮，因爲這不是基於情執所產生的心想，而是護持正法的崇高理念，所以願意奉事真善知識而不惜身命，他的下一世當然是往上飛昇的；在此狀況下，不生天界而乘願再來人間，自然可以輕易成就。

「**阿難！諸想雖別，輕舉是同；飛動不沈，自然超越。此名外分。**」從「心持禁戒」到最後一種「事善知識，自輕身命」的所有人，雖然總共有五種之多，其實若是細分下去，還會有更多種。然而不論有幾種不同虛想，都是向上飛昇的動力，而不是向下沈淪的動力；因爲他們都有共同的特性，心是向上高舉或提升的，所以 世尊說「諸想雖別，輕舉是同」。若能向上飛動而不是向下沈墜，也就是不會落入情執與虛想之中，純憑理性與法義來判定，然後決定自己應該依止的道場或善知識，自然就會超越人間的境界而不會停留在人間；更不會下墜於三惡道中，所以 世尊說：「飛動不沈，自然超越。」

譬如現場如果有人是法鼓山、中台山、佛光山、慈濟功德會的信徒，聽到我剛才說四大山頭的堂頭和尚所說的佛法，有些什麼錯誤；於是心中就難過起來了，眼眶就會覺得有些濕潤了！這就是「愛水」，這就是貪愛自己以前的師父而產生了情感上的執著，被情執綁住了。當年 佛所度化的弟子，與現在的人們不一樣；佛所度的那些聖弟子，本來都是外道弟子，也都是護持以前的師父；那些外道弟子們為了幫助自己的師父，所以私自出頭來見 佛陀論法；有時則是外道大師自稱：「**我如果見到了瞿曇，我會說到讓瞿曇無話可講。**」於是就自告奮勇前去面見 世尊，或者 世尊聽到這個狂語而前往與外道論法。然而若是願意前往與 世尊論法的外道大師或外道弟子們，往往是一去就不再回來了。因為他們去見了 佛陀辯論以後，佛陀往往這樣說：「**不論你懂得什麼法，我就只用你的法來跟你論法。**」佛陀往往不用自己所證的佛法跟外道辯論解脫等法義，而是常常用外道法跟外道論法。結果是許多外道們被 世尊所度而成為 世尊的弟子，而且往往證得阿羅漢果而跟隨 世尊出家了，當然不再回去原來的外道道場了。

所以後來外道們大多知道：前去面見 佛陀論法時，佛陀往往會用挑戰者自己的法義來論辯解脫或成佛之法；這種事情漸漸傳開以後，於是外道們大多知道 世尊所知的妙法確實比自己所知道的還要多。後來外道們都沒有人敢再來挑戰了，因為前來挑戰的結果就是失去大部分弟子，否則就是自己要先有心理準備：自己可能會成爲 世尊的聖弟子。所以 佛陀晚年時都是過著很平靜的日子，都沒有人會來挑戰了。這顯示當年印度的修行人，大多數是很理智的；那些外道出家人去見 佛陀論法的，很少有人能夠回去原來的道場，大多數是成爲佛弟子而證聖果，當時就在佛法中出家。現代人學佛時，如果不能像他們那樣理智—依法而不依人—只怕連二乘菩提都無法修學成功，更別說是大乘佛法的菩提道了。

如果來到正覺同修會而想要實證大乘菩提（大乘菩提是函蓋二乘菩提的），既然來修學大乘菩提，就別因爲我說到你以前親近道場的堂頭和尚，便由於情執而心中覺得難過，於是「愛水」就滋潤眼眶了。這是完全沒有必要的，諸位都應當依法而不依人；如果心裡難過起來了，就是依人而不依法。諸位應當要探究我所說的法義，比對四大山頭的大師們所說的法義，究竟誰說的才是正確的？應該深入思惟而判斷我的評論究竟是正確或是錯誤？如果我的評論是正確的，並且也舉出證據，也將正確與錯誤的原理加以說明了，你就應該信受而成爲依法不依人的有智學人。佛陀既然這樣告誡，我們就應該依法而行；當你確實依法而行的時候，心中沒有情執作崇，當然就沒有痛苦，「愛水」就不會出生，眼眶當然也不會再濕潤了。其實情執深重的人，當我說到釋證嚴、釋星雲、釋聖嚴、釋惟覺都悟錯了，自己正好是他們的弟子所以心中很痛苦時，那些大師們有沒有領納或體諒你心中的痛苦呢？根本就沒有呀！他們對你的愛護之情與情感並不看重，根本就不會重視；結果你的痛苦只是白白地痛苦一場，他們既不會因此而更重視你，也不會因此而安慰你。

既然自己只是白白地痛苦，就不要再幹這種會隨著「愛水」下沈的傻事了！從此以後，把自己親證佛菩提、親證解脫道，作為應該依止的目標，努力往這個目標前進。這樣一來，心中就離開了「情積不休」所引發的「愛水」；心中都不再難過了，眼眶再也不會淚出了，這就表示你的心已經是「輕舉」而不會沈墜的了。這意思是說，種種想都屬於輕舉的體性；而種種情都屬於下墜的體性。輕舉的想，是「飛動不沈」的；既然飛動而不下沈，自然就超越人間的「眾生分」了，也就是超越人間眾生的「眾同分」了，來世自然會成為欲界天中的「天同分」了。即使現在仍然住在「人同分」中，心境卻已經超越了人類的境界。由於這些心想，是設想或投心於外境，不想再繼續住於目前的人類境界中；而且也已經超越人類境界了，將來會往生到超越人類境界的天上去；因為這個趨勢會顯現於外，所以這種心想就叫作「外分」。

【「阿難！一切世間生死相續，生從順習，死從變流；臨命終時未捨暖觸，一生善惡俱時頓現；死逆生順，二習相交，純想即飛，必生天上；若飛心中兼福兼慧及與淨願，自然心開，見十方佛，一切淨土隨願往生。情少想多，輕舉非遠，即為飛仙、大力鬼王、飛行夜叉、地行羅剎，遊於四天，所去無礙。其中若有善願善心護持我法，或護禁戒隨持戒人，或護神咒隨持咒者，或護禪定、保綏法忍，是等親住如來座下。情想均等，不飛不墜，生於人間；想明斯聰，情幽斯鈍。情多想少，流入橫生，重為毛群，輕為羽族。七情三想，沈下水輪，生於火際，受氣猛火；身為餓鬼，常被焚燒；水能害己，無食無飲，經百千劫。九情一想，下洞火輪，身入風火二交過地，輕生有間，重生無間二種地獄。純情即沈入阿鼻獄，若沈心中有謗大乘、毀佛禁戒、誑妄說法、虛貪信施、濫膺恭敬、五逆十重，更生十方阿鼻地獄。循造惡業，雖則自招；眾同分中，兼有元地。」】

講記：「阿難！一切世間都一樣是生死相續不斷，生存時都隨從順心境界而熏習，死後則是隨從變易而流轉；臨命終時還沒有開始捨棄身中暖觸的過程，一生之中所造的善惡業都會在很短的時間裡頓時現前；死亡而違逆於求生的種種熏習，以及生前所隨順於生存的種種境界熏習，當這二種順逆的熏習互相交會時，心中如果是純想而無情執的人，心就往上飛而必定出生於天上；如果飛心之中兼有生前所修的福德，也兼有所修的佛菩提智慧以及清淨願心，自然心中智慧開發而不愚癡，可以看見十方佛，十方世界一切淨土都能隨願往生。若是情欲執著少而虛想比較多的人，輕舉的心並不能上升到很遠的地方，就成爲飛仙、大力鬼王、飛行夜叉、地行羅刹，這些人可以隨意遊行於四王天中，想要去何處都沒有障礙。這些人之中如果有善願善心而護持我釋迦如來的正法，或者護持禁戒而隨從持戒的學佛人，或者護持神咒而隨從持咒的人，或者護持禪定境界、保護及穩定無生之法而安忍不移，這些人則是親身安住於如來座下。若是情欲執著與虛想之間是平均而相等的人，既不會往上飛升也不致於下墜三惡道中，就會再度出生於人間；虛想是比較光明而使人聰明，情欲執著則是幽暗而使人遲鈍。情欲執著的成分多而虛想少的人，死後將隨順情欲的執著而流入與人類橫向並存的眾生之中，情欲粗重的就出生爲身體長毛的畜生群類之中，情欲較輕就往上飄而出生爲身上有羽毛的族類之中。十分之中具有七分情感五欲執著而有三分虛想的人，死後沈下水輪之中，出生於常常出現大火的境界中，領受氣焰猛烈的大火；身體成爲餓鬼之身，常常被饑渴大火焚燒；而慳吝的愛水能戕害自己，所以沒有食物也沒有水可以飲用解渴，要這樣經歷百劫或千劫之久。若是十分之中具有九分的情感五欲執著而只有一分的虛想，死後便下墮於完全是大火盤繞沖刷的境界中，色身進入猛風與大火互相交錯通過的地方，這些人中罪業比較輕的人就出生於有間地獄，罪業極重的人便出生於無間地獄等二種苦處之中。若是十分之中全都是純粹情感與五欲執著的人，死後就下沈而進入無間地獄中，受苦無間；如果在下沈之心中，另外還有毀謗大乘、毀壞所受諸佛禁戒、誑惑信眾而虛妄說法、未悟言悟而虛貪信眾的布施、濫膺賢聖的神聖果證而博取眾人的恭敬、造作五逆十重等極大惡業，當壞劫到來而使這裡的地獄毀壞時，這些人還要再受生於十方世界的無間地獄中繼續領受各種苦報。循著順心之境而造作惡業，雖然都是自己作孽而感招的苦果；但是在各種下墮於不同處所而成爲不同的身分時，在各自的眾同分之中，其實都是同時具有元來因地的內分、外分。」

在凡夫眾生之中，情欲執著與虛想的比例多寡，會影響到未來世重新出生時的上升或下墜果報；情多便下墜，想多就上升；情執每多一分，虛想便少一分；虛想每多一分，情執便少一分，如同天平一樣隨著比例來增減。佛說「情」與「想」的比例增減總共有十種狀況，會影響凡夫在欲界中的上升或下墜。不幸的是，一旦下墜，就很難重新上升再度回到人間或欲界天中；所以在凡夫位中，應該注意自己的情想比例，要特別避免自己心中還有情執深重的自性存在，否則是很難避免下墜的；而這種現象卻又普遍存在當代佛教界的凡夫之中，所以這是當代佛教界的學人們應該特別注意的問題，要常常檢討自己有沒有因爲情執而造就毀謗正法、毀謗賢聖的惡業。

世尊說，一切世間都是生與死、死與生，綿延相續不絕的。也許有人想：「**哪有生死相續不絕？譬如生到無色界天去，最少也有二萬大劫的壽命，那怎麼會有生死相續？如果生到非非想天，可以有八萬大劫的壽命。**」可是應該要這樣想：縱使生到非非想天中，並且是極盡壽命八萬大劫而不中夭，然而八萬大劫之後還是要下墜呀！因爲定福享盡了就一定要下墜呀！那時下來人間可不一定還是當人，因爲所有福業都因爲生天而享盡了以後，只剩下惡業種子時就該依惡業而受報了！那還不是要繼續下一期的生死？所以不管壽命是長或短，永遠都是死生繼續不斷的。

「**生從順習，死從變流；**」眾生之所以名爲眾生，正是因爲大眾都愛樂隨從於生存之法，所以名爲眾生；眾生也都隨順遵從六塵中的一切順心境界，所以生存未死以前，總是隨從於六塵順心境界的各種熏習。遇到順心境界時都是繼續生存而享受各種五欲，從來不會想要違逆五欲等順心境界。然而死亡的事實卻是隨從於變異而流轉的，卻往往不是眾生所想要的變異與流轉。正當生存於人間時，總是隨從各種五欲境界的追逐而廣造各種業行；死後的境界就無法再追逐五欲而造業了，那時是一切無所能爲的，所以死亡只是變異而接受無法逃避的遷流果報，故說「**死從變流**」。

「**臨命終時未捨暖觸，一生善惡俱時頓現；**」可是臨命終時，身體中的暖觸都還沒有開始減少，而在即將要進入死亡過程，息脈即將中斷之前，一生所造作的種種惡業、善業已經「**俱時頓現**」。因爲是在很短的時間中就出現了，所以叫作「頓」；在這一段很短的時間裡是全部出現的，所以叫作「俱」。當一個人臨命終時氣息將斷之前，在很短的時間裡，一生的善惡業就會像影片一樣一格又一格拉過去，讓亡者記起一生所造的所有善惡業。早期的電影片，你們有沒有看過？影片是一格又一格排列下來，每一格中的差異都只相差一點點；當很多格不斷地拉過去以後，影像就成爲有動作而不像幻燈片了；而命終前的業行顯現，正是如同影片一格又一格的拉下來，每一格的影像都代表一件大事情。所以「**臨命終時未捨暖觸**」，一生所造的各種善業與惡業都會在很短的時間裡在心中顯現出來；就像影片一般從上往下拉過去，一生所有的善惡業全部顯現出來，時間不會超過半秒鐘。我年輕時服兵役，有一次悶絕大約兩小時，在悶絕之前親自體驗這種過程，大約只有四分之一秒就全部顯現完了。那時就好像幻燈片連續地一片又一片由上往下拉過去，每一格影像都提醒自己一件善惡業，這就是業鏡。每一格影像都代表一件有記業，無記業的影像不會在這時出現。有記業，是指善業或者惡業，所顯現的每一件業行都是一件因果，當然死後得要受報。在那一剎那中，覺知心非常伶俐，在很短時間裡，看到每一格影像時，那時每一剎那都具足了知每一格影像是什麼業；不必由誰拿著一面鏡子來照，而是由如來藏心自己主動顯示一生之中所造的各種善惡業。至於後來有「**照明善惡童子手執文簿辭辯諸事**」，那已經是下了地獄以後的事了。

當一生的善惡業一時頓現、由上往下全部拉過去以後，自己很清楚知道這一生總共造了多少善惡業，然後這些善惡業的果報，就會在息脈俱斷之後開始實現；這個實現因果律的人，正是自己的如來藏而不是別人。接著就開始捨報，進入生起中陰身的階段；如果造作了畜生業，應該生爲畜生的人，在中陰境界中就出生爲畜生身的中陰身；接著是猛烈的業風吹襲而產生必須逃避的狀況，譬如千軍萬馬或者大火焚燒、獵人前來索獵等等，有各種不同的情況隨著各人的業行而有差異；那時只想要逃避，在危急而快速逃離時，看見一個很陰暗的山洞，心裡歡喜就趕快躲進去，希望不會被找到。躲了進去以後，他還不知道是豬、牛、羊的子宮，接著中陰消滅了，覺知心意識就跟著永滅而不可能再出現了；等到下一世出世時，已經是依來世畜生五根而生的全新意識，那時才會知道自己是畜生，卻已經忘了前世，這就是業風。

如果生前是善業的人，死後中陰時就沒有業風，那時的境界是輕舉而光明的。比如持五戒而且也努力行善，來世應該生在欲界天中；捨報前所見的業鏡就顯示一生的持戒清淨與行善等影像，捨報後就出生與欲界天相應的中陰身，具有光明相，接著就看見欲界天的境界。這是因爲造了十善業，應該出生到欲界天，也因爲沒有禪定功夫而無法出生在色界天中；又是沒有悟道的凡夫而又執著善業，當然就會看見欲界天的境界，然後往他所看見光明而快樂的欲界天境界靠近，當他走入那個境界以後就出生在欲界天中了。在欲界天的境界中享受勝妙五欲，不會有年老衰弱與生病的痛苦，只有捨報前才會有五衰之相現前，一生是快樂的；但是卻難得有佛法可以修學，也難得有行善的機會；當欲界天的福報享盡以後只剩下在人間時所造的其餘小惡業時，沒有福業可以依憑，在天上捨報後就得下墮三惡道中了。

所以慈濟的會員們真的需要小心在意，不要執著一世所造的善業，別老是掛念著：我這一生布施了多少錢財，我做了多少善業。慈濟人若依釋證嚴的教導而不信有極樂淨土，又不信 彌勒菩薩仍在天界弘法，只信受印順所說「在人間才有佛教」的歪理，將來死後就只好往生欲界天了；因為那時一定會看見欲界天的天宮中，有五百美麗的天女在等著他。往生到欲界天享受一世以後，結果是享樂完了繼續輪迴，再下來人間時已經不是人類了；因為善業的果報已經享受完了，只剩下一些較小的惡業尚未受報，下來人間時就只好償還惡業，於是就出生到畜生道去了！未來世想要再回到人間聽聞佛法可就難了！也許有人會狡辯說：「**我們死後不生欲界天上，我們要繼續生在人間當慈濟人，不會有你所說的那種情況。**」然而，那時善業大而惡業小，首先只會看到欲界天的境界，不會看到人間的境界；又沒智慧簡別，怎能重新受生在人間？所以慈濟人要注意的是：千萬別貪愛最先出現的欲界天境界，別靠過去、別進入那個可愛境界中。要等它消滅不見了，過一段時間以後，當人間的境界在後來出現時，才與有緣父母相會而再度入胎，否則是無法繼續當人的。

在這裡重新提醒大眾：即將進入息脈俱斷的捨報過程時，暖觸還沒有開始棄捨，「**一生善惡俱時頓現**」，是在四分之一秒到半秒之內就把一生的善惡業都看得清清楚楚，會很快速瞭解一生所做的全部善業、惡業。這不是由覺知心自己來做，也不是由別人或其他的天神來做，而是由自己的如來藏自動執行因果律。所以是誰在執持業種呢？當然不是覺知心，也不是閻羅王的因果簿，而是與自己從來都不曾片刻離開的如來藏在執持著；當結算一生因果的時間到了，就要一總結算，然後交割果實了，這就是「**一生善惡俱時頓現**」；這種業鏡，我是親自體驗過的，就以過來人的身分為大家作證。我想，應該也會有別人一樣親自體驗過這種情境。（編案：後來有一位師姊聞法以後也證明確有此事，因為她也親自體驗過這種狀況。）

「**死逆生順，二習相交，純想即飛，必生天上；**」死，是眾生所違逆的境界，一切眾生都不樂於死，都只樂於生，所以常常聽到世人說：「**恭喜！恭喜！您弄璋了！**」原來生了個兒子。或者有時恭喜對方弄瓦，因為生了個千金。然而那位嬰兒的父母抱著兒女時，我是應該向新生兒恭喜還是哀悼呢？因為他現在出生了，就表示他九個多月前死了！那麼究竟是該恭喜，或者應該為他哀悼？如果講究真實語，就應該先哀悼說：「**你九個多月前死亡了，**（大眾爆笑…）**真可憐啊！**」然後才接著恭喜說：「**你如今出生了，恭喜！**

恭喜！」但是人家一定會罵我，不會接受我的說法，因為眾生都是顛倒的，也是不想被人觸楣頭的。

所以不論是出生或死亡時，不需要道喜也不必哀悼，應該有的只是分離時的不捨罷了！若是依如來藏的境界而言，就連這個不捨也都不必了。而生與死是從來不分家的，既然已經出生了，將來就必定要死；既然現在出生了，九個多月以前也一定曾經死過。所以在無量世的生死之中，應該只有一件事是可喜可賀的，就是遇到了正法而且可以真修實證，又可以一步接一步繼續往上提昇，這才是真的可喜。如此說來，生不可喜，死也不一定可逆，然而眾生總是「死逆生順」。因為有了「死逆」與「生順」，這兩種習性互相交錯在一起，於是就會產生十種現象：

第一種，「**純想即飛，必生天上；**」純想，譬如前一段經文中說的：「**心持禁戒、心持咒印、心欲生天、心存佛國、事善知識**」等向上飛升的離開五欲情執等事；這些人無欲純想，就會上升而不下墜。如果是純想而從來不在五欲情執上面用心，但因為還沒有斷除欲界愛，無法發起初禪，死後當然會往生在欲界天中。又譬如說，很多人號稱是在學佛，他們也學禪，但不懂禪宗的禪是般若智慧，因此以定為禪，認為每天打坐修定就是在修禪，於是一天到晚想要保持覺知心一念不生。能使覺知心始終一念不生，表示他暫時離開了五欲的情執，住在輕安純想的境界中。這種純想若是還沒有離欲，當然死後會往上飛升而生在欲界天中；若是已經發起了初禪、二禪、三禪、四禪，當然更是純想，卻已經不是欲界中的「想」了，所以世尊不在這裡解說這種較高層次的想。在阿含中說「想亦是知」，就是保持了知性而不貪著五欲，也不對眷屬或師父產生執著；所以若是欲界定中的想，就是這段經文中說的欲界中的「純想」，必定會往生欲界天中。若是發起初禪、二禪等純想，當然更會生到天上去，而且是往生到色界天去，所以「**純想即飛，必生天上**」。

……（講經前的當場答問，移轉到《正覺電子報》〈般若信箱〉中，以廣利學人，此處容略。）回到《楞嚴經》來，一六二頁倒數第二行，上週講情與想的比例差別，只講了第一種「**純想即飛，必生天上**」。接下來講第二種，「**若飛心中兼福兼慧及與淨願，自然心開，見十方佛，一切淨土隨願往生。**」純想的人，不落入色陰（五色根與五塵）之中，是對欲界五塵中的五欲不太執著的，與想陰比較相應，於是死後就往生欲界天上。純想就是常常住在想陰中的人，想陰即是一念不生的境界；是覺知心中沒有語言文字妄想，出生了欲界定，所以就生到欲界六天去；若是證得未到地定，就生到他化自在天去。這二種都是未離欲的純想。若是離欲的純想，可就有初禪乃至四禪等定境差別，就會上生到色界天去了。

凡是修得欲界定的人，若是在生前曾經熏習解脫慧或般若智慧，並且也修集了許多福德，這樣的人就是**「若飛心中兼福兼慧」**的人。修集福德主要是孝順父母、奉養師長、護持三寶。**「兼慧」**是說已經修習了解脫道的智慧或者般若智慧，如果再加上心中有往生淨土的清淨願，往往會在捨報時自然悟得如來藏，心中就打開了智慧，親見十方諸佛的本源，這就是**「見十方佛」**；一旦悟了，十方諸佛淨土，隨著他心中的所願，都可以往生成功，因爲他心中有往生淨土的願。或者有人想：**「我雖然還沒有明心開悟，而我年紀這麼大了，又是一身病，不可能去打禪三，我只會無相念佛。」**那你可以求生 琉璃光如來的淨土，因爲 藥師佛的十二本願中說，如果念佛時能夠淨念相繼，就可以往生 琉璃光如來的淨土。心中有往生淨土的願，就是淨願。

然而若是有福有慧再加上淨願，捨報前或捨報後**「自然心開」**；到了中陰階段時，忽然間了知死亡以後離念靈知間斷了，知道是虛假不實的妄心；當離念靈知中斷時，處處作主、時時作主、時時思量的意根，根本就沒有辦法在六塵中準確運作，又是入涅槃時可滅的妄心；這時終於知道，剩下唯一那個不可滅的就是常住的真如心——如來藏。如果兼福兼慧而且又有淨願，由於生前有確實修集見道應有的大福德，並且也確實熏修了見道者應有的正確知見，那時「自然心開」，當然就知道哪個是如來藏了，由此可見「兼福兼慧」的重要。

臨命終時或者在中陰身時，如果生前有好好聞熏及修習而「兼福兼慧」了，到那時自己就會參詳：「到底什麼心才是真的？」當意識覺知心必然會斷滅，不可避免，死前自然就會知道如來藏才是真心，也會知道祂的所在；最遲鈍的「兼福兼慧」者，在第一個中陰身毀壞而出生第二個中陰身時，自然也會知道哪個是如來藏了，我現在不必為你們明講。如果想要先知道開悟的密意，你就去參加禪三，破參了就會知道，不必等到死後。如果生前有好好學法，學的都是了義法的正知正見，並且也有努力修集福德，成為「兼福兼慧」者，縱使生前沒有因緣破參開悟，到了臨命終時或者中陰之時「自然心開」，一樣是開悟明心。明心時就是「見十方佛」，因為十方一切諸佛的自住境界全都是你所悟的如來藏境界；當你看見如來藏時，就看見十方佛全都住於如來藏境界中——十方佛的實際就是如來藏—當然是「見十方佛」；有了這種現觀的智慧，十方諸佛一切淨土全都歡迎你，只要你作了選擇，隨你喜歡哪一個佛淨土，起願想要往生時，那個淨土的佛就會來接你往生，所以「一切淨土隨願往生」。

當你證悟佛菩提時，還會有哪一尊佛不歡迎你？每一尊佛都歡迎。因爲證悟明心的人是最好度的人，當你生到佛淨土時，那一尊佛就不必再爲你弄出很多神頭鬼臉來幫你證悟，可以直接爲你宣講無生法忍；由淺入深，一聽就懂，次第上進，不必多久便能證得無生法忍。十方諸佛如果看見有人捨報想要往生去祂們的淨土中，若是從蕭平實那邊往生來的，一定會說：「這個人容易度。」當然容易度，因爲已經開悟明心了，智慧開始生起了，還會不好度嗎？

然而，像這樣子「若飛心中兼福兼慧及與淨願，自然心開，見十方佛，一切淨土隨願往生」，一定須要三個條件：修福、修慧、淨願。然而具備了這三個條件以後，卻還是有人無法如願的；因爲在這三個條件具足時，一定要有一個大前提：純想無情。因爲第一種人是「純想即飛，必生天上」，第二種人則是「純想即飛」的人裡面，如果「兼福兼慧及與淨願」，所以說「若飛心中兼福兼慧及與淨願」。所以，如果進了同修會中好好修福、努力修慧也有淨願，三個條件具足了，卻是情執深重，老是因爲執著以前所追隨的大山頭師父，明知他的法義錯誤，是誤導自己的道業；卻因爲他對自己很好，所以聽見我辨正他的錯誤時，你心中就難過，不喜歡我辨正法義，那就不是純想而是「情多想少」了！那麼這三個條件即使具足了，臨命終或中陰階段時，都很難悟得如來藏心；因爲這種情執深重的人，無法與完全沒有情執的如來藏心相應，當然無法「自然心開，見十方佛」，也無法達成「一切淨土隨願往生」的目標。所以，學佛人應該依想而不要依情，純想無情是最好的，若是做不到，至少也要「情少想多」才好。

話說回頭，「兼福兼慧」所說的修福，並不是只有護持三寶，還得要孝順父母、奉養師長，這在淨土三經中是很強調的。「孝順父母、奉養師長」是淨土三經中提出來的往生極樂基本條件；往生極樂世界的條件，是求生諸佛淨土中的最低條件，因爲阿彌陀佛是感念五濁眾生而發大悲心，願意降低條件來攝受惡劣的眾生；如果沒有具足「護持三寶、孝順父母、奉養師長」等條件，應該是屬於五逆十惡一類人，就只能下品下生往生極樂世界；其餘條件更高的諸佛淨土，就別說了。所以，只要具足了「護持三寶、孝順父母、奉養師長」等條件，而且已經是修到純想無情—依法不依人—的地步了，這時又是「兼福兼慧及與淨願」，當然可以在臨命終時或者在中陰階段破參明心「自然心開，見十方佛」；那時不必我為你印證，隨你想要去哪一個佛世界都可以去，一定會感應你相應的那一尊佛，把你接了去，然後立即為你宣講無生法忍，不久便入地了。所以這段經文對諸位有切身利害，應該深入瞭解，我就多說一些；諸位也應該自己再深入加以理解。

開悟明心以後，因為已經證知：一般大師所悟的離念靈知或放下煩惱的覺知心都是錯誤的，「悟」得處處作主的思量心也是錯誤的，因為這兩個心都是與五欲六情相應的妄心，不是離五欲六情的真心如來藏。悟後既已轉依如來藏了，你的智慧不住在妄心境界中，你的智慧不與五欲六情相應了，當然是住在「想」中，純想無情時當然會與諸佛淨土相應。如果生前有努力往這個方向修持，所以臨命終時或者在中陰階段中，都可以證悟而與諸佛淨土相應，隨願往生。但是如果有淨願而仍然情多想少，就很難證悟明心了。譬如有人認為自己與 阿彌陀佛極相應，無論如何都要往生極樂，但不想探究諸佛的本際，當然只能中品往生或者上品下生了，往生後所證果位與智慧就不高了。有的人說：「我是釋迦牟尼佛的弟子，怎麼可以往生到極樂世界去？」所以他說：「我要繼續出生在釋迦牟尼佛的淨土中。」然而 釋迦佛的淨土在哪裡？就是這裡。可是這樣也是情多想少，由於這個執著，想要開悟也就很困難了！

所以千萬別執著於私情，什麼樣的佛世界都可以去，只要對眾生有利就行了！既然如此，看到娑婆世界的眾生這麼苦，於是就發起大願：「**我要荷擔如來家業。**」不去極樂世界了。如果大家都去，娑婆世界都沒有菩薩願意再來人間，這裡的眾生豈不是更困苦了？所以，既然色究竟天得要證得初地以上的人才能去，我如果還沒有入地，那我就繼續留在人間，當傻瓜也沒關係，努力護持 如來的正法，挑起 如來的家業，就把情執放下了；這時的心境正是純想無情了，於是就在臨命終時幫助你證悟了。或者爲你安排往生來世最適合的處所，到那時 釋迦佛、觀世音菩薩就會爲你安排，讓你投胎到某一個國家、某一個鄉村的某一戶人家去。譬如我上一輩子在江、浙生活，但因爲戰亂而無法出世弘法，老死以後正是因爲這個緣故而生到台灣來。當初的台灣是很窮困的地方，大多數人都是家徒四壁，吃得很差、住得不好；誰會想到今天的台灣會有這樣的好日子？然而那時佛菩薩早就看見未來的發展，事先安排我到這邊來，現在才能有因緣弘揚這種難信、難解、難證的如來藏妙法。如今的大陸，卻還是沒有因緣可以弘揚這種妙法。而你們也一樣，在佛菩薩安排下，生到台灣來了！當然還有許多往世的同修仍然留在大陸，等著我們回去幫他們回到正法的家中。

以上是兩種「純想無情」卻還沒有證悟的人，將來死後會往生的去處。接下來是第三種「情少想多」而沒有證悟的人，將來會往生的去處。在這些人之中，有「一情九想、二情八想、三情七想、四情六想」等人，其中還有這些差別。然而爲什麼可以達到「純想無情」或者「情少想多」的心境呢？這其實是很難達到的境界，因爲人間的人都是由於情感執著以及不能離欲的緣故，才會生而爲人的；既然如此，當然都是「情多想少」的人，只有菩薩才是「純想無情」的人——有智慧之想而遠離感情與五欲執著；一般人學佛以後若能達到「情少想多」的境界，就算是有成績的了，想要開悟明心成爲實義菩薩，確實是很困難的。可是一旦開悟明心了，就能成爲「純想無情」的人，剩下的只是報恩之情而沒有情執了；除非是證悟因緣還沒有成熟就先被人提前引導，或是向人探聽密意而不是自己親自參究出來的，才會繼續成爲「情多想少」的無智者。

這些「情少想多」的人，世尊把他們分爲二類來講：「**情少想多，輕舉非遠，即為飛仙、大力鬼王、飛行夜叉、地行羅剎，遊於四天，所去無礙。**」這就是說，只有兩分情而有八分想的人，死後覺知心是輕舉而不下沈的，但因爲沒有般若智慧與神通，所以「輕舉非遠」，不能高生於色界天中，也不能遠生於諸佛淨土，只能成爲飛仙、大力鬼王、飛行夜叉、地行羅剎，最多只能到達須彌山周圍的四王天中，無法生到須彌山頂的忉利天中，所以就成爲欲界四王天的天人。身分就是飛仙、大力鬼王、飛行夜叉，雖然能夠飛來飛去，卻不能到達須彌山頂，只能在四王天範圍中飛行。

如果當了大力鬼王，就有可能被派在人間護持善人，譬如各種城隍。城隍爺的位階有很多種：鄉城隍、鎮城隍、市城隍、府城隍，乃至最高位階的京畿城隍。若是在中國，北京的城隍爺就是最有權力的大力鬼王。各個階位的城隍，都對人間的惡人擁有生殺予奪之權；眾生若是專幹惡事，幹得太超過了，城隍對他們就有生殺予奪之權。另外一種大力鬼王，譬如山神，就是山大王。在中國，古時最大的山神是泰山嶽神；其他的大山神，還有喜瑪拉雅山或其他大山的山神等。喜瑪拉雅山的山神，如果沒有藏密那些人供養，其實是遠不如泰山的山神。又譬如飛行夜叉裡的夜叉王，也是大力鬼王；飛行夜叉與地行羅剎不同，飛行夜叉中的大王，譬如《楞伽經》中講的楞伽王，他是所有飛行夜叉的統領。

至於地行羅剎中的修羅，你們如果想像不出模樣，可以看密宗裡的護法神，他們身上配戴著一些骷髏頭串起來的串珠，拿著顱蓋，裡面裝著生鮮的人血，手中拿著眾生的手、腿，或者血淋淋的腸子，身上披著虎皮、鹿皮。至於四王天中一般的地行羅剎，雖然只能在四王天的地面行走，不能飛行；卻不同於密宗裡的護法神，因爲不是羅剎中的修羅。四王天的這些羅剎們，是因爲修學禪定而同時不能遠離粗重婬欲之樂，所以無法發起真正的禪定，永遠無法發起初禪。但密宗的羅剎鬼特別注重樂空雙運中的覺受，卻不會對所有與他們上床合修雙身法的女人生起情執，只是當做雙身法中的工具，所以成爲四情六想，比「飛行夜叉」的一情九想差很多，縱使修集很多布施的善業而能夠往生到四王天中，就只能成爲地行羅剎了；但這也是要在修集很多福德而不毀謗正法，並且不破壞女信徒家庭的情況下，才能生到四王天中，否則是做不到的。而人間的喇嘛們學了古時羅剎們教導的雙身法以後，也能對合修雙身法的明妃們不執著，大多是用久了產生厭膩而不執著，卻對更多女人產生執著，所以不是「情少想多」的有情，而是「情多想少」。空行夜叉、地行羅剎則是以上所說「情少想多」的一類人，因爲不是純想，所以「輕舉非遠」，只能生在四王天中，「即爲飛仙、大力鬼王、飛行夜叉、地行羅剎」，只能「遊於四天」，只能遊行於四王天中「所去無礙」。

「情少想多」的眾生中，還有第二種狀況：「**其中若有善願善心護持我法，或護禁戒隨持戒人，或護神咒隨持咒者，或護禪定、保綏法忍，是等親住如來座下**。」這是欲界生死中的第四種人，是住在如來座下成爲護法善神。佛說「情少想多」的人，其中有一部分人因爲生前有善願，他想要每天聽聞某人誦經，發願護持 釋迦牟尼佛的正法與弟子，成爲善願善心護持 釋迦牟尼佛的正法，這種人都是「**親住如來座下**」，也就是擔任佛教正法中的護法神。又譬如死後成爲**飛仙、大力鬼王、飛行夜叉**等四王天的有情，努力護持正法及真正學佛的人們，就可以親近 釋迦牟尼佛，依於 釋迦牟尼佛座下成爲護法神。

還有一種護法神，「**或護禁戒隨持戒人**」，就是實行戒法的護法神；這一類護法神有時是由飛仙來擔任，有時則是大力鬼王、飛行夜叉或者四王天的地行羅刹來當護法神。大家對護法神應當有一些體諒，不該因爲他們學習佛法心地慈悲，就要求他們要像菩薩那樣慈悲而不實行禁戒。如果戒子都不犯戒，護法神根本不會對他處罰；而且，一般情況下，他們也不會採取制裁行爲，大部分會由因果律來實行因果；除非正法受到嚴重傷害而且有可能導致滅絕，否則都不會主動施行制裁的手段，所以受戒的佛弟子們通常都不必擔心什麼。他們是因爲雄猛而且能以天身飛行，可以暗中保護正法，所以由他們發願來當護法神。一般而言，戒子修學正法時都可以因此而很安心，因爲有他們存在，想要破壞正法以及傷害佛弟子的所有惡鬼神，當然無法靠近佛弟子，自然可以安心修學正法、護持正法。

如果有人受了五戒，這些「**情少想多**」的護法神就會來護持，同時也是監督者；受持五戒後，每一戒各有五位護法善神來護持而追隨持戒人，就是由四王天的**飛仙、大力鬼王、飛行夜叉、地行羅刹來護持禁戒**。這也是說：如果誰破了戒，就要記錄下來，不是只有破戒者的如來藏自己記錄而已，這叫作護持禁戒。想要護持禁戒，當然要跟隨著持戒者。受持戒法的人能夠得到功德而幫助解脫，反過來說，若是犯了戒律，當然也要受到處罰。所以護持戒法的護法神一定要監看受戒者有沒有犯戒，同時也保護受戒者不受邪神惡鬼所干擾。譬如密宗的「護法神」其實都是一些山精鬼魅，層次都很低，當然不能與佛教中的護法神相比，因爲佛教護法神是由四王天的有情來擔任的。

所以你們之中已經破參明心的人，也不要以爲明心後就沒有什麼事情了；每一回禪三回來，已經破參者的禪三報名表，我都會整理出來，一回到家中我就用來供佛。這一次破參者也一樣，這回還有一位見性者，我都供在佛前；到今天都還供在我家佛堂的佛像前。這樣就是向 佛陀報備：我這一次禪三，度了幾個人。佛陀當然早就知道：「我的遺法弟子中，又有多少人破參證悟了，乃至有多少弟子眼見佛性了。」但我這樣的報備，是對 世尊作「法供養」。可是我報備了以後，諸佛菩薩當然要對證悟者另眼看待，要求也會提高一些了。因爲既然破參了，身口意行當然不能再像凡夫那樣了。你們大部分人都不曾感覺有所改變，但是我很小心行事，因爲身邊有好多護法神，一方面是擁護，同時也監督。譬如我這一世現居士身，從來不收受錢財供養，也不許領受任何女眾的色身供養。護法神對我的各種事相當然都要記錄下來，都要監督。如果修爲層級更高，就要由更高層次的護法神來護持，他們還得要監看被護持者的起心動念；如果有人看見某一個女眾長得美，就特別注意，有些不太如法的行爲時，就會出面警告。這些護法神，就是「或護禁戒隨持戒人」。

或者有某一部經典中 佛陀解說某一種總持咒的功德；當然不是密宗所講的那些咒，密宗那些咒，百分之九十都是古天竺的外道法，是外道鬼神說出來的，不足取信，也不該受持，免得常常跟那些外道鬼神同住；那些鬼神因爲持外道咒者常常呼召他們前來，而不是呼召佛教的護法善神，於是護法善神就只好離開了，所以我講的是大乘經中所說的總持咒等。如果你受持楞嚴咒心，或者《楞伽經》後面也有一個短短的咒，或者《心經》後面的短咒；都會有護法善神來幫忙持咒者達成學法的目的，他們都會因爲以前發過善願而前來擁護。可是如果有人來破壞時，護法神也會有一些對應的措施，只是持咒者往往不知道。這就是「**或護神咒隨持咒者**」，讓持咒者圓滿所願。

另外一種是護持禪定，譬如佛弟子明心之後，有一天開始修學禪定了；可是修學禪定時常常會有鬼神來打擾，這時護法神就會護持修定者，若有鬼神靠近時，就把鬼神趕走。當然，如果前來打擾你的鬼神層次超過護法神，他可就趕不走了！譬如天魔波旬或重要的手下前來打擾，一般護法神就無法管了；因爲天魔波旬的層次是欲界第六天的境界，這些護法神就無法管了！這時就由 韋陀菩薩來處理。然而這種情況很少，一定是證悟後又發起初禪了，一方面是超過欲界境界而震動魔宮，另一方面是證量很高，一般的魔子無法影響你，所以就會由天魔自己或他的子女親自前來擾亂。

「**保綏法忍**」，是說當你已經到了初地，有了無生法忍；如果你開始弘揚無生法忍妙法，可是有人前來破壞，護法神就會加以處理。如果你剛剛入了初地，還有一些微小瞋心，雖然口中不曾講出來，但是有時心中動念：「這些人破壞正法，護法神爲什麼都不處理一下？」只是心中生起這麼一個想法，護法神就會去處理，可是徒弟們都是不知道的。所以有很多寺院中都有這種現象（我不曉得你們有沒有經歷過）：住持和尚如果打坐時起心動念想著：「某某人每天都在抵制我弘法，應該把他趕出去。可是我又不便當惡人來趕他走。」他只是這樣起個想法，然而過不了多久，他座下的那些人就會有事情而無法再待下來，於是不久就離開了，在寺院中常常會有這種事情。你們要是不信，可以去問各寺廟的住持和尚，但是他們若不肯講出來，我就管不著了！當他們起心動念以後，不必一年，那些人就走掉了，沒有辦法再待下來。護法神不理會當事人雙方有悟或沒悟，凡事都依照住持和尚的意旨暗中行事。但是，到了初地的住地心一段時間以後，就不可能再有這種想法了，只會想辦法攝受那些抵制他的徒眾；但是護法神因爲職責所在，如果有人破壞正法而作無根毀謗，或者正在實行破壞正法的事情時，護法神都會做他們應該做的事情，這就是「保綏法忍」。因爲初地的住地心中，再也不會有不好的想法，一切人都想要攝受；所以不會因爲住持和尚想要驅逐某些人，護法神就驅逐那些人。但是如果有人實際上正在破壞正法，護法神當然都會觀察出來，一定會自動制裁破壞正法者，這就是「**保綏法忍**」的護法神所做的事情。

這些人都是生前「**護持我法**」或「**護禁戒**」者；「**或護神咒、或護禪定、保綏法忍**」，死後成爲四王天眾而成爲**飛仙、大力鬼王、飛行夜叉、地行羅刹**；這些人因爲「**情少想多**」而有善根，成爲四王天眾以後，護持正法及佛弟子們，所以當然都是「**親住如來座下**」，始終不離 世尊與佛法。所以他們是由 如來所差遣的，當然也不能胡作非爲；當他們持續在做這些事情時，如來一定會攝受他們，所以他們也是要依戒律而行，要依佛法而行。就好比我過去世在密宗覺囊巴時，我那位脾氣很大的師父，如今也是在 世尊座下，但他現在還穿著密宗覺囊巴的僧衣，因爲他是覺囊巴「他空見」如來藏的實證者。

接下來是第五種人：「**情想均等，不飛不墜，生於人間；想明斯聰，情幽斯鈍。**」這是第五種人，是「**情想均等**」，比前面四種人的情比較多，所以一半情、一半想。這類人既有理智而有較多的想，可是又有情欲；因爲有一半的情欲，而不是想多情少，所以心地不能輕舉，死後不可能往上飛升，所以不會生到欲界天去；可是他又不完全是有情而無想——不是純情而無智，所以也不會下墜三惡道中，這種人死後就會重新再生於人間。在人間時，如果由於虛想而趨向光明，不與黑暗法相應，這個人就比較聰慧；如果是情執深重的人，就不理智而難與光明相應，心中是比較幽暗的，因爲情執都會使人心地比較幽暗，於是理智無法正常運作，使這種人會比較遲鈍。

「想」是輕舉而上升的，使人能在清明狀態中安住，繼續修學佛法而上升；然而「情」是幽閉而不開放的，所以是陰暗的，也是有所執著而使人下墜的，當然會使人幽暗而遲鈍，所以修學佛法時就不容易相應了，所以說「**情幽斯鈍**」。「斯」是說「這個人」，這一小段講的是「情想均等」的人類。生在人間成爲人類，一般而言都是「情想均等」；所以人類有實證欲界定的能力，乃至有實證色界定的可能性，也確實有人親證色界定。但是生而爲人時，也有一半的情感執著，正是由這個情感的執著而生在人間，因爲這段經文講的是凡夫境界。

以上講的是「情想均等」，接下來是「情」更增加了，當然是會下墜而有不同：「**情多想少，流入橫生，重為毛群，輕為羽族。**」換句話說，如果情有六分，想只有四分，就是「情多想少」，捨報以後是往人間境界的旁邊流去，所以說是「橫生」；往人間「橫生」就不是再度出生爲人類了，就成爲旁生類的有情，因爲畜生道是與人道同時並存的，所以從人道往生去畜生道中就是「**橫生**」。在旁生類中出生以後，身體也都會變成橫的，不論是羽類或毛道眾生。在「**情多想少**」譬如六情四想的人死後，由於這一類有情的情執與五欲很貪重，而其中理智若是比較少的人，就生為「**毛群**」，就是渾身都長毛的動物；譬如狗、熊、猴等動物，這就是「**重為毛群**」。如果「**流入橫生**」之中而比較有理智，不是很重情執及五欲，那就「**輕為羽族**」，是身體有翅膀、有羽毛而能飛翔的；牠們的情執比較輕微，所以鳥類只要能夠飛翔了，就離開父母獨自生活了。這一些有情都是生在地輪之內，還不屬於下墮更嚴重的有情。在三界器世間裡，有地輪、水輪、金輪、火輪等處，以上所講的只是地輪中的有情，只到「**情多想少**」爲止。

如果情執與貪欲更重，會成爲：「**七情三想，沈下水輪，生於火際，受氣猛火；身為餓鬼，常被焚燒；水能害己，無食無飲，經百千劫。**」如果情的成分繼續增加，想的成分就會跟著減少，於是變成「**七情三想**」；這種人對一念不生的清明性沒有好樂，每天都是在五欲與感情上面執著，成爲「**七情三想**」時，比畜生類的心性更不理智，死後就不能往生到畜生道中，得要落入餓鬼道中；餓鬼道有情是生在更低等的層次中，已經「**沈下水輪**」而不在地輪中了。在世間法事相中，地面之下有水，水井就是這麼挖成功的；法界中也是一樣的道理，不能超越，所以地輪之下就是水輪。

但餓鬼道有情出生的處所水輪，卻是水火相交之際，不像人間挖的水井裡面都是清涼的水。生在水火相交之際，得要親「受氣猛火」的痛苦。譬如點了一根火柴，剛剛燃燒時「叭—」，是很強烈的火，那就是「氣猛火」；當那一刹那過去了，就成爲溫和的火了。又譬如有人用乙炔把鋼鐵燒斷時，很強烈的火「噓—」強烈的火持續地吹，那就是「氣猛火」。被「氣猛火」所焚燒，當然比溫柔火所燒要難過很多倍。所以生在人間時一毛不拔而不顧人間受苦的有情，或者不顧人間學佛者廣被大師們所誤導，只管照顧自己所愛而誤導眾生的大師，成爲七情三想的不理智者，所以不斷地幫助大師一起抵制正法，將來死後就生到水輪中的火際之地，「受氣猛火」所燒。因此，餓鬼過的生活就好像活在火山噴發的境界中，都是生活在水火相交之際，受苦不斷。

在水輪之中，水火交際之處，那裡的水是不能喝的；如果有人愚癡到不想辨別法義是非，只是一心維護自己正在誤導眾生同犯大妄語業的師父，正是「七情三想」的人，死後「身爲餓鬼」，每天時時刻刻被「氣猛火」所燒，真的很痛苦。而且，餓鬼道有情不是只有身外被「氣猛火」所燒，肚內也是被餓火所焚燒，又饑又渴，當然希望有水可以喝。可是當他們看到水的時候，卻是「水能害己」；我們看到的是水，餓鬼道有情在業報中看到的水卻是大火，只能燒他而不能喝，只好繼續陷在嚴重的饑渴中，永遠「無飲」。餓鬼道有情都是「無食無飲」，因爲他們都是咽細如針，難以下咽；而且所有食物送進口中時，嘴巴才剛剛張開，腹中的餓火衝出來一燒，食物就變成焦炭，所以永遠「無食無飲」。因此放蒙山時爲餓鬼道眾生施食，他們都無法飲用食用，必須再幫他們持誦甘露水真言、開咽喉真言，他們才能食用及大口飲水。在沒有人爲他們放蒙山施食時，都是「無食無飲」的。

如果餓鬼道有情在人間還有親屬，每年三節幫他們作佛事，誦唸《阿彌陀經》、開咽喉真言等等，他們這三節還可以飽滿，暫時解除嚴重饑渴之苦；在這三節以外就沒得飲食了，所以說「無食無飲」。若是絕了子嗣、倒房的餓鬼道有情，連每年三節的暫時解除嚴重饑渴的機會都不存在，永遠「無食無飲」以外，而且是要「經百千劫」長期領受這種痛苦。所以死後落入餓鬼道中，如果是在生前的家中當祖先，還有子孫奉侍，每天都還有清香與淨水供養，就不是餓鬼，那還算是好的；因爲至少每天還可以有香煙作爲食物，也有淨水可以慢慢地喝。如果是嚴重貪著五欲而又情執深重，爲了維護誤導眾生的師父，所以努力幫助師父維護名聲而抵制正法，成爲「九情一想」時，死後可就不是只有這種惡報了！因爲下墮水輪之中，「生於火際，受氣猛火」的餓鬼，雖然要歷「經百千劫，無食無飲」，還要領「受氣猛火」的嚴重焚燒，但這個痛苦比起「九情一想」或是「純情無想」的人，又算是輕微的了！那麼「九情一想」以及「純情無想」的人，又是什麼情況呢？世尊接著繼續說明：

「**九情一想，下洞火輪，身入風火二交過地，輕生有間，重生無間二種地獄。**」這是情更重而想更少的愚癡眾生。「九情一想」，意思就是說，他的心性十分之中只有一分的輕想，卻有九分的情執與貪欲。「九情一想」的人，每天都在極重貪欲中生活，也特別執著不正當的情感。這種人常常造惡業，極少造作善業；或者往往爲自己的家人或師父強出頭，全心全意在感情上考量而不問是非善惡，明知自己的家人或師父所說不符合正理，卻一心一意妄加支持，完全是情執而不論是非善惡，所以成爲「九情一想」。這種人一生大部分是造作惡業，死後便無法上升，所以只能「下洞火輪」。「洞火輪」，譬如把所有的火聚集在一個不外漏的洞中不斷地噴，其實就是更強烈的「氣猛火」，這時就是生在火熱地獄中了。

在火熱地獄中的地獄身，是處於猛風與大火二者互相交集一起通過的地方，風助火勢，火增風力，互相交過，熱度特別高，而且也會強烈吹入身體中，痛苦更加難耐，所以是「身入風火二交過地」。這種痛苦遠超過餓鬼道的痛苦；因爲餓鬼道有情「受氣猛火」時，還可以有時逃避過去；然而在地獄中「身入風火二交過地」時，如果罪業較輕一些，「輕生有間」，有時可以逃避這種痛苦，卻是每天時時刻刻都提心吊膽；若是罪業很重的人，「重生無間」，要出生在無間地獄中，使他全身受苦無間而且是長時間受苦無間，總共具足五種無間的苦，永遠無法暫時逃避一會兒。生於有間地獄中，身上的痛苦不是全身性的，所以有間；而且受苦的時間也是有間斷的，也許早上受了很劇烈的痛苦，可能受過一、二個鐘頭就過去了，這一天就可以平安無苦的過去；等到明天早上又有固定時間讓他承受這種痛苦；或者每天一次、兩次乃至三次不等，但那種痛苦是有間隔的，不是整天都要領受痛苦，因此叫作有間，就是罪比較輕一些。如果罪很重，譬如極力而且長時間在幫助誤導眾生的師父來抵制正法，這個罪極重，死後就會生到無間地獄中，具足五種無間的嚴重痛苦。

也就是說，「九情一想」的人，如果罪業很重，將會生在無間地獄中；若是罪業比較輕微一些，則是生到有間地獄中。若是「純情」而無想的人，所造的罪業當然都是極嚴重的大惡業，譬如由於嚴重的情執，所以畢生都在幫助師父以常見外道法取代佛法，聲稱那種意識境界就是世尊所說的正法；並且還極力抵制正法，都是主動去作而不是受命之下不得不做，這就是「純情」而無想的極愚癡人，世尊說「純情即沈入阿鼻獄」。換句話說，完全都隨著六情五欲去造惡業，沒有一點點的理智所以無「想」；這種人如果出家了，根本就不考慮果報，也不思惟自己的師父是否以外道法取代佛教正法，他只是一心一意極力支持；為了支持自己的師父，寧可極力抵制正法，一生都在抵制正法，於是成就「純情即沈」的勢力，死後當然只能「入阿鼻獄」；不可能有「輕生有間」的地獄果報，而是必定「入阿鼻獄」。除了下墜無間地獄中，沒有別的可能。

這種完全不理會法義的大是大非，一心維護自己的師父繼續誤導廣大眾生，一心維護他繼續以常見外道法取代佛法而破壞正法，本質是在努力誣謗世尊；因為 世尊說的法義不是那樣，卻被他們誣指世尊所說的法義同於常見外道法。當他們硬說他們所講的常見外道法就是世尊弘揚的正法，當然是謗佛者，而且也同時成爲謗法者；並且也誤導了座下許多出家人，又成就壞僧的重業。而他們又根據自己錯誤的說法，來毀謗弘揚正法的菩薩僧，也成就嚴重毀謗勝義僧的惡行，這是嚴重破壞三寶，當然死後會進入阿鼻地獄中。一旦進了阿鼻地獄中，想要再回來人間的機會就很少了，因爲那是最深的地獄，而且那裡的時間也是最長的；因爲有的地獄中一天等於我們人間一劫，有的地獄中一天等於我們人間八萬大劫，而且地獄眾生的壽命又特別長，那要受苦多久呢？但是「純情」而無想的眾生，就是會受這種極重、極長久的痛苦，而他們正在人間造業時，卻還不肯稍稍反省一下；當我們爲他們解說這個後果時，他們都還不相信呢。

那麼，下墜於阿鼻地獄就算最嚴重的嗎？其實不然，還有更嚴重的：「**若沈心中有謗大乘、毀佛禁戒、誑妄說法、虛貪信施、濫膺恭敬、五逆十重，更生十方阿鼻地獄。**」在這世界中的阿鼻地獄受罪很久以後，這還不算數，當這個世界的地獄到了壞劫時毀壞了，還要往生到十方世界各處的阿鼻地獄中，一個接一個去受苦。爲什麼會這樣嚴重呢？因爲這種「純情即沈」的人，「**若沈心中**」含有毀謗大乘法的惡業，就會招來這種無盡的極重痛苦果報。

「謗大乘」主要是毀謗菩薩藏，也就是毀謗如來藏說：「**沒有如來藏可證，**

沒有如來藏可修，如來藏只是方便言說施設，實際上是不存在的，所以你們不要相信大乘經中說的如來藏法義，因爲大乘非佛說。」這就是「毀謗大乘」。

還有人是「毀佛禁戒」，譬如密宗那些人，又如顯教中的許多法師們，既然曾經受過五戒，進而正受聲聞戒、菩薩戒了，卻還在暗中實修雙身法。這幾年有些顯教中的法師因爲得不到佛法的實證，就轉入密宗去，被密宗誇大不實的言語所欺騙而轉入密宗學法，所以最近幾年有許多法師們去買雙身佛像（編案：這是二〇〇二年十二月初所說）。有一家賣密宗佛具的店家說，最近買雙身像的法師很多，所以缺貨而無法立刻賣給我們，他要我們等待兩個多月再去取貨。當時我們需要雙身像來照相，才能印在《狂密與真密》的封面上；但那麼多的法師們去買雙身佛像幹什麼呢？當然他們的目的就是要正式修證雙身法了！要正式修證雙身法時，一定要先做「交合供」，當然要有雙身像；接著就是實修雙身法了，所以這些法師們都是「毀佛禁戒」的愚癡人。

還有一種愚癡人是「誑妄說法」，這種人死後也要下阿鼻地獄，而且要在十方阿鼻地獄中極長時間輪轉受苦。什麼是「誑妄說法」呢？譬如他自己明明不知道法義，卻爲了使別人誤以爲他真的懂，所以強行妄說。或者明明知道自己說的法是錯誤的，卻爲了面子或利養而強行妄說。又如他心中明明知道善知識的法義是正確的，卻因爲過慢或增上慢，所以偏要毀謗說是錯誤的法義。又如明明知道善知識是在弘揚正法，卻故意扭曲指責善知識是在弘揚外道法（譬如指責如來藏妙義是外道法），或者故意指責善知識是外道、邪魔……等，這都是「誑妄說法」。

另外有一種人是「虛貪信施」，請諸位師父們別擔心，這不是說一般人來供養時，你領受了供養。而是說身披袈裟時，知道自己確實還沒有開悟，但他不承認自己沒有悟，於是裝作一副證悟的模樣，來獲得徒眾們的供養，才是「虛貪信施」。所以「虛貪信施」的人都有一個特性，就是假裝證悟的模樣。「虛」就是裝模作樣而不老實，譬如明明知道自己沒有開悟，卻裝成一副開悟聖人的模樣；或者以言語籠罩別人，讓人誤以爲自己是開悟的聖僧，而自己明明知道還沒有開悟；只是用這種手段來誤導別人，使徒眾們都誤以爲自己有開悟，值得供養，這叫作「虛貪信施」。

還有一種人，我說他們是受供非分。我所知道的是，常常有弟子買了 Volvo 或者 Benz 等高級轎車供養所喜歡的師父，而他的師父每次都接受了，這就是受供非分而成爲「虛貪信施」；因爲這不但嚴重違背聲聞戒的精神，也是一個凡夫僧所不應該接受的逾分供養。如果人家送來供養的車子是勞斯萊斯，屬於菩薩道場公用而不是聲聞道場公用，就不算「虛貪信施」；但是他納為自己專用，並且又是弘揚聲聞的解脫道來取代佛菩提道，本身正是破法者，這時就是「虛貪信施」了。如果有人送了夜明珠、龍宮寶珠來，只要接受了，都一樣是「虛貪信施」，因為都同樣是受供非分。只要是把眾生所供入己，不是依照戒律而屬於常住所有；或者以凡夫僧的身分而收受名貴財物供養，全都是「虛貪信施」。

出家人收來的錢財布施，都是信徒相信他有修有證，才會對他作大供養而布施給他；但他若是把大筆錢財挪到他的俗家去用，也是「虛貪信施」。如果是每個月供養父母，應該依照常情而作供養，那是應該的，也是 佛所認同的，但不應該過分。如果有父母在，但沒有兄弟姊妹可以供養他們，那你出家後收受的錢財挪一部分去供養在家父母，這是應該的；但是應該有一個限度，比如父母兩個人在台北市一起生活，住在自己所有的屋子裡，基本的生活費每個月要兩萬五千元台幣才夠用（編案：這是二〇〇二年十二月所講），那麼你每個月供養他們兩萬五千元，是合乎人之常情的；若是超過了，也會成為「虛貪信施」。現在大陸還有一種現象很常見，因為信徒看見他穿著僧服，又是大寺院古剎的住持，所以供養了五百萬元人民幣；這應該是屬於寺院的財產，但他私吞入己，拿回俗家去，這不但是「虛貪信施」，還成為侵損常住，成為侵佔「招提僧物」，也是無間地獄罪。但這種現象在大陸已經巒普遍了，在台灣的事例，我就不講了。

接著是「濫膺恭敬」，也就是常常顯示自己是一個悟者的模樣，讓人誤以為他是開悟的聖僧而來禮拜他，引來更多人對他恭敬與禮拜，這就是「濫膺恭敬」，也是無間地獄罪。上一週有一位法師對我說：「您都不接受頂禮，太不慈悲了！為什麼我不能向您頂禮？」我說：「因為我這一世現在家相，所以絕不接受頂禮，不管來者是在家人或出家人都一樣。我只想要崇隆三寶，又恐怕世俗人或淺學無智的人不懂，一旦看見我受比丘頂禮，就會造口業，反而害了他們，所以絕對不能這樣做。」所以上週我對他說：「你看維摩詰大士是等覺菩薩，祂想要為阿羅漢演說大乘法時，都還先對阿羅漢頂禮呢！我又怎麼可以接受你的頂禮？」他說：「有嗎？我讀過這部經典，怎麼沒印象？」我說：「有呀！你別讀鳩摩羅什的譯本，你去讀玄奘菩薩譯的《維摩詰經》就有這種記載，而我把它奉為圭臬，所以我不接受頂禮。」

可是我常常看見有一些人才剛出家，頭上的戒疤都還沒有乾，也不曾斷我見，更別說是證悟明心了，卻總是大模大樣接受人家頂禮，這也是「濫膺恭敬」。不過我要公開請求諸位親教師：「當學生們在禪三明心回來以後，第一次見面時向你頂禮，你得要接受他們這一次禮拜。」因爲尊師重道是基本的人倫義理，何況他們在你的義務教導下學習了出世間法，如今正是因爲這些出世間法的知見具足了，所以才能明心；而學生們也是在家人，所以你接受這一禮，當然是應該的。當他們禪三明心回來時，由於歡喜與感恩而禮拜，你們都應該要接受。

最後一個會使人進入阿鼻地獄的罪業，是「五逆十重」，五逆是殺父、殺母、殺阿羅漢、出佛身血、破和合僧。十重罪則是菩薩戒中講的十重：殺人、竊盜、邪婬（出家人爲故婬）、大妄語、酤酒、說四眾過、自讚毀他、故瞋、故慳、毀謗三寶。違犯「五逆十重」中的某些重罪，在末法時代很常見，然而大部分人犯了極重戒罪時都還不知道呢！

五逆罪中的殺阿羅漢，在現代是不可能的；因爲現代南洋所謂的阿羅漢們都沒有斷我見，都還不是聲聞初果；而北傳佛法中自稱證得阿羅漢果的大法師們，也都還是我見具足存在的。出佛身血現在一樣很困難，但如果是破和合僧，可就很常見了，因爲很容易犯。十重罪中的說四眾過及毀謗三寶，是很容易犯的；譬如毀謗賢聖都犯了這二種重罪，所以這也是很容易犯的重罪。雖然在大陸、南洋都不可能有毀謗賢聖的事情產生，因爲大陸與南洋佛教界，到目前爲止還沒有看到有誰成賢或證聖；然而在台灣卻很容易毀謗賢聖，因爲在台灣確實有賢聖存在，因此故謗三寶的極重罪是很容易成就的，因爲故謗賢聖時就同時會故謗正法。違犯五逆重罪中的破和合僧則是很容易的，但是很多人犯了以後自己都還不知道，所以在這上面要很小心在意。

至於菩薩十重戒中的大妄語、說四眾過、自讚毀他、毀謗三寶等四個重罪，現代很多大法師都犯了！但他們都不以爲意，可能是不相信犯戒的因果吧！譬如未悟言悟就是大妄語，是台灣與大陸的出家人間常常故犯的重罪，都是落在意識境界中，連我見都沒有斷除，就敢自稱證得聲聞果或自稱開悟明心了，都已成就大妄語重罪。說四眾過，譬如有些大法師私底下毀謗我，造就了說四眾過的大罪，因爲我如果仍然是凡夫菩薩，他們也不該無根毀謗；何況我是真實證悟的人，更不應該妄加毀謗。又如自讚毀他，是把證悟者否定而把未悟的自己高推爲證悟聖僧，這也是台灣許多大小山頭的大小法師們已經造作過的重罪。至於把真悟的菩薩毀謗爲錯悟者，也是成就毀謗菩薩僧的重罪；把真實而且是最了義的如來藏佛法，謗爲外道自性見等，一樣是成就毀謗法寶的重罪；這二種都是毀謗三寶的重罪，而他們都受過菩薩戒了，當然已經成就十重戒中的二種乃至四種重罪了！如果暗中還修了雙身法，又成就故婬的重罪，真是罪罪俱在、難以勝數啊！這些重罪，只要犯了一項，就是無間地獄重罪，何況他們連續犯了很多項，真令人擔心。

五逆十重的毀犯，很多人不容易體會到；可是我很小心，因爲我有慘痛經驗。「五逆十重」中的毀謗賢聖，只要很簡單一句話就成立了！我也曾經跟諸位同修講過，我過去無量世以前曾經毀謗一位善知識，那位善知識有四禪的功夫，可是還沒有破參明心；當然那時我還沒破參明心，也沒有證得四禪，那是過去佛的事情。由於我當時心中有過慢，當別人稱讚那位善知識時，我只是說了一句話：「他那個修證，其實也不算什麼。」只是這樣一句話，還沒有牽涉到法義上的妄評，捨報後轉生就變成老鼠了。當然以現在的實證來看那時所變的老鼠身心，其實也不錯啦！因爲有了那個經驗，可以用來警惕自己：「凡是要評論別人時，一定要有證據，而且不能一絲一毫冤枉別人。」另一方面是今生在定中重新體驗一遍那種境界：那一世被貓一爪撲死時，在那一剎那中，體驗老鼠的八識心王是怎麼運作的，證實老鼠也是八識心王具足的，不該隨意殺害牠們。

一般人都以爲老鼠什麼都不懂，總是輕蔑地說：「牠懂什麼？」我卻要告訴諸位：「老鼠什麼都懂，牠只是不能表示意思。」你在想什麼，牠都懂；貓在想什麼，牠也都懂。重新在定中體會那個境界時，才發覺到，原來我這個老鼠什麼事情都能想，才能與貓鬥智求生。然而貓也是八識心王具足，我想要往哪邊躲，貓已經猜到了，結果是鬥智鬥輸了，那隻貓一掌就打死我這隻老鼠了。好在有修集了許多福德，所以一世老鼠身心，還沒有成家立業，才活了幾個月就死了，隨即回到人間來。這是一個實際發生過的例子，我是自己揚家醜；因爲這是很沒面子的事情，然而成就那件很沒面子的事情，卻只是輕嫌別人那麼一句話而已。如果那個人是一般凡夫，果報倒也不會有這麼嚴重，偏偏他有四禪的功夫；有四禪的功夫，在菩薩道來講，已經是六住位滿心的菩薩了，位在三賢之中，所以我往世毀謗這麼簡單一句話，就已經災情慘重了。這表示說，「五逆十重」是很容易犯的，而且果報更嚴重。

現在台灣有一些大法師們，私下罵我是邪魔外道，或者誣指我的法義「不如法」。「不如法」是說我弘傳的如來藏妙法不是佛法，因爲人家是問他說：「蕭平實這個明心見性，是對？還是錯？」他說：「不如法。」這樣也算是無根謗我以及無根毀謗正法，因爲明明如來藏妙理才是如法的，真是世尊的正法，他卻說「不如法」。另外兩個人則是這兩年才開始毀謗，他們在同一週對王先生等人說：「蕭老師是邪魔外道，讀他的書會跟他一起下地獄。」這究竟有沒有犯了五逆十重呢？就讓他們自己去思索吧！我是當事人，不方便下定義，就由他們以及護法神去下定義。

以上所說的總共有幾種呢？總共是六種重罪；若是加上其中的「五逆十重」衍生出來的幾種重罪，可就不止六種了。凡是犯了這六種重罪（謗大乘、毀佛禁戒、誑妄說法、虛貪信施、濫膺恭敬、五逆十重）的人，不只要在娑婆世界的無間地獄受苦，當娑婆世界的阿鼻地獄因為壞劫到來而毀壞時，還必須再出生到他方世界的無間地獄中繼續受苦。阿鼻地獄中所受的苦是長劫的尤重純苦，表示所造的重罪是最重罪中的最重罪，所以當這裡的地獄毀壞時，要再往生到他方世界的無間地獄中繼續受苦。想想看：這是什麼樣的痛苦？真的很難想像，真是不可承受的極重苦中的極重苦，所以這些罪當然是極重罪中的最重罪了。至於地獄中的情形，諸位都沒法子想像，這在後面隨即就會說明，我們就不先說明了。

最後 佛陀作了一個結論：「**循造惡業，雖則自招；眾同分中，兼有元地。**」是說一切眾生都有如來藏，而如來藏中從來都有前面所講的「內分」與「外分」，所以就會輪轉於欲界中；然而不論是「內分」或是「外分」，都是由如來藏所執持的。所以說，在三界六道中領受各種異熟果報，都是因為循著各人在人間時所思的各種邪見，以及所造的各種惡業，感招這樣的欲界異熟果報。全都是循著各人所造的惡業而往生的，這雖然都是自己招來的異熟果報；但是各人的「眾同分中，兼有元地」。也就是說欲界中的一切有情，不論是人類的眾同分、餓鬼的眾同分、旁生的眾同分，乃至地獄的眾同分，或者欲界天的眾同分，正在受苦受樂當中，都同時已經有自己本來的內分與外分，也都同時含藏在各人的如來藏中，所以名為「兼有元地」。

這一段經文中 佛陀的開示，主要目的在於破斥情執和貪欲。所以真正想要學佛而期望實證的人，一定要趕快把情執和過分的貪欲破除；因為「情」越多就越下墮，「想」越多就越上昇；「情」越多就會使天平另一邊的「想」越少，反過來，當「想」越多時表示天平另一邊的「情」越少。如同天平兩邊，是兩頭的輕重與低昂互相影響，如同經論中說的「低昂時等」。懂得這些道理以後，現在新到正覺講堂來聽我說法的同修們，一定要習慣我講經說法的風格與內容；我是不作人身攻擊的，但我也絕不拿佛法來賣人情；而我講經說法時如今習慣於舉出現成的例子來作比對，使大眾容易分別真假佛法，可以了知表相佛法錯在什麼處，可以使大眾快速遠離表相佛法，以後不會再被假名善知識所矇蔽。然而當我舉出現成的例子時，很可能錯誤例子正是你所崇拜的師父，那時你可別生起煩惱。如果生起了煩惱，就成爲「情多想少」的無智人。

「情多想少」時就會淪墮於三惡道中，所以請諸位一定要小心觀察自己的心行。但我不是故意要評論他們，都因爲他們的所作所爲不如法，也一直在暗地裡抵制如來藏正法。如果你能把情執丟開，「情」就越來越少，「想」就自然越來越多；即使這一世沒有開悟明心，也能像第二種人：「**若飛心中兼福兼慧及與淨願**」，捨報時「**自然心開，見十方佛**」，這是多麼勝妙的事！所以千萬要把情執丟掉。既然來到正覺講堂修學，就表示你已經信受這個法，也表示你已經明白自己以前跟隨的師父還沒有開悟，已經不是你要繼續跟隨修學的對象，所以你才會來到這裡。可是你來到我這裡以後，必須依法不依人，一定要把情執丟開。如果情執還沒有丟開，當你聽到我說證嚴法師錯在何處，星雲法師錯在何處，聖嚴法師錯在何處，那時你就會生起煩惱來。煩惱生起以後，就無法完全信受我說的妙法，那你想要開悟就會很困難。因爲一定等不到兩年半以後的禪三精進共修，就會走人了！

如果每一次來聽我講經說法時，心中都會覺得很難過，那你就應該探究一下：爲什麼自己心中要這樣難過？我們應該先探討這一點：你會難過是因爲對你師父心存感恩，會對他感恩則是因爲他把正法傳給你，所以你對他感恩戴德。是不是這樣呢？（有人答：是。）是呀！一定是這樣嘛！正因爲他把正法傳給你，這個恩德勝過生身父母，所以你心中對他感恩戴德。可是問題來了，如果他傳給你的法是錯誤的，是在誤導你更加遠離正法，而不是幫助你趣向正法以及證道，那麼他對你的恩德又在哪裡呢？他是在幫助你趣入了義正法呢？還是在害你更加遠離了義正法呢？如果他指出來的佛法道路是正確的，你正應該感恩戴德；如果他偏偏指示你往錯誤的道路去，結果你會走到哪裡去呢？一定不離兩條路：斷見與常見。那你是被他引入外道法中，不是引入佛教正法中。如今證明他指示給你的路是錯誤的，你也已經走入外道法中一段時間了，那你是應該感恩戴德呢？還是應該遠離呢？這一點，諸位真的應該想一想，特別是新學菩薩們，更應該特別思惟這個觀念。

如果還一直落在情執中，一直丟不開情執，那你的「想」就變少，「情」就變多，成爲「情多想少」的愚人。情多就下墜，想多就上昇，所以我請求諸位要特別注意破除情執。在破情執上面，如今有兩本書是應該讀的：第一本是《學佛之心態》，這也能同時讓大家瞭解情執是應該都丟棄的，大家都應該以法爲歸；還有一本就是《佛教之危機》，諸位都應該把這兩本書廣泛流通，才能救護「情多想少」的人們遠離表相佛法。他們本來沒有那麼多的「情」，本來沒有那麼少的「想」，但因爲崇拜大師而產生了情執，於是「情」越來越多、「想」越來越少。諸位若是想要救他們，應該廣泛流通這兩本書。

如果你是想要求生淨土的人，也請特別注意，千萬不要有情執；因爲情執深重的人，不容易往生淨土。我今天特別從淨土三經抄了一小段 世尊的開示，讓諸位聽聽看。《大乘無量壽莊嚴經》中，佛陀告訴 慈氏菩薩說：「復有眾生雖種善根，供養三寶，作大福田；取相分別，情執深重；求出輪迴，終不能得。」諸位可以自己查證《大乘無量壽莊嚴經》，看有沒有這段經文。佛陀的意思很分明：有一類眾生雖然很努力在種善根，很努力供養三寶，常常在三寶大福田上面廣種福田，一直都在努力供養三寶、護持正法；但是他們有一個問題，就是「取相分別，情執深重」。「取相分別」就是執著身分表相：「這位是出家師父，那個人只是居士，我才不想理他呢！」或者說：「這位是大名氣的師父，那位是才剛出家，連戒疤都還沒有乾的小師父，我才不想歸依他。」這就是「取相分別」了！因爲「取相分別」，所以就「情執深重」，因此當他認定一位大法師以後，就開始執著不放，迷信那位大法師真的有修有證；於是「情」越來越重，而「想」就越來越少，從此以後越學佛法就越迷信，而且越來越沒有智慧。

現在有很多人跟隨證嚴法師，崇拜執著到很嚴重的地步。但是同修會中有一位師姊，是以前證嚴法師還沒有名氣時，很早就跟在她身邊護持；但後來發覺她沒有佛法可學，所以就離開了！那時大家急著要進慈濟功德會時，她反而離開了。當大家都攀緣不上證嚴時，她卻毅然離開，這就是有智慧的抉擇，表示她不是「情執深重」的人。如果當時「情執深重」，她現在是不可能證得解脫果的，也不可能明心，因爲一定還在那邊落入表相佛法中，繼續跟著證嚴法師將世間法當作佛法。諸位可以觀察各大山頭，那些信徒們還在執著各大法師，依舊迷信得很嚴重；這顯示他們那些信徒不但不可能斷我見，連我所執都無法斷除，更談不上佛法的實證。

有很多人不瞭解「我所」的內涵，常常有人提出來問我。今天就藉這個機會爲諸位講清楚。「我所」是指「我所有的」，「我」是五陰我、十八界我、覺知心我、能分別的我、喜怒哀樂的我、能思量的我。思量就是作主的意思，譬如我要、或者我不要，這就是能思量決定的眾生我。「我」都是活在色聲香味觸法等六塵中，所以世人常常說：「我喜歡的事、我討厭的事，我喜歡的人、我喜歡的法、我喜歡的事物、我喜歡的一種觀念。」這些都是「我所」。你喜歡星雲法師，他就是你的「我所」；你喜歡證嚴法師，她就是你的「我所」。

假使連「我所」都放不下了，還能把自我放下而否定自我嗎？當然不可能，當然會落入蘊處界我之中，斷不了我見。因爲，如果對某一位大法師還有貪著，表示我見一定存在。這道理很容易懂：既然都落在我所之中了，當然是有我，哪有可能斷我見？若是對證嚴法師還有情執貪著，就表示具足我所，哪有可能斷我見？我見斷了以後就不可能再落入我所而有情執，於是成爲「想多情少」的上升者，永遠不會下墮於三惡道中。如果對我所還有貪著，表示他必定還無法斷除我見。新來的人聽我這樣說，認爲有沒有道理呢？（眾答：有。）有道理嘛！既然有道理，就要接受。如果現在一時想不通，回去以後再思惟一下，看這位蕭老師講的道理對或者不對。所以如果還落在情執我所中，表示他的我見還沒有斷；但如果對大法師們的「我所」執著斷除了，你就可以進一步檢討「我見」斷了沒有？還有沒有執著自我的覺知心，誤認爲是常住不壞心？如果把覺知心的常住性否定了，確實觀察而親自思惟證明以後，我見便斷除了；接著再觀察處處作主思量的意根自我是不是真實常住法？詳細深入觀察思惟以後，把意根對自己的常住不壞的見解斷除了，我見就徹底斷除了。這時雖然還沒有開悟明心，也可以先證得聲聞初果，確認自己的三縛結已經斷除了。

南部有個大願法師在講法，說他能幫人證得聲聞初果，那是錯誤的說法：他教徒眾要活在當下。然而清楚地活在當下，其實就是落入我見中，不但沒有斷我見，連「內我所」都沒有斷除，「內我所」就是受與想等心所法。世尊說「想亦是知」，活在當下只是一念不生的覺知心境界，落入想陰之中；或者如同聖嚴法師一樣放下我所煩惱，仍然是覺知心自我，具足我見；所放下的妄念或人間的煩惱，則是我所。這表示他們認定覺知心自我是常住的，所以我與我所都沒有斷除，我見與我所見俱在，怎麼可能證得聲聞初果呢？不必把佛法講得太複雜，應該簡單扼要、直接了當教人斷除我見。我見若是斷了，我所見自然就會跟著斷除。凡是蘊處界中的一切我，全都是虛假暫有的，連自我都是虛假的，爲什麼還要執著「我的師父」？於是我見斷除時，我所就會跟著斷除了。所以凡是「我所之見」沒有斷除時，「我見」是一定還沒有斷除的；「我見」已斷了，就一定能斷「我所之見」。所以新來的菩薩們，得要漸漸習慣我說法的方式；我早期說法時都不指名道姓，也都不評論任何人；但現在得要開始指名道姓，並且要舉出證據來講了！因爲我如果繼續以前的方式說法，眾生還是不知道有哪些大法師在誤導他們，就會繼續跟隨下去，那麼眾生繼續沉迷在錯誤佛法的時間就會更長久，所以我必須改絃易轍、指名道姓來說法。

言歸正傳，求生淨土時應該遠離「取相分別，情執深重」。如果「取相分別，情執深重」，想要「求出輪迴，終不能得」，因爲這樣的人與諸佛淨土的境界不相應。往生到極樂世界中，目的是要解脫輪迴，所以去到極樂世界面見彌陀世尊時，聞法以後一定要讓你斷我見，取證聲聞初果；所以中品往生的人，只要一離開蓮華，就會立即幫你斷除我見，當然是「求出輪迴」；斷了我見以後住在極樂世界時，所住的境界則是「非三界、非非三界」。連淨土三經中都說：「取相分別，情執深重；求出輪迴，終不能得。」表示十方諸佛的淨土都不喜歡眾生落在我所及我見之中，諸位要從淨土三經的字裡行間體會出真正的意思。所以情執真的不好，情重就更不好；應該想多，不要情多。情執越重就會被「情」所誤，世間法中也有人說「多情還被多情惱」，我們既然號稱是在學佛，就應該全憑理智，當然應該依法不依人。所以聽了佛所講的經義以後，應該依照 佛陀在經中說的真正意思去修行，可別口中說一套，實際上是另一套。今天聽聞了正法，就要讓自己立即往上提昇，不要繼續往下沉淪，應該趕快成爲「情少想多」或者「純想」無情的學佛人，道業一定會快速增進。接下來要講十習因了：

【「阿難！此等皆是彼諸眾生自業所感，造十習因，受六交報。云何十因？阿難！一者婬習交接，發於相磨；研磨不休，如是故有大猛火光於中發動；如人以手自相磨觸，暖相現前；二習相然，故有鐵床銅柱諸事。是故十方一切如來，色目行婬同名欲火，菩薩見欲如避火坑。」】

講記：「阿難！這些出生在欲界中的情況都是那些眾生們自己所造的善惡業所感應的，由於造作了十種熏習的業因，所以領受六根與六塵中與業因互相交感的痛苦果報。如何是十種熏習所成就的業因呢？阿難！第一種熏習因是貪婬的習氣產生了二根互相交接的情形，發源於互相磨擦；由於在人間時欲火發動而以婬根互相研磨不休，由這個緣故而有大猛火光在其中發生與動轉；譬如有人以雙手自己互相磨觸，雙手就有暖相現前；由於男女二根熏習了交接及相磨的習氣，使欲火互相引燃，以致心性成爲純情無想，因此死後就有鐵床與銅柱等種種痛苦果報。由於這個緣故十方一切如來，眼見男女行婬的事情時都同樣名之爲貪欲之火，菩薩看見男女欲時就如同閃避火坑一樣遠離。」

十習因的第一因是婬貪的熏習因，如果有密宗行者在這裡聞法時，聽到這一段經文的解說，心中很難過，聽不下去了，可以立即走人，我會體諒而當作沒看見。但是如果能耐著性子聽完　世尊的開示，對自己一定有好處，因爲一定會幫助你遠離十習因而在佛菩提道中有所實證。佛陀開示說，剛才所講的欲界眾生們，死後或者上昇或者下沉，全都是「自業所感」，都是由於各自所造的淨業或者善惡業所感招，因此他們都屬於「造十習因，受六交報」。「十習因」的造作，都是因爲生前以六根處在六塵中造作出來的，不離六根與六塵，所以死後交感「十習因」領受苦樂報時，同樣要以六根處於六塵中受報，所以名爲「六交報」；而三界中具足六根與六塵的地方，就是欲界，所以「受六交報」的處所當然是在欲界中，不會超越於欲界以上。

前一段經文說「情多想少」或者「純情」的人，死後的因果交感與果報，都會在「十習因」中解說；熏習不同的前因會交感不同的未來世惡果，而交感的原因是以生前的熏習爲因，但是不同的熏習因卻是因爲「情」的十種輕重差別而產生的；所以因爲輕重不同的「情分」差別而造了「十習因」以後，就會產生十種「六交報」等痛苦惡果。如果能在這裡面深入瞭解以後，就不會落入「情多想少」或「純情無想」之中，每一世死後就不會有惡劣的「六交報」苦果。

那麼如何是導致繼續出生於欲界中的「十習因」呢？第一種是婬貪。佛陀開示說：由於生前的「婬習交接」，貪婬的習性不斷熏習，所以男女二根互相交接「發於相磨」；譬如《狂密與真密》第二輯封面的雙身交合像，就是「研磨」的具體表現。「研磨不休」成爲習性以後，就會有「大猛火光於中發動」，也就是慾火發動而產生了不應該有的惡行；譬如強搶民女的惡行，或如密宗喇嘛們婬人妻女乃至人獸亂倫等惡行，所以死後由於「情多想少、七情三想」而「沈下水輪，生於火際，受氣猛火；身爲餓鬼，常被焚燒」，這樣受苦「經百千劫」。會成爲餓鬼道眾生「受氣猛火」的原因就在這裡，乃至成爲「下洞火輪」的地獄果報。

密宗喇嘛們修習的雙身法樂空雙運，說穿了就是研與磨兩個法；在雙身法的樂空雙運中，如果離開研與磨兩個法，就不可能有第四喜的樂觸可以證得；可見樂空雙運是緣生法，不是宗喀巴講的本有法，而是生滅法。常常修習雙身法而邪婬的人，不斷地研磨，必然成爲習性，於是「有大猛火光於中發動」，就在修習雙身法時的男女二根中發動了，於是地獄道中的鐵床與銅柱就感應而生；鐵床象徵女性，銅柱象徵男性，於是死後便去領受苦果。慾火的發動，是基於邪婬的男女雙方無所限制互相研磨的習性而產生的，所以喇嘛們「博愛」地廣修雙身法，而在死後領受鐵床銅柱的火煎苦果，都是源於生前喜愛邪婬的研磨而高喊「博愛」，廣婬別人的很多妻女，一見年輕女人就生起大慾，由此發動了慾火來燒熱鐵床與銅柱，死後由他們自己來領受。

這就好像以雙手「自相磨觸，暖相現前」一般，由於二根互相磨擦的緣故，就會有慾火不斷增生；喇嘛們生前喜愛一一研磨別人的妻女，當然會有慾火發動而廣造邪婬大惡業，這個慾火也造就火熱地獄中的各種事情來等待他們。喇嘛們每天都在追求雙身法中的初喜、二喜、三喜、四喜樂觸，所以每天都在設法與更多女信徒又研又磨，才能每天獲得樂觸，正是在連續建造給自己未來世居住的火熱地獄。喇嘛們每天都要安排與女信徒合修雙身法，是因爲宗喀巴規定每天都要八個時辰勤修雙身法的樂空雙運。然而，如果喇嘛們與女信徒不研也不磨，靜止不動時，就不會有四喜樂觸產生；當然雙身法中的四喜樂觸都是藉緣而有生之法，屬於生滅法。但他們都不懂，所以每天都要找來女信徒合修雙身法，每天熏習研與磨兩種行爲而成就婬習。

世尊說「二習相然，故有鐵床銅柱諸事」：由於欲界有情「二習相然」，也就是男女二根「婬習」中的「交接」與「相磨」，所以「相然」；「然」字通「燃」字；「相燃」就是互相引燃了慾火，於是感應地獄中出生了他們將來應該領受的「鐵床銅柱諸事」。所以喇嘛們暗中妨害別人的家庭而成就邪婬罪，也誘導女信徒與他們共同成就邪婬罪，雙方都是由於「婬習」中的「交接、相磨」等「二習」，所以「相然」而有強烈的慾火互相燃燒著；於是由於慾火的關係，就產生了鐵床與銅柱在地獄中等著他（她）們。銅柱是男性的象徵，鐵床象徵女性；由他們自己發動的「大猛火光」引生地獄中的熱火，燒熱鐵床與銅柱。密宗女信徒只要與喇嘛們合修過雙身法，死後就會生在地獄中抱著火熱的銅柱，全身都被燒烤，都因爲她們貪愛不應當貪愛的銅柱所致；而喇嘛們死後就被綁在由自己的慾火燒熱的鐵床上熱煎，也是因爲喇嘛們貪愛鐵床的緣故。而這些火熱地獄中的鐵床與銅柱，就是密宗雙身法的修習者將來應受的苦果，可憐的是密宗的喇嘛與女信徒們竟然都不知道。

這都是因爲「婬習交接，發於相磨」的緣故，「博愛」而廣泛造作了婬人妻女的惡業，於是就由雙方在不正當的「交接、相磨」時「相然」而使慾火極度猛熾，產生了死後火熱地獄中的鐵床與銅柱苦報。我這樣說，是因爲藏密雙身法是「毀佛禁戒」：毀犯了五戒、八關齋戒、聲聞比丘戒比丘尼戒、菩薩戒。雖然密宗自己施設十四根本戒，號稱爲三昧耶戒；宣稱受了密宗的三昧耶戒以後，如果違犯了顯教的戒律都沒有罪；又宣稱犯了十四根本戒就是根本墮，騙人說死後會落入金剛地獄中永遠受苦、不能出離。可是三乘諸經中有講過不壞的金剛地獄嗎？根本就沒有！一切地獄都可壞，哪有金剛地獄？當壞劫到來，世界毀壞時，這個世界中的地獄也會跟著毀壞，不可能有金剛地獄。但是密宗竟然自己私設金剛地獄來嚇唬信徒，又設了十四根本戒，說違犯者死後要下生金剛地獄中，永遠受苦而且永遠不能出離，這樣恐嚇密宗的信徒們。

所以密宗信徒接受密灌而領受三昧耶戒的十四根本戒以後，都不敢承認他們密宗有雙身法；所有密宗信徒們，誰也不敢講出來，對外都要撒謊說沒有雙身法，但他們心中都很害怕。其實三界中從來沒有金剛地獄，那是密宗祖師們自己施設的。可是火熱地獄卻是真實存在的，正在等待常常暗中婬人妻女的喇嘛們，也在等待著曾經與喇嘛們合修過雙身法的密宗女信徒。喇嘛們與女信徒合修雙身法的結果，「故有鐵床銅柱諸事」發生，所以他們捨報以後都會下地獄，除非還沒有與女信徒合修雙身法而沒有邪婬罪。因爲雙身法的實修，不但毀犯聲聞戒，也毀犯菩薩戒，而且都是最重罪。

至於顯教法師們既受聲聞戒，又受菩薩戒以後，卻誤信密宗的邪說，或是被女信徒引誘，或者是自己引誘女信徒而修了雙身法，「故有大猛火光於中發動」，於是「故有鐵床銅柱諸事」產生於火熱地獄中等著他們。所以如今佛教中有些法師晚上睡覺總是睡不安隱，他們讀了《狂密與真密》中的法義辨正以後，心中忐忑不安；又無法推翻我所辨正的法義，因爲我說的都是事實，也是正理，並且符合至教量。事實上，我在書中說的很多密宗雙身法的道理，連密宗的達賴喇嘛自己也不懂，而我把它們都寫出來，讓他們開一開眼界，讓他們知道雙身法的一切理論與行門所得境界，全都與佛法無關。如今知道將來的果報必然是那樣的苦果，接著應該怎麼辦呢？有不少顯教中的法師其實都知道這是很嚴重的「毀佛禁戒」，只因以往受不了婬欲的誘惑而犯戒，然後才開始尋找雙身法的理論，來解釋行婬也是佛法；但這只是自我安慰，終究無法逃避將來鐵床與銅柱的惡報。譬如寶蓮香比丘尼就是這樣下地獄的，那些密宗喇嘛與顯教中曾修雙身法的法師們，卻不是只有跟單一女性修雙身法，而是與所有能夠勾引到手的女性都行婬，死後怎能逃避火熱的鐵床與銅柱呢？

由這個緣故，「十方一切如來，色目行婬同名欲火」。「色目」就是以眼睛來觀察，觀察「行婬」的本質以後「同名欲火」，同樣都把行婬的事情名爲「欲火」。因爲欲火焚燒的緣故，所以在地獄中就有火熱的鐵床銅柱產生。「銅柱」是一個直立的中空銅柱中，有大火焚燒成極熱的狀態，再把女犯人綁在銅柱上面；有時正面綁上去，有時用背面來綁，不斷交替。鐵床也是一樣，把男性犯人綁在鐵床上，在鐵床下面燒著大火。這一定很不好受，可是那些修學密宗的法師與喇嘛們都不怕，真有勇氣。他們其實不是不怕，而是不相信會有這種因果報應。但是十方如來觀察這種行婬的事情，「同名欲火」；有了不正當的欲火而產生了邪婬惡業，就會感應火熱地獄中產生了自己專屬的鐵床或銅柱。所以「菩薩見欲」，出家菩薩們若是看見行婬的欲火時，在家菩薩們若是看見邪婬的欲火時，都是「如避火坑」；如同看見了大火坑時，躲都來不及了，當然不會往下跳。這是「十習因」裡的第一種：婬貪。「十習因」的第二種則是貪寶物：

【「二者貪習交計，發於相吸；吸攬不止，如是故有積寒堅冰於中凍冽。如人以口吸縮風氣，有冷觸生；二習相凌，故有吒吒、波波、囉囉、青赤白

蓮寒冰等事。是故十方一切如來，色目多求同名貪水，菩薩見貪如避瘴海。」】

講記：「十習因中的第二種是由於貪求寶物的習氣交相計度，發生了互相吸引的習性；對寶物吸取抱攬而不休止，由於這個緣故而累積了寒性的堅冰在地獄中冰凍凜冽。猶如有人以口向內吸縮冷風氣息，就會有冷觸產生；貪習產生的愛水與相吸產生的冷風等二種習氣互相凌駕，所以有吒吒、波波、囉囉、青赤白蓮等寒冰地獄中的種種痛苦諸事。由於這個緣故，十方一切如來看待多求財寶等事情時，都同樣名之爲貪水；菩薩們看見貪水時，都是如同躲避毒瘴之海一般趕快逃離。」

女眾們若是喜歡珠光寶氣，可得要小心呵！千萬別妄生貪求。以前就擁有的金銀珠寶，娶媳婦時就送給媳婦，讓她當傳家寶。如果正想要再買的人，就趕快踩煞車，別再貪求珠寶了！因爲這也是貪，如果貪得不正當，就不免「貪習交計」的後果。如果有男眾喜歡戴三克拉、五克拉的鑽石戒指，或者愛戴勞力士錶，這也是貪；若是貪得不正當，同樣會產生「貪習交計」的後果。佛說由於貪的習性交感計著（計就是誤認爲美好而產生了貪著），於是「發於相吸」，心中很喜歡而每天吸納，想要每天佩帶在身上，就是「貪習交計」。

應該要學我，連手錶、戒指都不戴；我身上什麼都沒有，連念珠都不戴。

我這一世剛學佛時是學唸佛，所以手腕上戴了手珠，計數唸佛，後來自修無相念佛以後就不戴了！因爲無相念佛根本用不著它。而且，明心以後觀察這些都是虛假不實，還要戴它做什麼？應該把真實法如來藏的功德顯發起來，不再用心於虛假的法相了；所以我身上什麼都沒有，所有的就是如來藏妙法。你們還在社會上行走，上下班要把握時間，不得不戴手錶。我家裡還有一個電子手錶，以前去台中上課時要把握火車時刻，所以出門時還會戴在手上；那個手錶大約幾百元台幣的價值，我也使用將近十年了！那是我妹婿服務的公司的贈送品，因爲我有一段時間跟他們公司往來很密切，算是有一些成績的客戶，所以他們公司送了那個電子錶贈品給我。

如今有幾年不出遠門上課，每天都在家裡寫書，都用不著它，也沒電了，可能也壞了。所以我身上什麼都不戴，也不貪求好物品，已經很習慣這樣的生活，就不會與這些有價值的珠寶相應；所以我們從來不買珠寶，於是也少了貪習。這種貪的習性一定要趕快除掉，如果「貪習交計」而不能除掉，就會「發於相吸」，每天都想要獲得珠寶而吸攬到自己身上來，繼續「吸攬不止」成爲堅固而強烈的習性；若是慳貪不止而侵奪他人的財寶，將來年老捨報以後，「如是故有積寒堅冰於中凍冽」，死後就由於這種強烈的貪習重罪而下墮於寒冰地獄中。

世間人貪著別人的寶物時，譬如古時某些大官，聽說誰有夜明珠，「貪習交計」而想要從別人手中取得，人家不賣時就設計陷害，以官威強搶過來；這是由於貪著不應當得到的寶物，所以造作惡業來取得。如果單純用錢去買，兩相情願而成交，倒也沒事；如果為了看中人家的某一個寶物，設計巧取或豪奪，以賤價強買過來或搶過來，就是因為「貪習交計」而造作惡業，成為「純情」無想的人；捨報之後成為「沈心」而下墮，要墮入寒冰地獄中受苦。當他造作惡業時，就開始產生寒冰地獄的各種事相，寒冰地獄就是這樣產生的。「積寒堅冰」，是說其中累積了很多寒氣而使貪水冰凍起來。「冽」是非常寒冷。冷凍到很硬的時候，身上有些地方就會裂開來，如同紅蓮、白蓮、青蓮一般，這就是寒冰地獄中的景象。

寒冰地獄的形成，好比有人用口吸氣，把空氣猛吸一口時，就會覺得有冷觸出生。「貪習交計」而貪著珠寶時，通常是由於覺得珠寶有寒涼體性而覺得可愛；這時由於貪愛而有愛水，因此「舉體光潤」；然後因為貪習的交計與相吸，所以「吸攬不止」。「二習相凌」就是「貪習」的「交計」與「相吸」二種習氣互相凌奪：「交計」使冷風不停吹襲，「相吸」就不斷使貪愛之水吸取冷風中的寒冷，於是便產生了寒冰，所以吒吒、波波、囉囉等青蓮、紅蓮、白蓮寒冰地獄，自然就全部出現了。在這些地獄中很不好過，進了這些地獄中，沒有棉襖、雪衣穿，都是赤身露體；在寒冰地獄中被冷風吹襲以後，身體凍冽的結果，身上因爲冷凍而凝結或爆裂開來，如同紅蓮、青蓮、白蓮的花苞或開花以後的情況，就以這些名稱來稱呼各種寒冰地獄。然後凍死了，業風一吹又活過來，繼續凍冽受苦。紅蓮地獄、白蓮地獄、青蓮地獄中都是這樣的，這就是八大寒冰地獄的景象。所以貪求財寶而去害人，確實很不好，都是在爲自己打造寒冰地獄，讓下一世的自己受用。

【「三者慢習交凌，發於相恃；馳流不息，如是故有騰逸奔波，積波為水。如人口舌自相綿味，因而水發；二習相鼓故有血河灰河、熱沙毒海、融銅灌吞諸事。是故十方一切如來，色目我慢名飲癡水，菩薩見慢如避巨溺。」】

講記：「第三種是由於慢的習氣互相交替凌奪，發生於互相依恃的情況中；這種慢習馳流而不停息，由於這個緣故而在心中有了騰逸奔波的現象，於是累積各種波濤成爲流動的水性。如同有人口中的舌頭自己纏綿品味，因此而使口水發生出來一般；慢習的交凌與相恃二法互相鼓動的緣故，就會有水的流動性出現而有地獄中的血河灰河、熱沙毒海、融銅灌呑等種種事情發生。由於這個緣故，十方一切如來都同樣看待我慢這件事情，名之爲飲用愚癡水；菩薩們看見慢習時，都如同逃避巨大溺人的波浪一般快速遠離。」

前面兩種貪，第一種是不正當地貪婬，第二種是不正當地貪金銀珠寶，接下來是「十習因」的第三種：慢。我常常遇到慢心很重的人，有慢心的人非常多，特別是在五濁惡世中。在五濁惡世中想要找一個無慢的人，很不容易。「慢習交凌」的人總是有依恃的現象，只是依恃的對象有所不同。譬如有人想：「我師父是大山頭的大和尚，你們正覺同修會跟著小居士學，能幹什麼？蕭平實，名不見經傳，有什麼好跟隨的？我可是一天到晚跟在大師身邊的。你們同修會那個小團體、小居士，算什麼！」這就是因爲我所而生慢。換句話說，你們來到正覺同修會中學法，表示心中沒有慢，應作如是觀。

因爲我這個小居士，你們能夠看得上（編案：這是二〇〇二年十二月末所講），不看表相上的名聲大小，表示你們有智慧能夠簡擇而沒有慢心。沒有慢心才能進入同修會，也才聽得進我所說的妙法；若是有慢心，可就難以聽進心中了：「我們師父鼎鼎大名，全球聞名，你蕭平實算什麼？」可是有慢的時候，不斷地熏習慢行，當然會與所恃的對象相鼓而與別人互相交凌；譬如因爲自己很有錢財、很有權勢、很有名氣、很有社會地位等，或者家族、師父很有名氣，地位很高等等，都會成爲所恃的對象。有了慢心也有所恃的對象了，「慢習交凌」時就會在心中生起慢心而看輕別人，總是想要凌駕於別人之上。在學法人之中，如果是跟隨名師學習的人，心中不免有慢心而不肯屈居於正覺同修會各位同修之下；於是往往因爲「相恃」的緣故，自覺高於諸位之上；不論你們說出什麼道理，他都聽不進去，一直想要凌駕於諸位之上。像這樣「慢習交凌」的現象，都是發生於他們所恃的表相上，所以說「發於相恃」。有所恃，閩南語稱爲「靠勢」，依靠某一種勢力而想要凌駕於他人之上。

……（講經前的當場答問，移轉到《正覺電子報》〈般若信箱〉，以廣利學人，此處容略。）回到《楞嚴經》一六四頁第五行，上週講到「三者慢習交凌，發於相恃；」這是講「我慢」，這個「我慢」並不是《阿含經》聲聞解脫道中所說的「我慢」；而是針對別人生起比較分別，覺得自我比別人高超，因此而生起慢心。這種「我慢」是所有學佛人的最嚴重障礙之一，但在任何時代中，這都是很普遍存在的現象。打從我最早期弘法時就常常強調：貪欲和瞋恚不會嚴重障礙佛菩提的修證，可是慢心一定會嚴重障礙佛菩提的修證。因爲貪欲以及瞋恚是屬於修所斷的無明，可是慢心會使人在遇到正法時，產生排斥的心態而無法進入正法中修學，想要實證三乘菩提就遙遙無期了。

瞋與貪，不會嚴重障礙學人進入正法中，最多只是使人修證正法時會比較遲緩。可是慢心對佛法修學的障礙非常嚴重，會使人在修學佛法時自以爲是，常常會產生排斥了義正法的心態；當了義正法剛開始弘揚，還沒有大名聲時，當然會障礙慢心者修道。譬如了義正法剛開始弘揚，當別人推薦某一個真正了義正法的道場時，有慢心的人都不會相信，會依恃自己的修爲而覺得自己的證量更高；或者依恃自己隨學的大名聲師父，排斥了義正法道場，失去提升自己道業的機會。

還有，就算是後來終於遇到正法了，也進入正法道場中了，但是在學習正法的過程中，他往往又會自以爲是：「我都知道了，明心就只是這樣。」然後都不跟親教師打一聲招呼，就靜悄悄地溜走了。後來想一想：「蕭老師寫的書，我還是讀不太懂。」才又不得不回來同修會，可是心中老是猶豫不定。最後定下心來，終於參加了禪三共修；等到勘驗過後，才知道完全不對，根本就悟錯了。只好又從頭再來一次，已經是落後別人很多年了，所以這也是被慢心所害。

也有的人明心以後自己心想：「老師書中不是寫著嗎？如來藏是體，佛性爲用。那我看見如來藏在運作了，就是看見如來藏的作用了，這就是見性。」就自以爲見性了，那可就差遠了！然而這種現象是一直都存在著的，直到最近這幾年才開始少了一點點。實際上見性這一關真的很難實證，不是很難想像，而是根本無法想像，見前與見後是截然不同的境界。還沒有眼見佛性以前，不論我怎麼說明、如何形容，也把佛性的名義明講了，你們一定還是看不見；但是明心的人如果有慢，自以爲是，就會自以爲真的聽懂而覺得自己似乎是看見佛性了！不論我怎麼說，他都會自以爲理解，其實都是誤會一場。

譬如我說：「狗屎上也可以看得見自己的佛性，可是自己的佛性其實不在狗屎上。」有慢的人就想：「你蕭老師講話自相矛盾。顚倒！」然而見性的境界在事實上就是那樣子，如果所見佛性的境界不是像我所說的這樣，那你就不是真的眼見佛性。可是如果心中有慢的人，一定聽不下去，心中就想：「蕭老師在籠罩我，明明我這樣就是見性，竟然跟我說這個不是見性。」當然是因爲慢心，因此自以爲是，後來就自己離開同修會了！而這一世眼見佛性的因緣當然就跟著失去了，這也是慢心障道。

乃至早期有的人，當我派他當上一、二年親教師以後，他就覺得自己跟卡通人物卜派一樣厲害了，就以爲他比我更高超，於是就自己頭上安頭，發明一些新東西出來：「你們都是蕭老師幫忙而證得真如心，蕭老師幫你們印證了！可是真如心還應該有個所依，你們找到了嗎？」竟然教人還要再尋找真如心的所依，頭上安頭，卻是違背至教量的新創佛法。凡是新創的佛法，一定都不是佛法，因爲佛法必須依循諸佛所說；這是因爲法界實相只有一個，永遠不可能一再創新、再三發明。那麼他說的所依是什麼呢？只不過是回身再落入意識境界中，主張真如心應該依止離念靈知。我說：「真如心若是還會另有所依，那麼真如心就不是真如心了；而且也會成爲所生之法，就是生滅法了，那還能叫作真如心嗎？」所以說這也是慢，並且是沒有真正的實相智慧。

「慢習交凌」是什麼意思？慢習的運作，一定是與所恃互相交感而一向想要凌駕於別人之上，總是想要壓制對方，所以會自己發明一些奇奇怪怪的創新法義，以這些新創的法義來凌駕別人。等他們創新出來之後，私底下告訴同修們，當我聽到時大概都不會說什麼話來反駁，我都會當作沒聽到，因爲我的習慣並不喜歡當面戳破別人的錯誤。所以有時會有人當面對我誇大其詞，我也是聽過就算了，只是心裡笑一笑，並不講話。可是他們如果慢心越來越重，自以爲是而出來跟我作對，開始否定聖教量；等我寫書出來辨正時，他們就會知道自己的落處是多麼荒唐。這就是「慢習交凌」而覺得自己最行、最厲害，後來被我所破以後，無法證明自己的說法正確，又不肯認錯改正，最後只好離開同修會；這就是被慢心所障，道業就退轉而回墮意識常見中了。

「慢」的背後一定有「相恃」的各種法相存在，表面上則是會與別人互相「交凌」，所以當他跟別人相交感、相接觸時，就會不斷地壓制對方，想要在大眾中佔上高位；這表示他心中還有「見取見」，至少是「見取見」還沒有完全斷盡，所以落在「以鬥爭爲業」而凌奪對方的慢心中。但阿含所說的我慢有兩個層次：一是斷續我慢，二是相續我慢。很多人都把貪瞋癡慢解釋錯了，其實貪瞋癡慢有斷續及相續二種，應該要分開處理。可是，現在善知識都含混在一起，於是就產生了怪現象：不必斷我見也可以證聲聞初果、阿羅漢，不必斷相續的貪瞋癡慢也可以證得阿羅漢果。於是假阿羅漢、假初果都出現在當代佛教界中，都是源於錯誤理解三乘菩提法義，但在這裡就不談它了。

這段經文中說的「慢習」，會使人想要時時凌駕於別人之上，這與我的心態全然不同；我是一直在等待另一位修證比我更高的人出現，然後我就可以抽腿下座，讓他來率領同修會，我和大眾一起在他座下學法。以前我期待過，而且也有人向我推薦，說對方是八地菩薩；我被遊說兩年以後，心想：「他們信受了兩年，都不曾發現對方的錯誤，或許真的是八地菩薩。」然後我就拜他爲師，跟著修學；結果卻發覺全都是假的，根本連明心都沒有，更別說眼見佛性了！而且一問三不懂，所說的高超境界也都是憑空出現而沒有實修的過程；後來也證明他們所說那個人自己能夠往來極樂世界的說法，全都是欺騙的說法。但我仍不因此而灰心，現在還是一樣有期待心，繼續期待八地、九地菩薩的出現。當你心中有這種期待心，就不會有慢。而且，也許有一天真的會遇到十地、九地菩薩，那可不一定呀！在無量世的佛道修學過程中，不能否定這種可能；否則有一天好機緣出現而遇到九地、十地菩薩時，因爲慢心而排斥的結果，就失去快速增上道業的好機會了！

所以「慢習交凌」的背後，一定是「發於相恃」。恃，就是自己覺得有所依恃，才會產生「慢習」。至於所恃，就是自覺所學廣博，或者自覺證量很高，以這些自覺作爲仗恃或依靠，所以心中生慢；如果對方也是同樣有這樣的自覺，認爲有許多可以讓自己作爲仗恃的依靠，這兩個人就一定對立起來，互相評比高下。我從來不跟別人對立，我總是被動的回應。我主動做的事情只有兩件：第一是辨正密宗法義，第二是辨正印順法師的錯誤說法。這是因爲他們破壞佛教正法極爲嚴重，而且都是從佛教教義的根本加以破壞，不是只在佛教的表相或皮毛上面破壞，使我不得不主動加以辨正。只有這兩件是我主動做的，其餘都是被動回應。所以我辨正慈濟或佛光山、法鼓山，以及近年有名的靈泉寺（編案：就是後來的中台山），都是因爲他們抵制如來藏正法，所以我不得不回應，所以我們一向都是被動回應的。

爲什麼我會一向被動回應呢？因爲我沒有慢心。所以我原來也沒有準備要辨正任何人，可是他們一直誣衊我們的如來藏正法，說是外道法，或說「不如法」，我們當然得要回應而作法義辨正。現在大陸密宗網站也在誣賴我們，說我們跟騙人錢財的義雲高是同一夥人。今天還有人誤信而打電話來同修會指責說：「你們怎麼會跟義雲高混在一起？聽說你們關係很密切。」我們義工答覆說：「我們還特地寫書破斥義雲高，怎麼會跟他關係密切？」其實我們應該說：「對！我們跟他很密切，因爲我們寫專書破斥他。」若是不密切關聯，義雲高等人爲什麼要花幾百萬元台幣登報公然侮辱我？我們又怎麼會特地出書破斥他？當然關係是很密切的——這種密切的關係則是植基於嚴重對立。（編案：詳見本會的結緣書《菩薩正道》一書中的法義辨正。）

以上說的都屬於慢心交凌相恃而產生的行爲，所以「慢習交凌」的背後，一定是「發於相恃」，才能產生對抗的行爲。當這種由於慢習而產生的對抗行爲持續「馳流不息」時，心中一定不斷地在這上面運轉，不會在佛法中用心；結果就會「騰逸奔波」，心中絕對定不下來，思潮洶湧而波浪澎湃，自然是「積波爲水」；於是地獄中的液態性苦報環境便感應而開始形成了。心中思緒澎湃時，當然是奔騰飄散四處奔波，於是「積波爲水」。當一個人生起慢心而遇到同樣有慢的人，開始比高下了，晚上睡覺一定睡不安寧，一定在想著該怎麼應付對方，假使再遇到對方時應該如何破斥對方，心中只會想著這一些事情。但我們晚上睡覺時就只管睡覺，什麼都不想，心中整個空掉。那些人卻總是想個不停，思緒是「騰逸奔波」的，當然接著就是「積波爲水」了。有了水，自然是波動不停的。

「如人口舌自相綿味，因而水發；」如果口乾舌燥時，把口舌動一動、咂一咂，口水就會流出來了；同理，「慢習交凌」而「馳流不息」的結果，「二習相鼓故有血河灰河」，因爲是有過失的「慢習」，在「慢習」表現出來時，一定是由「交凌」與「相恃」等二種熏習互相鼓動的緣故，造作了無量的雜亂思緒；心中波動不停，當然「積波爲水」而感應出生了熱地獄中的各種受報環境：「血河灰河、熱沙毒海、融銅灌呑諸事」。因此，慢習深重而不問法義是非，只管面子而狡辯到底的人，將來下地獄時所受的苦報，是由慢習交凌與相恃而造業所產生的「血河灰河、熱沙毒海、融銅灌呑諸事」。到那時，身體浸泡在極熱的血河、灰河中，或是住在一望無際的熱沙、毒海之中，不然就是被融銅灌呑而燒焦五臟六腑、徹骨徹髓。這些未來苦果等種種事相，都是從現在「慢習交凌」中逐漸感應而生出來的；所以不離慢習而有所仗恃，憑著所仗恃的大名聲、大道場、徒眾廣大，就對真善知識妄加誣衊或隨意否定，就是爲未來世的自己打造這一類地獄境界，將來的下場就是往生去那邊自己領受慢習所成就的地獄環境。

由於這個緣故，十方一切如來都看待我慢的行爲，如同暢飲愚癡水的人。喝了愚癡水的人，當然是變成愚癡人；愚癡水喝得越多，就越發愚癡。我認爲具有我慢心態的人，是所有學佛人中最愚癡的人；你們正在修學佛法的路上，無妨虛心而細心觀察當代的大師們，他們對佛法是怎麼解說的？是怎麼寫書出來弘揚的？又是怎麼傳法的？是怎樣爲弟子印證的？是不是全都落入意識境界中？諸位都可以根據他們的書籍或月刊上的文字，詳細瞭解一番。如果有正確的瞭解，就會珍惜你們在正覺中的所學所證，慢習就不會再出現。同修會外的大師們或學人們，都是因爲沒有深入而且正確的瞭解，才會有慢習出現。

當你完全瞭解而且是正確瞭解時，了知當代大師們都沒有開悟，因爲他們處處說錯了，全都落在意識境界中；那你心中也不會因此生慢，只會有憐憫之心，覺得他們座下的學法眾生真的很可憐，而不是想：「**某某居士、某某大師寫的書太粗淺了，層次太低了，比我相差太多了。**」根本不可能生起這種慢心來。除非悟錯了，才會有慢心出生。那時你只會起心說：「**眾生好可憐，跟著他們繼續錯下去。**」如果大師書中所說法義寫得真好，境界在你之上，你更不會有慢心：「**原來還有這麼妙的法義，我竟然沒有聽過讀過，真是聞所未聞。**」你心中更不會有慢心。所以我說，不能如實理解雙方所說法義正訛的真相，才會有慢；不能如實理解雙方的實質，才會因爲慢習而自覺有所仗恃，才會生慢。因此這種人一定是落在我所之中，所以生慢，世尊說這種人是喝了愚癡水的愚人。

至於菩薩，如果看見自己生起了慢心，就會趕快閃避，遠離慢心境界，所以「**見慢如避巨溺**」。「**巨溺**」是很大的海浪，一定會把人淹死；如果遠遠看見巨大的浪頭從遠方過來時，當然要趕快逃生。同理，「**慢習**」的「**交凌**」

及「相恃」這二法，如果「相鼓」起來時，一定會淹死自己的法身慧命；使自己的無漏法種不但不能生長，而且還會被破壞。所以有智慧的菩薩們看見「慢習」的「交凌」與「相恃」二法時，都應該要趕快避開，不能使其中的任何一法存在；當然更不會讓這二法「相鼓」而淹死自己的法身慧命。

【「四者瞋習交衝，發於相忤；忤結不息，心熱發火，鑄氣為金，如是故有刀山鐵橛、劍樹劍輪、斧鉞鎗鋸。如人銜冤，殺氣飛動；二習相擊，故有宮割、斬斫、剉刺、搥擊諸事。是故十方一切如來，色目瞋恚名利刀劍；菩薩見瞋，如避誅戮。」】

講記：「十習因中的第四種，是由於瞋的習性，常常與別人交相衝突，因此發起了互相忤逆的行為；由於互相忤逆的結使不能停息，心中的熱氣發起了火性，於是鎔鑄火氣為金屬，就因為這個緣故而產生了地獄中的刀山鐵橛、劍樹劍輪、斧鉞鎗鋸等事。猶如有人心中銜冤不捨，殺氣便飛揚飄動起來；同樣的道理，瞋習中的交衝與相忤等二種習氣互相衝擊，由此緣故便有地獄中的宮割下體、斬斫手腳、剉刺身體、搥擊色身等種種事相發生。由於這個緣故，十方一切如來看待瞋恚時，都同樣把瞋恚名為鋒利的刀劍；菩薩們若是看見瞋恚時，都如同躲避誅戮一般迅速遠離。」

「十習因」的第四種是瞋恚心。瞋心同樣有斷續我瞋、相續我瞋的差別。貪，大約是貪愛財寶、貪愛外我所的財色名食睡，在「十習因」中都是針對外法來說的，可是相續貪卻是大多在講我執。譬如意識的我執屬於分別我執，是斷續我執；但末那識意根的我執，是相續我貪，既貪愛自己也是「恆內執我」，是同時往內執著自己如來藏的各種功德，也是我貪，這才是相續我貪。然而想要成爲阿羅漢而轉入初地心，並不是只有「十習因」中斷除這個貪而已。慢也是一樣，於末那識意根本身，覺得有如來藏依靠，所以生起愛樂自己存在的心，則是解脫道中所講的我慢，與本經中說的我慢不一樣。而本經中講的「十習因」是對外法分別所生的，並不是對內相續執著的法性，所以都屬於意識相應的斷續我慢、斷續我貪。瞋的部分也是一樣，也是屬於意識相應的法性，不是意根相應的相續瞋。至於這段經文中說的瞋，是爲準備見道的人而說的，所以還沒有談到斷我執的層次，當然這個瞋是屬於意識相應的部分，是斷續分別所生的瞋。

「瞋習交衝，」正當起瞋而與別人互相交會時，一定是正面「交衝」；生慢時才會是「相恃」，譬如台灣話說的「靠勢」而瞧不起對方。但是「瞋習」發動時一定是與對方「交互衝突」，面對面互相產生衝突。對許多人而言，「瞋習」很難改變，常常會起瞋；乃至芝麻蒜皮的小事也會起瞋，難以控制自己，所以「瞋習」現行時就會與別人「交衝」。既與別人「交衝」了，一定是與別人產生互相忤逆的現象，正是「相忤」。「相忤」時一定是處處拂逆對方，或罵、或打、或羞辱、或傷害乃至殺死，要使對方難過或者失命；當雙方都這樣的時候，就成爲互相忤逆，所以名爲「相忤」。這種「相忤」的結使不能停息，結果是使雙方心中越來越火熱；因爲怒火中燒，結果就是「心熱發火」。火能燒金所以就能「鑄氣爲金」，於是把心中因瞋而產生的怒氣凝結起來，產生了未來世在地獄領受果報時的各種金屬類刑具，就是地獄中的「刀山鐵橛、劍樹劍輪、斧鉞鎗鋸」。

刀山，諸位如果看過道教中的道士爲亡者辦法事時，在法壇中繪畫的圖像中，往往會看到描繪地獄中的景象，那其實也是依照佛經中的描述而畫出來的。但他們其實是用來恐嚇生人而不是恐嚇死人，因爲他們嚇不著死人，只能嚇生人，暗示亡者的家屬：「你們如果不給我多一些錢財—不多作功德—你們老爹就會很難過。」所以就弄兩盆洗臉水分開放著，又在兩盆水之間橫跨一片木板，就說那是地獄門前的奈何橋；然後要家屬跟著他們圍繞「奈何橋」走路，說要引導亡者走過「奈何橋」；這時就告訴亡者家屬要多多布施錢財，把更多錢投進去水盆中，說是買路錢，才能買通鬼神而順利通過「奈何橋」，就可以早一些往生，不必住在地獄中受苦。在民間信仰中，大部分人那時都是寧可信其有，於是在道士引導下圍繞「奈何橋」走路時，就會五十元、一百元持續地投進水盆中，讓道士大飽私囊。

以前我岳父過世時，家屬不信佛教，只信道教；那時道士依樣畫葫蘆也搞起來了，但我不信這一套；他們說要跟著繞「奈何橋」、要投下買路錢，我就離開，到旁邊去，看著他們裝神弄鬼。我才不信那就是「奈何橋」，也不投買路錢，我寧可把錢供養三寶、護持正法，迴向給老人家，不隨愚癡道士瞎搞。所以我說世人真是愚癡，被道士們嚇得不知所措，不斷地把錢投進臉盆水裡，飽了道士的口袋。那些道士們畫了地獄的景象嚇唬家屬，我根本不信；因為亡者既沒有造惡業，憑什麼要特地下去地獄繞一趟？還得要去過「奈何橋」？而且地獄中也沒有所謂的「奈何橋」，但是道士們畫了地獄的狀況來恐嚇生人，我那位一生都沒造惡業的善良岳父當時見了，一定會笑罵家人真是愚癡：「**竟然把我辛苦賺來的錢財，五十元、一百元一直丟給道士。**」（作者案：那時尚無千元鈔）亡者在中陰身時看見了，通常也只能苦笑說：「**我**

這些孩子們真的夠孝順。」就只好苦笑著趕快投胎去了。但是，那些道士們從佛經中畫出來的地獄，其實真的有；我說的是道士藉地獄來詐欺亡者家屬的錢財，不是否定地獄的存在。

由於「瞋習」的緣故，瞋火與怒氣結合，就會凝結成地獄中的金屬，於是「刀山」出現了，等著在人間「瞋習交衝」而殺人放火不斷忤人的惡人死後去領受；於是死後生到地獄中，面對刀山時，就有獄卒把他拋向高空，掉下來時落在刀山上，渾身都被刀子穿透，痛苦不堪；這樣子一再重複受苦，直到業報受盡。「鐵橛」是尖嘴鋤一樣的金屬，往罪人身上一直挖鋤。「劍樹」是在熱地獄中，處處有劍樹；當罪人覺得很熱，受不了而尋找陰涼之處，於是看見某處有一棵樹，跑過去樹下站定想要休息乘涼時，樹上的所有葉子都變成利劍，反轉而向下刺在罪人身上。「劍輪」，當然是飛來飛去的圓形輪子，四周都是利劍，不斷地砍人。斧是斧頭，鉞是類似斧頭而比較寬扁的鋒利刀器；鎗是長木頭的尖端綁著尖刀，用來刺罪人身體；鋸就是鋸子，用來把罪人攔腰鋸斷。這些全都是用來刑罰罪人的器具。

「如人銜冤，殺氣飛動；」就好像有人無故被冤枉殺掉以後，心中含著很深的怨氣，決定要報復時，就會現出很強烈的殺氣，一直飛動不停；同樣的道理，「瞋習交衝」而與別人「發於相忤」時「二習相擊」，就是由「瞋習」中的「交衝」與「相忤」兩種習氣互相衝擊以後，就在地獄中產生了「宮割、斬斫、剉刺、搥擊」等勢力；當人間「瞋習交衝」而常常與別人「發於相忤」的傷人、殺人、強姦者，死後由於「純情」無想而造下大惡業的緣故，下墮於地獄中。由於「瞋習」的「交衝」與「相忤」等二種習氣互相擊動，於是地獄中就有「宮割」等刑罰來處罰他。「宮割」就好像太監被閹割一樣，卻沒有藥物來醫治；而且割了以後明天又完好如初，重新再閹割一次，每天都不停歇；強姦犯死後下地獄時，就得每天接受這種痛苦。同理，這種犯瞋的人，生前斬別人的手或者剁別人腳後跟，下了地獄以後，就換他每天被人斬手和剁腳後跟，這就是「斬斫」。「剉」是拿刀往罪人身上不斷地切片，「刺」是以金屬的尖端不斷地戳進罪人身體中，「搥擊」是以沈重的金屬向罪人持續敲打。這些都是「瞋習交衝」時「發於相忤」，以致傷害有情，死後下墜地獄中所得到的痛苦果報，所以千萬別因爲一時不忍，犯瞋就幹了惡事。

有的人心性不錯，但就是瞋的習氣改不掉，有時會成爲現行而在氣頭上犯了過失；等到後來冷靜下來之後，又懊悔得很，這就是「瞋習」。這種人很多，本性是好的，只是脾氣發起來時就失掉理智無法控制，才會犯了過失，都是因爲往世沒有斷除「瞋習」現行的緣故。十方如來看待瞋恚的習氣，都如同看待很鋒利的刀劍一般，唯恐不小心犯手，反而傷害了自己，總是時時遠離而不親近；菩薩看見心中起瞋時，就如同被人以利劍傷害或殺死一般，總是迅速避開，免得被「瞋習」殺掉自己的法身慧命。

【「五者詐習交誘，發於相調；引起不住，如是故有繩木絞挍。如水浸田，草木生長；二習相延，故有杻械枷鎖、鞭杖撾棒諸事。是故十方一切如來，色目姦僞同名讒賊，菩薩見詐如畏豺狼。」】

講記：「十習因的第五種，是欺詐的習氣具有交相誘騙的心態，發起了互相欺騙調弄的行爲；這種行爲一旦引起以後就無法停住，由於這樣的心態與行爲而引生了地獄中的繩索木棍絞刑計較等種種事情。猶如水浸潤了田地以後，草木得以生長；當詐習中的交誘與相調等二種習性互相繫延時，以此緣故而有地獄的杻械枷鎖與鞭杖撾棒等種種事情出現。由於這種緣故十方一切如來，看待奸詐虛僞時都同樣名之爲說假話的奸賊，菩薩若是看見奸詐的心行時都是如同畏懼奸詐兇狠的豺狼一般迅速避開。」

「十習因」的第五種，是欺盜詐騙。「詐」是詐騙，用虛假的說法來詐騙他人，叫作詐欺。現代佛教中的欺詐事相是很常見的，才會有許多附佛法外道同樣利用表相佛法來欺詐眾生；可是眾生並不瞭解而持續迷信著，以爲他們講的也是真實佛法。而這種欺詐的事件，在佛門中也是常常看見的，不單是在附佛法外道中；比如大法師們明明知道自己沒有開悟，偏要裝出一副證悟聖僧的樣子，讓大眾崇拜，來獲得不應有的名聞與利養，這也是「詐習」表現出來了。不管有沒有公開以言語宣稱證悟，只要示現證悟者的身分出來，就是「詐習」現行了。也有一位教禪很有名的大法師說：「自稱開悟的人就是沒有開悟的人。」不久之後又說：「師父我從來都不說我有開悟。」這也是「詐習」現行。這些外道和大法師們爲什麼要特地暗示或明示開悟的模樣呢？當然是想要讓大家崇拜而禮拜供養他們。如果不這樣示現來讓人崇拜，誰會來供養、護持他們？

在佛門中有一句老生常談，是許多清淨的比丘、比丘尼二眾常常感慨的話：「師父不搞怪，徒弟不來拜。」因爲他們從來不搞怪，他們對這種現象很感慨。諸位且看如今各大山頭的行爲，豈不是如此？他們各各自命證悟，可是能不能經得起檢驗？全都不行！既然經不起檢驗，我們也指出他們全都落在意識中，我見未斷，個個都是凡夫，那他們爲什麼還要繼續示現上人法呢？只有證悟者才有資格示現上人法，因爲當他們示現上人法時，得要有上人之法能利益大眾證道；他們既沒有證得上人之法，怎麼可以示現上人法來魚目混珠呢？所以這也是「詐習」。因爲他們如果不這樣搞怪，徒弟們可就不來禮拜了，那就沒有供養可得了，所以總是要搞怪，搞怪就是「詐習」的表現。只要有「詐習」，講話就不老實；所以每當有人請問佛法，他們就籠罩說：「所謂佛法，即非佛法，是名佛法。」當你請問他們：「師父，這是什麼意思？」他們就大聲說：「參！」這意思是表態說，他們有開悟，而你還沒有悟。其實他們心中也知道自己沒有開悟，所以這也是「詐習」的表現。假使師徒雙方都有「詐習」，他們互相來往時就會「交誘」；所以雙方來往時都會互相誘引，互相否定或調弄對方，互相誘使對方誤認自己確實是有開悟。若是徒弟沒有「詐習」而師父有「詐習」，那麼師父就會誘引徒弟，讓徒弟誤以爲師父有開悟；當師父誘引徒弟來找他以後，師父就會講一些讓徒弟摸不著邊際的話來籠罩。所以，當徒弟上來請法：「師父！到底開悟時是要悟個什麼？」這師父就用籠罩的言語調弄徒弟，讓徒弟去猜測。「調」就是調弄，不是正言正語來說，而是籠罩徒弟誤以爲師父真的是大修行者，這叫作「相調」。這種「相調」的事相第一次引發以後，不會一次就結束；

因爲徒弟若不直心，就會每天上來刺探：到底師父悟個什麼？未悟充悟的師父當然不可能讓他知道，因爲連他自己都不知道要悟個什麼，所以他就會不斷向徒弟籠罩，所以師徒雙方就「相調」不已。

這種「相調」的事相引起以後就停不住了，這一世的師徒之情一定會在相調之中繼續進行，直到一方死掉時才能結束，所以「引起不住」。世間法中也是如此，譬如商場上爾虞我詐，也是「詐習交誘，發於相調」之後，「引起不住」。由於「詐習交誘，發於相調」的緣故，「引起不住」，當然師徒之間永遠不可能有停住之時。如果立即停止，檢討自己的心態，有心改過，就會直接告訴徒弟：「我根本沒有悟，你從今以後不必再來刺探。」那就結束「詐習交誘」的惡習了；然而事實上這種事情一旦開始了，通常都是「引起不住」；於是爲自己引生了地獄中的「繩木絞校」等事情。將來捨報以後下了地獄，讓他自己領受這些使他痛苦的刑具，那時就由獄卒來計較他在人間所造的各種「詐習交誘」的罪了。

這種「詐習交誘」的心態與行爲，會因爲不斷熏習而增長；「如水浸田，草木生長」，一旦第一次對別人欺騙而作了未悟言悟的事，就會繼續作第二次，然後就會有第三次、第四次；越來越習慣了，於是無窮無盡地作下去。

所以正覺同修會規定所有親教師都不許收供養，凡是在家身的親教師都不許收受供養；誰要是收了錢財供養，只要被查到了，將會立即加以處理，因爲收了第一次供養就會有第二次。既然不是身披僧服，就不該接受學員供養；即使只是供養你一百元、五百元，一樣不許；因爲只要收了第一次，就會有第二次，所以不能開例。好在到現在爲止，還不曾有親教師接受錢財供養的情況發生。

有很多人想要送錢財供養我，我當然不能開例，不論錢財多寡都一樣。曾經有比丘要供養我一百元，我不接受。他說：「**我只供養一百元，您也不讓我種福田？**」我說：「**我不是不肯讓人家種福田，因爲我這一世沒有出家，不該接受供養；不論多少錢，上從五十億、一百億元，下至五十元、一百元都不行。**」因爲我不能開這種例子，一旦開了例子，以後大眾都可以緣例供養，正法就無法久傳，不久就會被利養所毀壞。「詐習交誘」的情形也是一樣，只要有了第一次，以後就會「**引起不住**」，接二連三不斷延續下去，如同雨水浸潤了田地以後，田裡的一切草木就會開始滋長茂盛而無法控制了。

「**二習相延，故有杻械枷鎖、鞭杖撾棒諸事。**」當「詐習」開始了「交誘」與「相調」等二種習慣性的行爲，互相延展連續而不休止的結果，就會在地獄中產生了「杻械枷鎖、鞭杖撾棒」等等勢力，等著「詐習交誘，發於相調」的欺瞞者，將來死後下墜地獄中親自領受。「杻」是一片木頭穿了兩個洞，罪人雙手穿過去以後，再用鐵鍊鏈起來上鎖；「械」則是用兩片木板中間留一個洞，罪人把頭穿過去，兩片木板的洞夾住罪人的脖子，用鎖把木板鎖住，然後兩手用鐵鍊銬住。「枷鎖」是用更大更厚的兩大片木頭，中間穿個較大的洞，可以鎖住脖子；下方另外開兩個小洞，把罪人兩隻手穿過去以後，再用鐵鍊鎖住雙手，這是重刑犯所用的。古時罪人被發配邊疆充軍時就是這樣子，你們如果讀過《水滸傳》或者《東周列國演義》，就會曉得這些發解罪人的刑具。

「披枷戴鎖」是禪師們常講的話，譬如無門慧開禪師的〈無門關〉中評論溈山靈祐禪師「披枷戴鎖」，意思是說溈山靈祐禪師接了溈山的開山任務，其實是很重而不輕鬆的。百丈大師說：「溈山勝境，得要找個證悟者去開山、住持佛法。」華林首座出來答話，百丈禪師不滿意，說首座沒份；因為還沒有開悟，不該開山誤人。後來找了靈祐禪師來，靈祐禪師聽到百丈禪師指著木製水瓶說：「不許說是木瓶子，你說是什麼？」靈祐禪師連一句話都沒說，他走上前去，當場把木製水瓶一腳踢翻了，立即走人，頭都不回。百丈禪師就說：「華林首座輸卻山子也。」溈山勝境就被靈祐禪師贏去了。後來無門慧開說溈山禪師也是笨，卸下了百丈山的典座職事，去溈山開山度眾，任務是更艱難的，所以爲溈山靈祐禪師下了個註腳：「脫得盤頭，擔起鐵枷，便重不便輕。」靈祐禪師在百丈山當典座時，就像脖子套著一片小木板，兩隻手用鐵鍊綁著，這叫作盤頭。靈祐禪師把這個盤頭脫掉了，也就是把百丈山典座的職務卸下來了，結果卻是戴起鐵枷；因爲枷鎖木片是用四根鐵片用釘子釘起來的，而且遠比盤頭的木片更大更重，所以無門禪師說他「便重不便輕」。當然是更重呀！因爲當開山祖師，一定都很累。

所以我一直打妄想：不要自己興建根本道場，如果有人建好了，覺得住持起來很辛苦，就由佛菩薩安排送過來，我們接了就用來弘法，大家不必辛苦興建。因爲開山興建道場是很累人的，一定會把大眾累翻了，真的只重不輕。我現在弘法只是脖子上戴著盤頭，將來真的弄起根本道場來，那可就是鐵枷了。所以我現在還是混一天過一天，將來真要是沒辦法，我們再興建吧。

（編案：因爲一直沒有人送上寺院來，後來每年短期租借新店女童軍中心舉辦禪三，都要臨時布置，解三後得要當晚拆除；從了義正法的殊勝性來說，很不方便也很不莊嚴。所以二〇〇三年夏天買了土地，興建了正覺祖師堂供作禪三精進共修之用；餘地即將興建正覺寺，作爲編輯《正覺藏》之用。）

在世間法「詐習」中的「交誘」和「相調」，都會有嚴重因果；如果是在正法修證與弘揚上，師徒之間也互相調弄：徒弟刺探師父，師父調弄徒弟。繼續「二習相延」，也就是繼續使「詐習」中的「交誘」與「相調」二種習氣不斷繫延以後，將來捨報不免因大妄語業而下墮地獄中，就用自己的業引生的「杻械枷鎖、鞭杖撾棒諸事」來受用；這都是由於對實證的果位說話不老實，才會引生未來世在地獄中要領受的刑具。如果沒有證量，就不要講那些實證的內容。沒那個證量卻特地編造一些子虛烏有的證量，讓人誤認他是「上人」，成爲大妄語人，當然死後要自己領受痛苦了。

十方如來都是看待「姦僞」詐欺等事情，同樣名之爲「讒賊」。「讒」是以虛僞言語欺騙別人，目的是騙人，凡是騙人就是賊。「姦僞」的「姦」是不誠實，就是「奸」的意思。而菩薩看待「姦僞」等事情時，都認爲奸僞不實的行爲是在殘害自己的法身慧命，總是如同遇見一群狡詐凶狠的犲狼時一樣，生起畏懼之心而迅速遠離。然而末法時代的附佛法外道和佛門中的大法師們都是凡夫，卻是個個不畏不恐，大家有志一同示現上人相，廣受禮拜供養而且面無慚色，我眞是服了他們的膽量。

【「六者誑習交欺，發於相罔；誣罔不止，飛心造姦，如是故有塵土屎尿穢污不淨，如塵隨風，各無所見。二習相加，故有沒溺、騰擲、飛墜、漂淪諸事。是故十方一切如來，色目欺誑同名劫殺，菩薩見誑如踐蛇虺。」】

講記：「十習因中的第六種，是虛誑不實的說謊習性，具有交相誣衊欺負對方的心態，發之於外就成爲互相誣衊冤枉等事情；由於互相誣衊冤枉而不能停止，飛動不休的心開始造作奸巧言語等行爲，就像是這樣而產生了未來地獄中塵土屎尿穢污不淨，猶如灰塵一般時時刻刻都隨風飛揚，使住在其中的所有地獄眾生互相都無法看見。由於誑習中的交欺與相罔等二種習慣性的行爲互相加害的緣故，所以有沸屎地獄中使罪人沈沒、陷溺、騰擲、飛墜、漂淪等種種事相。由於這樣的緣故，十方一切如來看待欺騙說謊等事情，同樣都名之爲被劫被殺；菩薩們若是看見了誑語說謊等事，都認爲如同正在以腳踩著毒蛇一般，永遠不犯。」

接下來是講妄語，也就是說謊。妄語就是說謊，用來欺誑或誣衊別人。明明某件事情是正面的，他卻故意彎曲而講成負面的，故意冤枉人。又如每件事情都有前後始末，他卻故意不講前半段過程，只講後面半段過程，故意使人產生誤會。有時則是爲了維護某人而故意把事情扭曲，成爲欺騙說謊，因此成功地誣罔了別人；所以「詐習交欺」總是「發於相罔」，都是在發生了冤枉別人的行爲時，才顯現出「詐習交欺」的心態。爲什麼指陳事實時偏要說謊呢？因爲他看某人不順眼，所以故意扭曲事實，目的是要冤枉那個他討厭的人，這就是「發於相罔」。這樣做了第一次以後，就會有第二次，因爲他漸漸覺得習慣了，所以只要遇到討厭的人，就會扭曲事實誣衊對方；而對方也會同樣說謊冤枉他，達到回報的目的，所以他跟別人之間互相誣罔的事情就不可能休止，這就是「誣罔不止」。

說謊冤枉人的惡事只要起了頭，以後就會越來越習慣；當「誣罔不止」時，心當然是浮動而不能安止的，於是「飛心造姦」；飛動的心是沒辦法澄靜下來的，一定不斷攀緣、四處打聽不利於某人的訊息，目的是取得消息以後加以變造來誣衊別人，專門講一些奸詐的言語，成爲「飛心造姦」的造惡者。由於這個緣故，這些人正在說謊冤枉別人時，就會引生未來地獄中的「塵土屎尿穢污不淨」，等著他們死後去承受。「塵土」是罪人下了地獄以後，肇因於生前總是混淆是非，誤導別人無法看清事實；當他們死後下了地獄，當然就使他們周圍都是塵土飛揚，讓他們東西南北不分，根本看不清楚方向。而且還要使他們到處都會踩到屎尿等穢污不淨，因爲他們生前專門把別人染污，現在就報應在自己身上，全身染污不得乾淨。什麼樣的前因就會有什麼樣的後報，使他們在地獄中「如塵隨風，各無所見」，所以就在到處屎尿的環境中，亂踩一通而渾身不淨。

「二習相加」，當「交欺」與「相罔」二種習慣性的行為，在雙方之間互相加害而形成勢力以後，未來地獄中就會有「沒溺、騰擲」等事由他們自己領受。「沒溺」，譬如下墜於沸屎地獄中，所到之處都是滾沸的屎尿，又深又熱，使罪人下沈陷溺。罪人沈溺以後，就會設法趕快爬上岸；隨即有獄卒將罪人抓起丟向空中，這就是「騰擲」。罪人再度落入深熱的沸屎中，又設法儘快爬上來，獄卒又來抓他再度拋向沸屎中，於是又落入既深且熱的滾沸屎尿中，因此不斷地「飛墜、漂淪」受苦不斷。所以，十方如來看待欺誑誣罔等事情，都同樣當作是在路上遇到被人家打劫殺害一般，要趕快避開。菩薩們看待說謊誣罔等事情，認為做這些事情時，等於是把自己的腳踩在毒蛇身上一樣，將來不免被毒蛇所咬——會害死自己的法身慧命。菩薩們都看清楚說謊冤枉別人時，其實是在害自己，所以菩薩都不說謊冤枉別人。

【「七者怨習交嫌，發于銜恨；如是故有飛石投礫、匣貯車檻、甕盛囊撲。

如陰毒人懷抱畜惡，二習相吞，故有投擲擒捉擊射拋撮諸事。是故十方一切如來，色目怨家名違害鬼，菩薩見怨如飲鴆酒。」】

講記：「十習因的第七種，是因爲想要報復的習性而互相嫌怨，這種嫌怨是發自於記恨；由於這個緣故而感應了未來地獄中的飛石投礫、匣貯車檻、甕盛囊撲等苦事。猶如陰險狠毒的人，在心懷之中緊緊抱著惡心一般，當怨習中的交嫌與記恨二種習氣滋長以後，雙方互相飲恨不忘，所以有地獄中的投擲、擒捉、擊射、拋撮等苦事。由於這個緣故，十方一切如來看到還有人對自己有怨的時候，都名之爲違害鬼；而菩薩看見自己若是對他人生起怨心時，就視同飲用毒酒一般。」

「十習因」的第七種是因爲有怨。怨習產生了，就會與怨家交相嫌惡；而怨習是發自於記恨。瞋、恨、怨、惱是四個法，怒氣生起來了就是瞋，起瞋以後把這個人與這件事情記住了就是恨，思索著如何報復時就是怨，思索完成而付諸於實行即是惱。「怨習」就是常常思索報復的事情，雖然一直都沒有實行思索出來的報復方法，然而怨的習慣養成了就是「怨習」。如果付諸於實行時，就成爲惱。當「怨習」存在時，就會與所怨的人互相「交嫌」，互相嫌厭；而「怨習」的產生，源自於「銜恨」——記恨。既嫌又恨時，凡事埋怨對方的習性就會出現，不論什麼不如意事，都要怨責對方；當他開始怨責對方時，於是雙方就不斷地「交嫌」。

互相「交嫌」的緣故，就會感應出生地獄中的「飛石」或「投礫」，以及「匣貯、車檻」；就是用一個大的木盒把罪人裝在裡面，讓罪人難過；或者在車子上裝個木檻（木籠子），把罪人關在木檻中，當罪人站在其中或者坐在其中，車子就行走在顛簸的路上，使罪人受盡苦楚。銜恨的結果還會感生地獄中的「甕盛囊撲」，譬如把罪人裝到大甕中滾過來滾過去，或者把罪人裝到布囊、皮囊中，然後把那個皮囊撲過來又撲過去。爲什麼會有這樣的苦報呢？全都是因爲生前與人怨惱不斷的緣故，專門在背地裡幹一些說人壞話，或者破壞別人美事等陰毒的罪業。這一類人幹壞事時對方都不知道是誰幹的，他一向都是陰險不露的，這正是「懷抱畜惡」，因爲他胸懷之中所擁抱的全都是長時間累積下來的惡心。

「如陰毒人懷抱畜惡」以後，由於「二習相吞」，也就是後來發展成爲「交嫌」與「銜恨」兩種習氣互相吞噬融合的結果，死後就產生了被人飛石投擲，或者被人擒捉以後「匣貯、車檻、甕盛」，或者被裝入囊中「擊射、抛撮」等等事情，都是很痛苦的事。所以十方如來看到自己在世間竟然還會有怨家，還沒有解除全部怨家的嫌恨心的時候，也就是看到還有人對自己「銜恨」時，就當作是遇到了違害鬼一般，都希望趕快消除掉所有的怨害鬼——「銜恨」。而菩薩看到自己在世間還有怨家的時候，都會想要解除與怨家的怨結，當然不可能讓自己對別人有怨；所以菩薩若看到自己心中有怨時，就會覺得如同還在飲用毒酒一般，想要趕快解怨釋結而把所有的怨都消除掉。

所以十方如來在事相上都不得罪人——永遠不會爲了世俗法的利益去得罪別人，如來在人間示現也不是爲了供養；所以 世尊雖然破斥外道法，但是絕不與外道們互爭供養；乃至 世尊有一次把外道的法義破斥了以後，當時那一份供養是應該 世尊受用的，但 世尊反而捨給外道用，世尊說：「我不是爲食物來與你辨正法義的。」所以那一天 世尊空腹未食。這就是說，在世間法的利益上從來不與外道爭，但是在法理上，世尊卻緊跟著六師外道腳後跟，遍到當時各大城去廣破；這是爲了救眾生，不是與六師外道爭供養，不能混爲一談。然而，如今台灣有很多佛教徒卻弄不清楚這個分際，毀謗說我們在與他們爭利。

像這樣亂說話而不是根據事實來損害別人的名聲，正是「十習因」中的第七種：「怨習交嫌，發于銜恨；」當然將來是有因果的，但他們都不知道。

據說有人在網站上罵我：「蕭平實標新立異，譁眾取寵。」可是問題來了，他們說我標新立異，這也許可以成立，因為我說的法義是失傳很久的如來藏妙法，對現代這些大師們來說，確實是聞所未聞，倒是有那麼一點點標新立異的味道；然而本質仍然不是標新立異，因為如來藏妙法是大、小乘經中都已經說過的法義，不是我新創的，既不標新也不立異。而他們說我「譁眾取寵」就值得討論了！因為，譁眾取寵是說出來的法義並不正確，只是專門為了取悅一般淺學大眾而說的；但我所說的完全不能取悅佛教界的大法師與一般四眾，怎能說是取寵？而我說的又是大、小乘經中已經說過的如來藏妙法，不是新創的，怎能說是譁眾呢？

假使別人說的法義是正確的，我硬把它扭曲成錯誤的，由於扭曲為錯誤以後會使大眾都歡喜，才可以叫作譁眾取寵。但我的法義辨正完全沒有取寵，而且是得罪所有已經被大師印證的學人，也得罪所有迷信大師的佛門大眾，怎能取寵？所以根本就不符合譁眾取寵的條件。如果所說正確，就不符合譁眾取寵的條件；而我們弘揚的法義，他們都可以依據經律論查閱，結果都只能證明我們是正確的，怎能說我譁眾取寵呢？所以他們都是顛倒法義的大是大非；這就成為「怨習交嫌，發于銜恨」了，將來捨報以後是一定會有因果的，只是他們自己都不知道。

在世俗法利益上，我從來不跟任何人相爭，不論他們要怎樣罵，都隨他們去罵。有人問我說：「老師！你都沒有上網去看呀？」我說：「我哪有時間上網去看？」說實在的，我雖然開始用電腦寫書了，只是求快；但我又沒有申請聯接網路，也無法上網。縱使將來有機會聯上網路了，我若是跟他們一來一往唇槍舌劍，那我什麼事情都別做了！而且我習慣於讓人家罵，很多世以來已經被人罵到很習慣了！所以不管他們在網站上怎麼罵，反正動不了我的心。但他們的說法如果會影響到正法，我們就會有同修採取一點小小的行動，寫書辨正他們的落處，讓他們名「垂」千古。我就這樣子做，絕不跟他們對罵。所以如果我們採取了行動回應而寫書了，一定要對當代及後代學佛人都有好處，不能只是在網站上講一講就過去了！而要留下書籍記錄，要使亂謗正法的人名「垂」千古，於是會使許多人得到很大的法益。

當網路論壇上出現潑婦或莽夫時，我如果去回應，那我還是我嗎？那一定證明我是跟他們的層次相當，一定是個不懂佛法的人，那還會是蕭平實嗎？但是我會繼續從根本上救護眾生，不會終止；所以我們這幾天把《狂密與真密》第一輯寄了兩千冊出去，贈送給佛教界各寺院或道場，都附帶《佛教之危機》、《學佛之心態》二書。我們還會繼續再寄以後的各輯；也因為有人發心一大筆錢要救護眾生，所以我們寄送了這些書出去，以後還會繼續再寄。這第一批是寄給佛教各家道場，以後可能還會再寄給圖書館等，所以現在還要增印。但這不是在跟他們爭長短，因為我們從來不跟各道場爭供養，我們也是從來都不接受供養的。

然而我們這麼做的結果，現在台灣四大道場開始緊張了，卻有許多小法師暗地竊喜，因為資源不再全部湧到四大山頭去了。所以有些人說：「**老師！你把四大山頭的法義全都破斥了，他們的信徒要跑到哪裡去呀？**」我說：「**大部分人還是會繼續迷信四大山頭，根本沒有影響。不迷信而能夠瞭解法義辨正內容的信徒們，也還有很多地方可以去呀！那些沒有名氣的小法師們程度也不比四大山頭的大師差，他們那邊一樣可以去護持呀！何必一定要跑到四大道場去？**」四大山頭的大師們講的法義，也都是很淺的世俗法，甚至還不如某些小法師說的好。此外，來我們正覺同修會修學，也是一條正路呀！小法師們收不了的，我們正覺可以收嘛！雖然並沒有條條道路通羅馬，但是有很多路可以走，並不是無路可去，所以不必擔心。提出來問我的人，當然是一片慈悲，但不必擔心四大山頭的佛弟子們沒地方去，因為有很多小山頭可以去，不必一定要迷信四大山頭。

因此，在救護眾生上面，該做的法義辨正還是要繼續做，被扭曲的法義真相還是要繼續辨正，但我們不跟他們爭資財，這就是我們的立場。如果是因爲心中有怨而評論他們，那我們就有過失；譬如以前高雄某法師蒐集《護法集》燒掉，現在也有一些密宗道場在收我們的書去燒掉，我都知道，但我不跟他們生氣，只覺得他們很愚癡，只覺得他們很可憐；而我不心疼那些被燒掉的書，因爲他們三年、五年後，可能也就轉變想法了！那時他們要怎麼懺悔、補救，也是他們自己的事，與我無關，我都不會因此而生氣或歡喜。因爲眾生本來就是愚癡的，當我接受這個觀念時，看到他們造作愚癡的行爲時，當然不會生氣。明知道那些眾生是愚癡的，他們造了這種愚癡的事，你還對他們生氣，那你就跟他們一樣愚癡了，是不是呢？而且，這種事情永遠都會有，佛世就已經有這種事情了，所以我們接受了就不會有瞋恨或怨惱。

如果有了「怨習」，就應該如同犯了違害鬼一樣；「違害鬼」是說你如果違了他的所欲，他就想要害你。菩薩若是看見自己心中有一絲的怨，就應該感覺自己好像喝了一些毒酒一樣。因爲世間人和我們不同，世間人之所樂，是我們所要丟棄的；世間人念念不忘，可以怨恨到極點，但我們絕對不能和他們一樣。如果心中有怨有恨，就表示自己的層次不斷地往下掉，豈不是和眾生一樣了嗎？假使心中有怨也有恨，已經是「七情三想、八情二想、九情一想」了！這正是我們應該遠離的「情」呀！如果已經離情而純想了，怎麼會有怨、恨呢？而我二千年來已經被那些誣謗的人鍛鍊到很習慣了，所以人家罵我、打我，或者拿我的書去燒了，或者罵我是十大外道之一，都由著他們去燒、去罵，我無所謂，該做的還是繼續做，不受影響。

當我該做的事情全部做完時，他們就不會再罵了，因爲所有法義都如實呈現完畢了！如果我還沒有做完，他們就會繼續罵；當他們繼續在罵的時候，就表示我應做的工作還沒做完，所以我就繼續做。因此我都不必回應他們，只從佛教正法的根本努力去做就行了，這才是最重要的事。我們從根本上做，而不跟他們一來一往一一回應，就表示我們不是因爲有怨而做。所以，我們從根本上做，是要讓眾生把錯誤知見扭轉回來正知正見中；也幫那些毀謗正法、誣衊我的人，從錯誤知見中扭轉過來，正是救護他們，當然不是怨，而是在建立正法未來流傳的基礎，是在救護一切眾生。

所以有些外道毀謗說：「六師外道走到哪裡，世尊就隨後破到哪裡，這不是怨恨，又是什麼？」那真是欲加之罪何患無辭？因爲 世尊根本不與六師外道爭名聞與供養。六師外道每到一個城市，就毀謗世尊；等他們聚集一堆人，毀謗了一段時間以後，世尊就前去破斥六師外道；這樣子遍歷當時各大城，遍破六師外道，同時便救了許多人成為佛弟子，也有很多人因此而實證佛法。世尊是人天至尊，何必這麼辛苦不斷去破斥？都是為了要救護被六師外道誤導的眾生，絕對不是因為怨或惱而想要使外道難過。同理，我們正覺同修會也一樣，不因為那些人毀謗，我們就生氣；但是我們必須救眾生，眾生被那些人的邪見誤導那麼嚴重，我們就去救；但這跟怨無關，得要分清楚。

【「八者見習交明，如薩迦耶見、戒禁取、邪悟諸業，發於違拒。出生相返，如是故有王使、主吏、證執文籍；如行路人來往相見，二習相交故有勘問權詐、考訊推鞫、察訪披究，照明善惡童子手執文簿辭辯諸事。是故十方一切如來，色目惡見同名見坑；菩薩見諸虛妄遍執，如入毒壑。」】

講記：「十習因中的第八種，是因為對於『眾生我是否真實有』產生了錯誤見解熏習，而與他人在邪見中交相發明，譬如在薩迦耶見、戒禁取見，以及在邪謬錯悟中造作種種狡辯的業行；這種見習交明而使我見邪見更加深厚，其實是發源於對無我真相的違拒。人人都有出生與互相往返等世間事，由於這個緣故而有國王所派遣的使者與主掌的官吏，來證實及收執某些文籍；所以猶如行路人來往相見一般，當見習中的交明與違拒等二種習氣互相交錯的緣故，便有被勘問時的權巧詐說、主吏的考訊與推鞫、使人的察訪與披究，以及照明善惡童子的手執記錄文簿而以言辭辯論種種事情。由於這個緣故，十方一切如來看待惡見時，都同樣名之爲見坑；而諸菩薩看見眾生種種虛妄而普遍錯執的惡見時，都當作猶如墜入有毒的深坑中一般。」

「十習因」中的第八種是「見習」，是講聰明伶俐者對於眾生我是否真實有的各種見解熏習。聰明伶俐而且善於詭辯的人，諸位只需觀察現在台灣佛教就會知道了，那些大法師們都落入「見習」之中；當他們跟眾生相接觸時，處處都在表示他們沒有無明，事實上卻都落入「見習」無明中。「明」就是沒有無明，而當代聰明伶俐的大師們自以爲沒有無明，實際上卻都落在薩迦耶見中。我們就來舉證某些例子吧！譬如惟覺法師說：「清清楚楚、明明白白、處處作主的心就是真如佛性。」這是不是薩迦耶見？（眾答：是。）是呀！因爲落入識陰中的意識我，並且還加上作主的意根我，是標準的薩迦耶見：身見、我見。又譬如有大法師說：「一念不生、了了分明，放下煩惱時，就是開悟了。」這也是薩迦耶見，因爲落在意識覺知心中，不離識陰境界。這樣已經有二大山頭了：中台山、法鼓山。

佛光山也是一樣，離不開意識覺知心，連離念靈知的境界都沒有。慈濟的證嚴法師也是一樣，她的《心靈十境》中認爲：心中要無念。這也是一樣落在意識境界中，具足薩迦耶見。我們再把層次拉高一點，講意識細心——細意識。請問這是誰講的？（眾答：印順法師。）還有一個密宗地位最高的喇嘛，他覺得意識細心似乎不夠瞧，所以主張極細意識心常住；這是誰講的？（眾答：達賴。）正是達賴。意識心不論粗細，全部都是意根、法塵相觸爲緣而從本識中出生的，所以佛說：「諸所有意識，彼一切皆意法因緣生。」不論什麼樣的意識，不論是多麼微細的意識，所有意識、一切意識全都是藉意根與法塵爲緣才能出生的。十方三界中最微細的意識是非非想定中的定心，這就是極細意識，仍然是識陰我、眾生我，不離十八界我。

你們看，這些大師們表現出來都好像沒有無明了，各個都是一副很有修證的樣子。而我這個人，從來沒有排場，人家看到我的時候，大約都會覺得我似乎是沒有什麼修證的樣子，跟俗子凡夫沒有兩樣，所以我沒有「見習中的「交明」顯現出來。但是諸大法師們的明相很明顯，他們與別人交往時，讓人感覺他們似乎是沒有無明的，頭頭是道而顯得很明——很有修證的模樣。可是他們爲什麼各個都落在薩迦耶見中？爲什麼全都落在我見中？都因爲解脫道的觀行全然沒有實修，而他們對十八界的基本法義也都沒有理解，更別說是通達了。所以他們都沒有斷我見，結果就會出現「**戒禁取**」。

「**戒禁取**」是施設錯誤的觀念，誤以爲那樣認知、那樣修行就可以證得解脫果，不許徒眾們違背他所作的施設或規定。所以這些大師們往往這樣說：只要認定一切法緣起性空，就可以證得初果、二果、三果、四果。但他們的緣起性空，卻都圍繞著我所來說緣起性空，不是在眾生我、蘊處界我上面來觀察緣起性空，所以都錯了！他們都不是在蘊處界的緣起性空上面用心，不是在斷我見我執上面用心，都只是在我所(也就是我的眷屬、我的事業、我的家庭等我所)上面說，自己也不在這上面用心，連我所執都斷不了，也無法斷除薩迦耶見，更無法把意識的我執、意根的我執斷除。可是他們卻施設說：**如果不作緣起性空的觀行，你就違背佛戒；觀察各種我所緣起性空以後，就可以證得解脫**。這樣來制定戒禁，就叫作戒禁取；是以錯誤的知見產生了不如理作意而施設戒法，這種錯誤的見解就是戒禁取見。由於有「**戒禁取**」，就會引生「見取見」；「見取見」是一直想與別人比較：**我這個看法超**

勝於你，你那個見解不如我，你必須改變自己的見解。但他的見解其實是錯誤的，卻硬要別人把正確的見解改變，認同他的錯誤見解；這就是「以鬥爭爲業」，於是「見取見」就分明顯現了。現代的大法師們正是如此，所以當我們開始弘揚如來藏妙法時，他們都在私底下加以抵制，只是不曾落實在文字上面；這種私底下進行言語上的鬥爭行爲，就是見取見在作怪。

接著由於薩迦耶見、戒禁取、見取見三者互相增上，就會有「邪悟諸業」出現；這就是基於邪悟而指責正法爲邪法，接著滔滔不絕講了一大堆自以爲是的佛法，教人應該如何修證解脫道，又說解脫道完成時就是阿羅漢，阿羅漢就是佛。連解脫道、佛菩提道都分不清楚，我見也都具足存在，竟然敢要求別人改變正確的修證來配合他們。那麼他們爲什麼會產生這個狀況呢？都因爲「發於違拒」。佛陀在經中所講的「要斷除我見和我執」，他們都斷不掉，又恐怕別人因此說他們沒有開悟，都是凡夫，所以各個都違抗拒絕而不願斷除我見與我執，繼續主張意識是常住不滅的真如心。

不但會外的大法師們如此，我們會中的某些學員也是一樣；平常在禪淨班上課時，親教師們不斷地殺大眾的我見；可是去到禪三精進共修時，我在第一天也是先殺我見，可是有些人的我見真的很韌，我又鋸又斬的，還是鋸不斷、斬不斷。所以他找到如來藏時還是不肯承擔，直到我把他的我見完全斬斷時，他才肯承擔如來藏心；否則就不肯信受那個真實心是如來藏。有的人悟不來，並不是不知道如來藏的所在，而是我見（薩迦耶）死不掉，始終活著不曾死，所以不敢承擔這就是如來藏（編案：二〇〇三年初退轉的楊先生、法蓮師等人即是如此，創立意識離念靈知心爲如來藏。詳見《真假開悟》、《假如來藏》……等書中的辨正）。人家是死後活不了：我見死盡了，可是不知道如來藏在哪裡，法身慧命活不出來。但他是根本就沒有死，我見沒有死盡，怎麼可能活出法身慧命？

如今四大山頭的大法師們也是這樣，他們的我見都死不掉，法身慧命如何能活過來？那些大法師們都是認定離念靈知或是放下我所煩惱的覺知心是真實不壞我；聖嚴法師甚至還教大眾要「把握自己」——教大眾把虛妄的意識自我抓得緊緊地，我見永遠都死不掉，怎能活出法身慧命來？其實他在一千年前就知道如來藏的所在了，是我幫他找到的；但是他疑心病很重—疑見很強—始終不信受，克勤大師認爲他的悟緣未熟，所以制止我進一步幫他斷除疑見。由於這個緣故，所以我這一世就不敢爲他明講，也不敢想要強行幫助他證悟。如果向他明講如來藏的所在，他一樣會繼續生疑不信，還有可能公開寫書否定，當然不能看在往世的師兄弟情分上，再度強行幫他找到如來藏，除非他的疑見已經確實斷除了。

四大山頭的大法師們，以及釋印順、達賴喇嘛，全都落在薩迦耶見中，戒禁取見也都分明存在；所以我們不斷寫書出來說明：離念靈知是意識，意識是生滅心，落入離念靈知境界就是錯悟。但他們全都違抗，都拒絕接受，所以到現在爲止，他們都還不肯承認意識是生滅法，未來數年仍將如此（編案：這是二〇〇三年元月初旬所說，截至此書出版時，台灣四大山頭仍不承認意識覺知心是生滅法，不肯斷除薩迦耶見）。所以在可預見的未來十年中，四大山頭與印順、達賴等人，仍將會繼續爭執說：**離念靈知是真如心，放下我所煩惱的覺知心就是真如心，細意識是常住不壞的真如**。他們也許還會有徒弟振振有辭說：**「請你蕭平實去讀《楞嚴經》，《楞嚴經》中說能見、能聞的就是真實心。」**（編案：此書出版時，四大山頭迄未有人如此；但大陸元音上師的門人劉東亮，曾與元音的師弟徐恆志聯手，於二〇〇〇年主張能見之心即是真如佛性，二〇〇二年又在大陸「中華佛教在線」網站刊登邪見；本會去函要求更正未果，乃造書辨正，詳見本會結緣書《護法與毀法》，二〇〇三年出版。）

可是他們仍將不會知道自己誤會《楞嚴經》，除非將來我們講完整理出版了，而他們也能讀懂。然而這四大法師爲何會如此呢？都因爲四大法師死不掉薩迦耶見。我們很明確指出來：意識是眾生我，是生滅心，主張意識心常住即違背無我法；否定了意識心，就是斷除我見。但他們都因爲執著意識是常住我，所以都違抗排拒而不肯接受，這就是「見習交明，如薩迦耶見、戒禁取、邪悟諸業，發於違拒」。都因爲太聰明，以爲可以不必真參實修就能證悟成爲聖僧；然後互相閱讀對方的書中所說，發覺大家都同樣「悟」得離念靈知；同樣的錯悟者交互熏習聰明伶俐的見解，所以有志一同努力主張意識是常住我。他們這樣不如理作意思惟，以不如實法度眾生，未來捨報後當然要負誤導眾生的因果。

如果再否定如來藏妙義，極重的毀謗法寶惡業又成就了，捨報下地獄以後，將會如同人間「出生相返，如是故有王使、主吏、證執文籍」一般，於是在地獄中就會有「勘問權詐、考訊推鞫、察訪披究，照明善惡童子手執文簿辭辯諸事」等著他們。如果沒有否定如來藏妙義，也沒有抵制正法，就不會有這些事情等著他們。「如行路人來往相見，二習相交」而出現的各種官衙中事一般，當我們說意識是生滅心，在斷我見時是必須完全否定意識的；但我們說完以後，他們都不信，於是私底下以言語和徒弟們「來往相見」時就否定說：「蕭平實說『認定離念靈知常住時就是墮入我見中』，我偏偏說這不是我見。」於是就與徒弟們一往一來，認定意識是常住心，持續否定如來藏妙法。甚至指示徒眾化名上網辯論，在網路上一來一往不斷主張意識是常住心。這都是考量名聞、利養，所以「發於違拒」；或者是太執著自我，一直想要「把握自我」，不忍意識自我被否定，所以「發於違拒」；因此越發使他們的我見、戒禁取見更加堅固，永遠無法斷除。

爲了佛教正法的久遠流傳，實在不得已，我只好每年寫公案拈提來辨正意識是否爲常住心。其實我已經寫到很膩了，因爲意識的生滅性，只是佛門與醫學上的常識，聖教量中也處處這樣開示，本來不需要互相辨正；可是我卻還是要繼續寫，因爲他們始終不肯承認意識心是生滅的。我希望明年公案拈提的書，只要今年再寫一輯就結束，不要十全十美，應該寫到第七輯就夠了；然後把第一輯重寫，讓大家免費換新書。我想七輯已經夠了，不必寫到第十輯。但他們沒辦法斷我見、戒禁取見，全都是因爲名聞利養的考量，所以持續「發於違拒」；如果今年底開始到明年二月、三月，他們不再違拒了，我就永遠不再寫公案拈提，甚至連第七輯都不用出版，我就可以多註解一些經典，乃至某一些重要的菩薩論也可以註解。

可是他們一直大力宣揚意識是常住心，我就必須繼續寫作公案拈提的書籍，這就表示他們不能斷除我見、戒禁取見的原因，都是「發於違拒」；「發於違拒」的原因則是考量名聞與利養，恐怕承認自己悟錯了以後，信眾流失了，道場就不再像以前那麼風光了。然而越是努力主張意識常住不壞，邪見的因果就越重。還沒有捨壽以前，就因爲生前「二習相交」的行爲，也就是「見習」中的「交明」與「違拒」，二者互相交錯而造作許多抵制正法的行爲，於是就在地獄中產生了將來捨壽以後應該領受的惡報勢力；於是他們將來死後下了地獄，就會有「勘問權詐、考訊推鞫、察訪披究，照明善惡童子手執文簿辭辯諸事」，那時已經來不及補救了。

「權詐」的事相，在現代法院中是每天都在上演的；犯罪者總是運用種種權詐手段與言語，希望瞞過法官，獲得無罪或很輕微的處罰。犯罪者被抓了，有關單位的主事者就得「考訊推鞫」；如果「考訊推鞫」以後還是弄不清楚事實真相，就派人出去「察訪披究」；同樣的道理，在地獄中也有這些事相。然而推究這些事相出生的原因，都是因爲在世間法及出世間法中，有了不如理的「見習」——各種不如理見解的熏習，是與大眾交明（交相發明）而產生的，卻都是因爲違拒別人的說法，想要別人都認同自己的主張：意識我是常住不壞的，五陰之中確實有識陰我是常住不壞心。都不認同別人所說五陰全部虛妄的說法，對證悟者所說五陰我、意識我生滅不住的見解，永遠「違拒」，於是「見習」的「交明」功能就繼續往偏差的方向發展，永遠無法與佛法中的無我見相應。

不如理作意的「見習」，爲何會「交明」——爲何會交相發明呢？都是因爲薩迦耶見、戒禁取以及邪悟諸業無法斷除，所以「發於違拒」；也就是說，「見習交明」的原因就是堅持我見、戒禁取，以及錯悟以後爲人錯說法等事業不肯改正，所以當別人提出能夠幫大眾斷除我見、戒禁取及邪悟諸業的正理時，這些大法師們必然會「發於違拒」，於是就會極力抵制；死後就會下墮地獄中，於是將來死後面臨「照明善惡童子手執文簿辭辯諸事」，那時是無法逃避的。所以，十方如來看待惡見—看待錯執生滅法爲常住法的邪見—同樣都名之爲「見坑」；因爲「見坑」會使人跳不出邪見深坑，永遠與解脫的實證無緣，更與佛菩提道的實證絕緣，也就是會遮障法身慧命的出生。而菩薩們若是看見各種虛妄的普遍執著時，都如同自己墜入有毒的深溝之中，都要趕快脫離；因爲自己假使有錯誤見解成爲妄計的時候，就會產生普遍的執著而造惡業，來世必定會引來業報之苦，所以一旦落入惡見之中造作邪悟諸業時，必定同於墜入毒谷之中死亡，當然要趕快遠離。

由於這個緣故，我們知道邪見的事實真相以後，當然應該想辦法把眾生從大法師們的邪見深坑中救出來。但是如果被我救出邪見深坑了，可別在背地裡說我不圓融；因爲她既然被我救出邪見深坑了，就應該認同我破邪顯正救護眾生的行爲，應該說我很圓融才對，不該再說我不圓融。因爲她是被我救出來的人，她沒有資格說我不圓融；如果不是我破斥邪見而使她遠離邪見，她如今都還陷在邪見深坑中，何況能出來當親教師度人遠離邪見？老實說，她自己根本就出不了邪見深坑，全靠我幫她斷除邪見和親證如來藏，才有今天的智慧與功德。我已經救她出來了，也幫她親證如來藏，還拉拔她當上親教師了，所以她應該說我是最圓融的人；因爲我正是如同以前努力救她一般，繼續拯救陷在深坑中的大眾，這才是真正的圓融。

別因爲我救護眾生時手段強烈，就說我不是菩薩。菩薩慈悲心腸，不一定要用慈眉善目來表現，反而是天魔波旬專門用慈眉善目來表現，眾生只看假慈假悲的表相就被天魔迷惑了。而且，當眾生無明所罩而不能瞭解正理與邪見的分際，還在繼續努力維護那些殘害他們法身慧命的大法師時，我若不拿出霹靂手段—不舉出大師們的落處—來辨正法義，眾生們能真的理解邪見與正理的分際嗎？當然不可能理解，所以當眾生一心崇拜名師而不樂於分辨法義的大是大非時，我就必須這樣子做。文殊師利菩薩手中拿著什麼劍？智慧劍！專門砍眾生的邪見，這是以極強烈手段來破除惡見；所以我舉出大法師的錯誤說法來辨正，還算是溫和的呢！文殊菩薩甚至還在 世尊授意下，配合世尊演出一齣無生戲：仗劍逼佛。她既然當上了親教師，就不該如同未悟的大眾一般只看表相，應該從本質上來看待法義辨正的正當性與必要性（編案：二〇〇一年十月出版的《我與無我》，正是在這種背景下演說的）。

一般學佛大眾並不曉得事實真相，他們只能看到表相而無法看到真相。你們既然有因緣進入正覺同修會，我再三把事實真相舉出來給你們知道，那麼你們就應當有智慧看清事實真相，別再像會外人一般只看表相。應該看清楚是那些被我所評論的大師們主動抵制如來藏，但我所弘揚的如來藏妙義不容他們否定，否則正法就沒有未來遠景，所以我只是被動回應。我也說過，我主動招惹的只有密宗與印順法師這兩派，因爲他們把佛法弄到支離破碎，也是最嚴重破壞佛教正法的大邪見。我可以這麼說：他們是把三乘菩提從根砍掉，不是只動到枝葉而已，所以我必須主動辨正他們的邪見。其他的都是由他們先抵制正法，而我作了回應，都不是我主動去做。

甚至以前高雄有一位鑾有名氣的法師蒐集《護法集》整箱燒掉，現在藏密也有一個道場在收集我們的書去燒掉，但我並沒有寫書評論他們，也不想指名道姓破斥他們，所以你們沒有聽我講過這兩個道場，這是因爲他們的行爲還不是最嚴重的破法；而密宗的所有法義，以及印順承襲自密宗應成派的意識中觀，是把三乘菩提的根砍壞，所以我不能不加以辨正。我的作爲主要是在弘揚正法上面，不是要跟眾生諍勝，所以這兩個道場蒐集我們的書籍燒掉，我並不與他們計較。我的目的是要把眾生的邪見砍掉，把眾生的薩迦耶見、戒禁取見斷除，讓眾生回到正法中來。那些迷信、崇拜大法師的人，當然一時無法接受；但是我很有耐心，也許三年後、五年後他們會改變，或者十年、二十年以後會改變，所以我不與他們計較；而我寫書辨正法義的目的，只是要幫助他們斷除惡見。當上了親教師的人，對這個真相應該具足理解，不該因爲我辨正印順法師的錯誤法義，就背地裡說我不圓融。

斷除眾生的惡見時，所謂擒賊先擒王，一定要從惡見的根本下手斷除。所有惡見的根本其實是我見、身見，梵音是薩迦耶見。惡見是修學佛道的第一個障礙，如果惡見沒有破除，修學佛道的第一步一定會走偏，接下去就會越走越偏離正道。同修會最近常常接到國外寄來的感謝信件，他們讀了同修會的書，才知道原來佛法不是那些大法師們所說的那個樣子，終於明白佛法實證的路應該怎麼走，有很多人說讀後很感動而痛哭流涕，所以寫信來道謝。他們也很感嘆，說自己生不逢時，不能出生在台灣親近正法。所以諸位想一想：自己是不是真的有福報呢？（眾答：有。）是呀！如果沒有福報，哪有可能進到正覺同修會來？何況她是在我幫助下明心而且擔任親教師了，更應該明白我破邪顯正的目的是在救護眾生；因爲我不指名道姓辨正法義以來已經五年，一點兒效果都沒有，各大山頭都是繼續抵制而沒有絲毫改變，而眾生也都迷信他們的大名聲，所以我根本無法獲得救護眾生的效果。而且那些大法師們都在私底下努力否定我們的如來藏正法，這也都是事實；身爲會裡的親教師，對這一點應該比誰都明白，怎麼還要扯我後腿呢？

諸方山頭都在想方設法要推翻同修會的如來藏妙法，然而推翻到後來的結果，只能證實正覺同修會的如來藏妙法是正確的，所以現在可以說佛教界的學人中有一個很普遍存在的想法：正覺同修會的法是正確的，其他道場都沒有人證悟；但是我不想去學，因爲正覺批評我師父。眾生就是這樣情執深重，這一類人目前大約是「六情四想」的人，那我們就多作一些法義辨正，幫他們加速吸收正法；但也要給他們一段時間來吸收正理，一定要有一段時間讓他們漸漸轉變。我從來不期待他們會立刻轉變，所以我繼續寫書流通出去，是有心理準備的：兩、三年內學員不會增加，只會保持現況，因為他們心中有「起煩惱」。（編案：這是二〇〇二年十二月上旬後所說。）但是沒有關係，等到三年後佛教界的諸方大眾弄清楚法義真相了，那時再一起來參加正覺同修會；不過那時正覺講堂可能會很擁擠，我有這個心理準備。所以說，惡見是在學佛中最嚴重的一個障礙，因為會誤導眾生；當學佛時在第一步就走偏了，接下去的每一步就全都偏差了！所以學佛最重要的第一件要務，就是斷除惡見。

【「九者枉習交加，發於誣謗；如是故有合山合石、碾磑耕磨，如讒賊人逼枉良善。二習相排，故有押捺搥按、蹙漉衡度諸事。是故十方一切如來，色目怨謗同名讒虎，菩薩見枉如遭霹靂。」】

講記：「十習因中的第九種是枉習交加而持續增長，這種枉習是發源於誣謗的行為；由於這個緣故，死後在地獄中才會有合山合石、碾磑耕磨，猶如生前當讒賊時在冤枉威逼良善的人一樣。由於『枉習』的『交加』與『誣謗』等二種習氣互相排比在一起，所以地獄中就有押捺搥按、蹙漉衡度等種種事情。由於這個緣故，十方一切如來看待怨心誣謗的事情時，同樣都名之爲讒虎；菩薩若是看見誣枉他人的習性時，都如同遭遇霹靂震擊一樣趕快遠離。」

你們有很多人明心了，現在講的這一些卻與悟後起修有關，聽講這些經文時不可以當作與自己無關。如果悟了以後不在滅除性障上面用功，不論在一切種智中如何努力修學，永遠都到不了初地；因爲十迴向位的每一個階位都將走不過去；若是想要走完十迴向位，必須永伏性障如阿羅漢，也就是證得四果解脫以後再留惑潤生；如果不能永伏性障如阿羅漢，那要如何進入初地呢？如果悟後還在迷戀以前所跟隨的大法師，那他們是絕對無法入地的。大法師們全都還沒有斷我見，更沒有明心證如來藏，都是沒有證量的凡夫；他們跟著我已經斷我見，也明心證如來藏了，是有證量的賢聖，是應該由大法師們來崇拜他們才對，不該由他們繼續崇拜及維護大法師們。否則我是要認定他們的智慧還沒有生起或者退失了，所以沒有慧眼判斷自己與大法師的證量差異，就表示他們如今退轉後的智慧等於還沒有見道。

菩薩也不必對阿羅漢過度崇拜，當你崇拜而投入感情時，阿羅漢對你卻是很無情的。定性阿羅漢都很無情，他們捨報時一定不受生再來人間，他們才不管眾生會不會繼續輪迴。他還沒捨報之前都會隨緣度眾，但不會像菩薩一般很積極去做。所以定性阿羅漢們不會這樣想：「**眾生好可憐，我得要為眾生多做一點事。**」俱解脫阿羅漢們到了傍晚，各個都入滅盡定去了，才不管誰沒有證得解脫；所以阿羅漢們雖然是人天應供，我一樣評論他們。還有，在世間事上面，你沒辦法依靠阿羅漢；當你有危難時，他們不會為你喪身捨命的。乃至 佛陀度他們成為阿羅漢了，有一天，大醉象奔來時，阿羅漢們可都溜走了！都沒有人陪在 世尊身邊保護。菩薩卻與阿羅漢不一樣，如果是菩薩們跟在 佛陀身邊，那時菩薩們會跑到 佛陀前面設法嚇走或引開大醉象。所以當時只有阿難菩薩沒有走人，是因為對 世尊有絕對信心，也因為他是菩薩根性。

所以在救度眾生的大事上，還得要依靠菩薩才能持續努力做。但是你們有因緣進來同修會中，有時也得要自己秤秤看：「**我算不算菩薩種性？與菩薩的根性是否符合？**」如果你跟菩薩的根性不契合，那你將來走這條路時一定不好走；當人家在佛菩提道中走一大步，可能只要一、二秒鐘；同樣這一步，你可能要走二、三年。同理，要趕快把不好的習性修除掉，那你悟後修道才能走得又快又輕鬆；如果不趕快修除性障，就只能永遠停在第七住位中；別說十住、十行、十迴向位，連第八住位都到不了。不論智慧怎麼好，終究會被性障障住，永遠都進不了初迴向位，無法極力救護一切眾生離眾生相，因為恐怕影響到自己以前跟隨過的大法師，被情執綁住了。

所以「十習因」的內容，諸位都要注意，也要付諸於實行，所以要時時觀行：「我有沒有什麼地方犯了十習因？」要常常在這上面觀行。在正法道場中修學了義妙法時，如果不把「枉習」修除掉，這一世就算真的明心了，還是會因為「枉習交加，發於誣謗」而造下大惡業，死後下墜地獄時，三賢十地一切皆失；即使生前曾經明心又見性了，也救不了自己。這在經文後面還會講到，且先不說它。下地獄以後，未來再回來人間時，已經是幾十、幾百劫以後的事情了！因為下地獄以後「三位十地一切皆失」，而三賢位的功德正是明心與見性等；即使入了初地、二地，如果犯了「十習因」之一或是全部，一樣要下地獄；而且是「三位十地一切皆失」，全都保不住。所以對於「十習因」的內容真的要小心，不要違犯。

……（講經前的當場答問，移轉到《正覺電子報》〈般若信箱〉，以廣利學人，此處容略。）繼續講《楞嚴經》一六六頁第一行，上週講到「十習因」的第九種「枉習」，是假藉自己強大的權勢，故意「誣謗」而「冤枉」他人。譬如台灣話說「後山很陡」，或者說「靠山很大」，正是仗恃親友的權勢，故意誣謗別人。常常誣謗別人成爲習慣了，就稱爲「枉習」。爲什麼說是「交加」呢？譬如自己誣謗別人時，需要找朋友來當假證人，爲自己作假證明；後來朋友也要誣謗他人時，自己也得要回報朋友以前的幫忙，所以就去爲朋友當假證人。這樣子雙方互相幫忙作假證明，來來往往而不停止，就是「枉習交加」，所以「交加」就是互相幫忙、互相參與及加入的意思。

「枉習交加」當然也有原因，就是「發於誣謗」；如果不是再三發起誣謗別人的事情，就不會有「交加」的現象出生，當然不會成習，就不會有「枉習」了。由於不斷誣謗別人而成就「枉習」了，於是有所感應而在地獄中出生了「合山合石、碾磑耕磨」等事相，將來等著「枉習」成就的惡人，下地獄中自己去領受。這種惡業受報時當然很痛苦，譬如「合山合石、碾磑耕磨」，是有兩個陡峭的大山擠壓過來，把惡人擠壓成肉醬；或者有兩個大石頭擠壓過來，把惡人擠成肉醬，不然就是大石頭把他碾過去或者把他壓榨。或者有大石輪碾過來，把惡人碾成肉醬；「磑」讀作「位」，就是大石磨，是用大石磨把惡人磨成肉泥；或者把惡人的舌頭拉得很長很廣，釘在地上再用牛拖著犁，在惡人的廣闊舌頭上耕來、耕去；因爲地獄身都很大，也都會因爲業行隨著應受的苦刑而拉長放大來領受極重苦；不然就是把惡人拿來像磨墨一樣地磨，然後由獄卒來收漉血肉糜。惡人都是要在處罰過程完成以後才會死亡，死後不久就重新活過來，再重新受這種長時間的極重痛苦，直到業報償還完畢才會停止。

「枉習」的事情在人間很多，會入地獄中受這種痛苦果報，都因爲生前是「讒賊人」。只要是他看不順眼的人，就向官府進讒言，誣謗善良的人曾經做壞事，因此造了「逼枉良善」的惡事；因爲他陷害良善的人，所以捨報後下地獄中領受這種痛苦；所以地獄中「合山合石、碾磑耕磨」的事情，就如同他在人間「逼枉良善」的情形一樣。在人間，這種事情常常有；古時的調查方法也不像現在這樣科學及進步，所以常常有人被誣謗而逼迫冤枉，有冤無處伸。現代世間由於調查方法進步了，也比較重視物證，所以誣謗的情形比古時少；然而在佛門中，這種事情卻是繼續存在著。譬如常常有人在網站論壇中誣謗我是邪魔或外道，這也是「逼枉良善」；當他們「枉習交加」以後，捨報就難避免這種地獄果報了！因爲他們不但是「逼枉良善」，而且所誣謗的對象還是證悟者，果報一定會更重。並且在他們誣謗我的時候，其實也是同時誣謗正法爲邪法，成就謗法重罪；因爲 世尊在經中說如來藏才是正法，意識是生滅的，他們卻說如來藏是外道自性見，意識是常住法；這是明著違背聖教，公然否定 世尊的聖教，也是變相誣謗 世尊是外道，或者是指控 世尊說法錯誤。這樣具足毀謗三寶的罪業當然是更重的，所以那些人真是愚癡；但我們把這個事實告訴他們時，他們卻不接受，還是要繼續造惡業，看來我們是救不了那些人的。

「**二習相排**」，「排」是「排比」的意思，是並列完成的；譬如「**誣謗**」的事情是一再重複造作的，才能成爲「**交加**」，所以「**誣謗**」與「**交加**」是並列而同時存在的。而「**誣謗**」的事情也是要「**交加**」以後，才會成爲「**枉習**」，所以「**枉習**」是有「**誣謗**」與「**交加**」同時並存的，因此才會稱爲「**二習相排**」。有了「**枉習**」時才會在死後下墜地獄中受這種痛苦，由於是「**二習相排**」的緣故，所以受苦時也是二法相排列在一起才能完成的；譬如合山合石是二山、二石排列在一起才能使惡人受報。所以，當二山二石相合時，或是將惡人碾磑耕磨時，爲了避免惡人逃避，得要有獄卒將惡人「**押捺搥按**」，這個「**押捺搥按**」當然是與苦具及罪人同時排比在一起的。苦刑初步完成時，獄卒還得要「**蹙、漉、衝、度**」等等，使罪人受盡應有的痛苦。這些都是喜歡誣謗別人而成爲習慣的人，成就「**枉習交加**」的惡行以後所應領受的苦果。

「枉習」必然會嚴重障礙修道，如果是誣謗賢聖，將來連見道都不可能。然而由於「枉習交加」而「誣謗」證悟賢聖的事情，是古今都有的事；只是古時賢聖比較多，往往可以互相奧援，所以古時「誣謗」賢聖的事情不如現代多；現代證悟的賢聖越來越少，因爲越到末法時代的眾生越惡劣，弘揚如來藏正法也就越困難，所以古時證悟的賢聖們越不喜歡來，人間的證悟賢聖就會越來越少，因此「誣謗」賢聖的事情就會更多；而末法時代的賢聖獨自住持佛法，也沒有同樣證悟的大師可以聲援，因此末法時代的賢聖遭遇「誣謗」的事情也就會更多。

然而「十方一切如來」看待世間法中以及出世間法中，因爲有怨而誣謗別人的事情，都說是「讒虎」。爲何說是「讒虎」呢？因爲讒言可以傷人，如同老虎會傷人一樣，所以因怨而產生的誣謗行爲就是「讒虎」。心中如果常常有「讒虎」存在，一定會傷害自己的法身慧命，當然要儘速趕出心外，不許「讒虎」繼續住在心中。菩薩們若是看見「枉習」存在時，都會覺得自己如同遭遇霹靂打擊一般嚴重，所以也都要趕快遠離「枉習」。

【「十者訟習交諠，發於藏覆；如是故有鑒見照燭，如於日中不能藏影，故有惡友業鏡火珠，披露宿業對驗諸事。是故十方一切如來，色目覆藏同名陰賊；菩薩觀覆，如戴高山履於巨海。」】

講記：「十習因中的第十種是因爲濫訟成爲習慣而有交相諠競的事情出現，這是發源於對惡事的密藏覆護；由於這個緣故才會有死後在地獄中的業鏡明鑒而能被他人清楚看見，如同放在明亮的燭光下明照，也如同被放在大太陽下照得清楚明白而不能隱藏自己的影子，所以才會有怨家、業鏡、火珠，能夠披露罪人往昔在人間所造的宿業而加以對驗的種種事情。由於這個緣故，十方一切如來看待覆藏這件習性時，都同樣名之爲五陰中的賊人；菩薩觀見自己在覆藏時，就如同頭頂戴著高山在海面上行走一般。」

使人下墮地獄的第十種習氣叫作「訟習」，「訟」是每天不停地爲自己做狡辯的事情；自己做錯了事情卻不承認，不斷地扭曲事實經過；引申出來則是明明知道自己不對，卻爲了保護面子或名聞、利養，反而惡人先告狀，向官府誣告沒有過失的人，造作誣告的惡行。由於人間常有這種事情發生，才會有「惡人先告狀」的俗諺，可見世間不乏「訟習」深厚的人。（編案：二〇〇八年釋昭慧向台北地檢署誣告平實導師的事件，即是現成例子，詳見《正覺電子報》

第 33、34 期，及第 53 至 58 期報導。）

不論是私底下四處妄訟假造的事實給別人知道，或是向官府誣告別人而濫訟，都一定要跟別人交往接觸才能辯解，總不能對著虛空辯解；於是與被接觸者交互言語，所以有「交」。當被接觸辯解的人或是被誣謗濫告的人，聽了以後不同意他的說法時，一定會指責他說話違背事實，講話不誠實；他就會大聲說話極力辯解，雙方一來一往開始互相提高音量，交互喧嘩起來，這就是「交諠」。私底下辯解不實的事實時如此，向官府誣告以後當然也是如此：當誣告者所說不實而被拆穿時，誣告者不知不覺之間就提高了音量，於是成爲「諠」的狀況；如果被告覺得被冤枉而沈不住氣時，急著辯解，音量也會跟著大起來；雙方在法庭中大聲地一來一往時，就是「交諠」了。

被誣告者若沒有「訟習」，就沒有「訟習交諠」的狀況；但誣告者往往是有「訟習」的，不會只是誣告一次，一定會有第二、第三、乃至第六、七次誣告別人。每一次誣告時都想要扭曲事實真相而極力辯解，當然音量都會不知不覺地提高了。也許誣告者每次都自覺沒有提高音量，說自己沒有「交諠」，但是旁觀者都清楚地看見他提高了音量；由於他有誣告的「訟習」，於是便成爲「訟習交諠」了。然而「訟習交諠」的原因，其實都只是爲了想要

「藏覆」事實真相，所以說「發於藏覆」——全都發源於「藏覆」事實真相的企圖。爲什麼想要「藏覆」事實真相就會「訟習交諠」呢？譬如他做了惡事，恐怕被人拆穿而下獄服刑；或者說了謊話，被人拆穿以後恐怕失去名聞、利養，於是向官府誣告說老實話的人，想要藉自己與官府建立的良好關係，作出有利自己而違背事實的判決，扳回已經失去的顏面。這種行爲的背後原因，都是因爲「藏覆」事實真相而引起的；所以說，「訟習交諠，發於藏覆」。藏是隱藏，覆是遮蓋，把事實真相隱藏遮蓋起來，恐怕別人知道事實的真相。當他恐怕別人知道真相時，就會極力「藏覆」；假使被人家揭露真相了，無法繼續「藏覆」時，就假藉新聞媒體或藉著演說的場合，向大眾說謊，或另外編造事實來圓謊。當他很努力在「藏覆」時，你把事實真相講出來，他恨死你了，就會想辦法挽回名聲；這時就會恐嚇你，恐嚇不成時就向官府誣告你，成就「訟習交諠」的習氣；推究其原因，全都是「發於藏覆」。

這種恐嚇，我早就聽多了；那些說假話、覆藏事實真相的大法師們都怕我們講真相，所以當我指出他們「未悟言悟」的事實證據時，他們當然都很生氣。當他們生氣時，就會有徒眾附和及建議，於是就會做出不好的動作。我不相信那些大法師會自己做這種事，不過他們手下的人爲了拍馬屁，總是會有人自告奮勇爲他們做這種事。這種恐嚇，當然不會用正式的信函明寫著，往往是以明信片寫來，希望寄給我的時候，讓同修會大眾們都看得見；有時則是私底下放話，不落實於文字上。不過，我如果怕事，就不會做這些公開指名道姓辨正法義的事。如果我可以被恐嚇成功，九百多年前我就不會被皇帝貶去邊地了！然而貶到邊地以後，我還是繼續破邪顯正、度人開悟，皇帝也沒敢殺掉我。

我從來不怕恐嚇，連專制的皇帝我都不怕了，何況現在民主時代，百花齊放百家爭鳴都不會有事的時候，我還怕什麼呢？如果有人真的要蠻幹，那也沒關係，我就早一點去極樂世界，坐在 觀世音與大勢至菩薩下方，更早一些提升自己，有什麼壞處？早一點去修得八地再回來，有什麼不好？然而，我走了以後，娑婆世界就能由著他們瞎搞一通嗎？不可能的，佛菩薩自然還會派別人來繼續破邪顯正，總是會有人前仆後繼來人間救護眾生的；絕對不是幹掉某一個菩薩以後就永遠沒事了，人間佛教中的正法弘傳，不會那麼簡單就可以永遠解決，所以恐嚇我是沒有用的。（編案：二〇〇八年釋昭慧放話，要平實導師針對《正覺電子報》第 33、34 期刊登她說謊的事實與證據，向她公開道歉，否則將會提出公然侮辱的告訴，因爲她說謊的證據被揭露了。但平實導師不受恐嚇，所以釋昭慧後來向台北地檢署提出誣告。這是她第四次對佛教界人士提告，前三次對佛教界人士提告後來全都成爲不起訴或不受理之案件，此次則是由她在即將進入辯論庭時當庭撤告。此事詳見《正覺電子報》第53期至58期的連載報導。）

當你不怕別人揭露事實眞相時，就表示你沒有「藏覆」，既沒有「藏覆」就不必與別人「交諠」而產生「訟習」。很多年前有一批退轉的人，一起放話恐嚇我，說他們要共同署名公布我的某些壞事。游老師接獲訊息時問我怎麼辦？我說：「沒關係，讓他們去公布！如果他們是個人分開在私底下寫出來公布，才會有可能。如果是要聯名集體寫出來公布，這事情一定幹不成；因爲當某甲寫出某件事情，說蕭平實做了那件事情對不起他，某乙一定會反對，要求不寫這件事情；某乙當然不會解釋反對的原因，因爲那件事正是他幹的。當某乙寫出某件事情時，某丙也會反對，因爲那件事情是某丙幹的。而某丙寫出某件事情說蕭平實對不起他，某甲一定會反對，因爲那是他幹的。所有對不起他們的事情，都是他們那些人幹的，卻都推到我頭上來。所以他們如果聯合起來寫存證信函想要公布我的惡事時，一定寫不成；因爲他們講出來的每件事情都一定會有自己人出來反對，所以一定寫不成，你就別擔心了。」

後來他們果真寄了存證信函來，卻只是短短幾行文字，聲明一起退出同修會；根本沒辦法寫出我幹了什麼對不起他們的事情，因爲每一件事情都會有自己人反對。所以我向游老師說：「安心啦！根本不必擔心，一定寫不出什麼惡事來。」如果是個別寫給我，有可能會寫出來，因爲不知道是誰幹的，卻誤以爲是我幹的。但是他們如果共同討論而準備聯名來寫時，他們之中都有人知道寫出來以後我一定會據實答覆說，這是某某人幹的，過程如何。那他們的惡事就會被拆穿。所以當他們互相討論要寫出我的什麼惡事時，都一定會有自己人反對寫出那件惡事；因爲都是他們自己人幹的，與我無關，後來當然就寫不成了。

所以我沒有值得「藏覆」之事，因此他們到了最後，只好編派一些子虛烏有的事實，只用言語在私底下流傳，不敢落實於文字中。但那些事情卻編派得很荒唐，包括說我跟一位林姓女眾親教師有曖昧。然而我家裡的同修是與我每天二十四小時都在一起，我出門時總是把她拉在身邊預防著；即使禪三在小參室中，我也特地安排第三者坐在旁邊，杜絕未來可能會發生的流言；像這樣子，要怎麼曖昧法？我可不知道。所以他們無理可說時，就編造出這種很荒唐的話，變成無根毀謗，也沒有人會相信。他們想要有根毀謗，作不到，就作無根毀謗；這種流言後來漸漸傳到我這裡來，我說：「歡迎他們隨時打電話來討論及求證。」他們卻又不敢打來了。

這就是說，當你去向對方講出事情真相時，對方一定會大聲辯解，才能顯得理直氣壯，免得人家看穿他的心虛；而一般人被他冤枉時，提出事實真相卻被他當面否認，當然也不會小聲與和氣地說，於是雙方就「交諠」起來，這就是「諠」。做了不誠實之事，或是背地裡做了惡事，當然要遮藏隱覆；由於為了「藏覆」當然要不斷地大聲辯解，於是愛訟的習性就漸漸養成了。由於在世時常常與人「交諠」而成為「訟習交諠」，是經由「藏覆」所引生的，所以捨報以後下了地獄中，就由因果律直接產生了對治法，於是自然會有「鑒見照燭」。「鑒」通「鑑」，就是以明鏡來檢驗；「鑒見」就是以業鏡來明白鑑別，讓在場的所有大眾都能看清楚他在人間幹了幾件誣告別人的惡事。「照燭」是在黑暗的地獄中，自然出生了大火燭來照耀惡人的心地，使惡人的心行無所隱遁。有了「鑒見」與「照燭」，閻王與獄卒就可以依據因果律，執行對惡人的懲罰。

當代佛教界有許多在檯面上的人，都不覺得「藏覆」的嚴重性；你們上過禪淨班的課程，親教師如果沒有忽略職責而有如實教授時，你們就會瞭解覆藏的嚴重性。譬如犯了小戒，覆藏而不發露出來，繼續參加布薩誦戒，卻沒有在布薩之前公開發露懺悔而直接參加布薩；或者雖然沒有參加布薩，可是誦戒時間已經過了，沒有在布薩前公開懺悔，可就罪加一件，成就覆藏罪。罪加一件以後更不想懺悔，又繼續覆藏下去，到下一次布薩時仍然沒有發露懺悔，繼續參加布薩或布薩時缺席而不發露懺悔，這時除了原來的性罪以外，覆藏罪又罪加一等，使覆藏罪成爲重罪；後來又繼續覆藏而參加了第三次誦戒的布薩法會，或者仍然缺席而不參加布薩，逃避發露懺悔，這時除了原來的性罪以外，覆藏罪已經成爲波羅夷罪——斷頭罪，這時是不通懺悔而失去戒體的，死後必下地獄。一旦成爲波羅夷罪，戒體已經不存在了，出家人就失去聲聞僧的身分，不再是凡夫僧寶而成爲身披僧衣的在家人，成爲以在家人身分欺瞞社會大眾——讓大眾誤以爲他仍然是出家人。若是已受菩薩戒的人，不論在家或出家，這時也都失去菩薩戒體了，而且死後必下地獄，「三位十地一切皆失」——所有證量都將喪失；未來世重新回到人間時，還得從凡夫位開始重新修起。所以覆藏惡事的習性是最不好的，應該趕快滅除覆藏的習性。

由於「藏覆」或「覆藏」而常常與人「訟習交諠」的人，死後在地獄中就會有「鑒見照燭」，把他好訟的惡人心行都照明出來；就好像在大太陽下，無法藏住自己的影子一般。而且生前被他誣告或誣訟的惡友們，也會在夢中來到地獄指證他，敘述他在人間幹了什麼惡事，又如何覆藏事實真相，互相對驗事實真相。「藏覆」的表相是不肯承認所做的壞事，然而不肯承認的意思，其實是表示他未來遇到同樣情況時，還是會繼續幹惡事然後繼續覆藏。公開承認而不覆藏時，就表示未來無意再繼續造惡事，也無意再覆藏惡事。所以一切覆藏惡事而「訟習交諠」的人，死後在地獄中，惡友出來指證，業鏡也照明了每一件事實的經過，火珠則是大風吹襲時自己有火光照耀來顯示惡人的所有業行，這些就叫作「披露宿業對驗諸事」。這一類「藏覆」的惡行，在當代佛教界很多，最主要的是暗中修了雙身法或毀破「婬戒、邪婬戒」，成為嚴重毀破聲聞比丘戒與大乘菩薩戒，但是一直覆藏而不發露懺悔，並且在私底下宣稱那是快速成佛的妙道。因此使他們除了邪婬而毀破重戒以後，再加上長期「藏覆」而成就覆藏的波羅夷重罪；並且因為他們宣稱雙身法的邪婬意識境界是成佛之道，又成就謗法、謗佛的重罪，這就不是只會下到這種地獄了，而是會使他們下墜於無間地獄的極重罪了。

由於「藏覆」會產生「訟習交諠」而下墜地獄中，所以十方一切如來看待「藏覆」這件事情時，「同名陰賊」——同樣都把「藏覆」這件事情名之爲自己五陰身中隱藏著的內賊。每一個人自己五陰身中都有內賊，若能轉變內賊，就能進入佛菩提中，同時證得解脫；五陰中的內賊若不能轉，就會在這個「藏覆」心行下繼續造惡業，越來越沈淪。這個內賊就是自我意識心，意識心一向是竊盜法財的內賊，因爲末那識意根雖然會作主，卻都被意識牽著鼻子走，所以意根所作任何決定，都是根據意識的判斷而作出決定；然而意識心最會「藏覆」一切不好的心行，所以叫作內賊。

意根末那識從來都不會覆藏，都是意識誤導而使祂決定要「藏覆」。意識既是識陰所含攝，當然也是「陰賊」，是五陰中導致有情持續沈淪的賊人。所以十方一切如來看到意識起心動念覆藏惡事時，同樣都說「藏覆」是潛藏在五陰中的內賊。菩薩看待「藏覆」的心行而不能斷除時，都覺得自己等於是頭頂上戴著一座高山而在海面上行走—不免滅頂—法身慧命一定會死亡。所以凡是喜歡「藏覆」惡事的人，一定無法使自己的心漸漸轉變清淨，想要成就佛道便不會有機會；等而下之，乃至想要在未來世中繼續當人，也是沒有機會，因爲一定會下沈三惡道中。我推究所有佛教界人士嚴重「藏覆」的原因，就是「純情」——完全在世情上用心而不在佛法上用心。「藏覆」

情況少一些而仍然無法遠離的人，則是「情多想少」的人，一樣會沈淪於三惡道中，並且絕緣於三乘菩提的見道，當然更不可能在修道上有所進展。所以真修佛法的菩薩們「觀覆，如戴高山履於巨海」，都知道繼續「藏覆」而不能遠離時，一定會被「藏覆」這座高山壓到生死大海中，淹死法身慧命。

「十習因」會有以上所說的地獄果報，然而這果報會在什麼樣的處所報應而感受呢？當然是要在六根、六塵上由六識領受惡報，所以就會有「六交報」，於是 世尊接著開示我們「六交報」的道理：

【「云何六報？阿難！一切眾生六識造業，所招惡報從六根出。云何惡報從六根出？一者見報，招引惡果；此見業交，則臨終時先見猛火滿十方界，亡者神識飛墜乘煙，入無間獄，發明二相：一者明見，則能遍見種種惡物，生無量畏；二者暗見，寂然不見，生無量恐。如是見火：燒聽、能為鑊湯洋銅；燒息、能為黑烟紫焰；燒味、能為燋丸鐵糜；燒觸、能為熱灰爐炭；燒心、能生星火迸灑，煽鼓空界。」】

講記：「什麼是六交報呢？阿難啊！一切眾生都是以眼等六識造作惡業，死後由這些惡業所感招來的痛苦果報，當然也要從六根中出生。如何說惡業苦報會從六根中出生呢？第一種是邪見的惡報，死後招引應受的惡果；因爲這個邪見惡業的交感，就在臨命終時首先看見猛火遍滿十方世界，亡者的神識自然飛離身體而下墜，乘著猛火焚燒所出生的黑煙，墜入無間地獄中，隨後便在地獄中發生及明現了二種法相：第一種法相是基於生前明見而不肯改正的邪見，使他在無間地獄中能普遍看見種種恐怖的邪惡之物，由此產生了無量無邊的畏懼；第二種是基於生前的暗鈍愚癡而沒有智慧看見種種邪謬，一味迷信而努力擁護的結果，死後下墜無間地獄中，使他感應寂然無聲而完全看不見的境界，由此緣故在心中生起無量無邊的驚恐。就像是這樣的道理，這個邪見之火：正在焚燒耳聽的時候，能成爲滾燙的鑊湯與洋銅；正在焚燒鼻息時，能成爲黑煙和紫焰；正在焚燒舌味時，能成爲火紅的鐵丸與熔融流動的鐵糜；正在焚燒身觸時，能成爲熱灰與火紅的爐炭；正在焚燒意識的覺知時，能迸出星星一般的無邊火星向外迸灑，煽鼓著虛空界。」

這意思是說：證悟的時候只要六根中的一根能夠返歸一切法源頭的如來藏心與佛性時，六根就可以一一解脫；當迷惑無知而造惡業時，單單眼根一根造作了惡業，就會使六根共同遭受苦報。「六交報」中要先講「見報」。生前惡見、邪見堅固的人，死後下墜無間地獄中，爲什麼會有「六交報」呢？

因為無間地獄中的眾生，前世在人間時都是以六識來造作惡業；既然是由六識造作惡業，六識又是藉六根而出生並且依附於六根來造業的，當然那些以邪見誤人的造惡業者，在地獄中還得要依附於六根來受報，所以成就六根互相交感的惡報，名為「六交報」。也就是在六根功能上面來受苦報，所以下墜無間地獄以後，就從見聞嗅嚐觸知等六種自性上面來領受苦報：由邪見產生的「明見」與「暗見」，造成「見火」焚燒而在六根的六種功能上面受苦，當然識陰六識覺知心就只能被動性地領受六塵中的六種痛苦了。

「六交報」的第一種是眼根引生的「見報」，由「見報，招引惡果」；也就是由於邪見、惡見而報應在「能見」上面的苦報。「邪見」能焚燒解脫功德與實相智慧功德，所以前世在人間扭曲正見而堅持說邪見才是正見的人，他們所堅持的邪見就在死後下墜無間地獄時成為「見火」；這個「見火」會在六根、六識的六種自性上面焚燒，產生了六根中極痛苦的覺受。無間地獄中的罪人，會招引「六交報」惡果的原因，都是因為眼根亂見；明明世間及出世間的正理本來如此，他卻錯見而產生邪見。這本來還可以原諒，但別人把正見告訴他以後，他偏偏要狡辯及扭曲，並且還要影響多數人和他一樣落在邪見中；使多數人跟著他以邪見來壓制正見，或者以捏造的不實說法來誣謗及冤枉別人，於是就有「見火」使他受報。

在人間時造作重大十惡業道的眾生，死後下墜無間地獄時都會具足六交報。生前造大惡業時必定有眼根、眼識的所見，又因爲以邪見誤導眾生，在地獄中受報時，第一種苦果是「見報」；由生前所見自造的惡業而引生這個「見報」，所以死後就招引與見有關的惡果。首先是在臨命終時陷入一片黑暗之中，然後漸漸出現一個景象：「先見猛火滿十方界，」死亡後的惡人神識開始與色身分離，一分一分漸漸飛離色身，一分一分乘著猛火形成的黑煙，下墜於無間地獄中，不經歷中陰身的過程。當人間的色身中如來藏捨離一分時，無間地獄中的地獄身便成就一分；當人間的色身中如來藏捨離五分時，無間地獄中的地獄身便成就五分；當人間的色身中如來藏全部捨離時，無間地獄中的地獄身便具足成就，這時就說那個惡人捨報完成了！不經歷中陰身的階段，這時他的意根和如來藏已經全部都乘著黑煙而下墜無間地獄中了。下墜無間地獄中的有情都是不經過中陰階段的，都是一分又一分隨著黑煙下墜於無間地獄中。

下墜於無間地獄以後，就依「見」的特性而產生兩種苦報；在卷一到卷三的經文中也講過，「見」的兩大種類不外乎明與暗——明中的見與暗中的見。所以下墜無間地獄以後正當「明見」時，是清楚而普遍地看見種種不想看見的景象，所以舉目所見都是令人恐怖、心生驚懼的惡物，使下墜無間地獄中的惡人心中產生無量無邊畏懼。「暗見」就是在黑暗中的所見，則是完全無聲寂然而且沒有任何事物可以看見，由於完全不知環境而產生了無量的恐怖。這就是說，譬如有人在人間時明明知道如來藏是正法，也知道親證如來藏者確實具有賢聖的實質，卻在明知之下故意以邪見爲根據而惡意毀謗及誣枉，這是在「明見」之下所造的大惡業；所以下墜無間地獄時的初報，就是「明見」種種可怖的事情。若是生前的心性是暗鈍而無所見的，純憑師徒情分而一味支持錯悟的師父，在無知的情況下極力爲凡夫師父出頭，盡力幫助師父共同抵制正法、共同無根毀謗真悟的賢聖；死後下墜無間地獄中，就由於這樣的「暗見」業因，引生了「暗見」：「寂然不見，生無量恐。」

當這個無間地獄業的「見火」在無間地獄中燃燒耳根聽覺時，就能成爲滾沸的油湯與極熱的鎔銅，凡有所聽時就在耳根進出，也就是有所聽的時候就會有鑊湯與鎔銅進出耳根。當「見火」燃燒鼻息時，就能成爲黑煙與紫焰進出鼻根；因此才剛下墜無間地獄中的有情，所呼吸的都是黑煙與紫色的火焰；呼吸黑煙已經夠痛苦了，而且又常常夾雜著紫色的火焰，而紫焰是熱度最高的火焰。當「見火」燃燒舌味時，能成爲燒紅的鐵丸與燒熔的鐵漿；凡是所嚐的食物都會變成「燋丸鐵糜」。當「見火」燃燒身觸時，就能成爲燙熟皮肉的熱灰與煎熟腳底的爐炭；所以無間地獄眾生若有所觸時，都會接觸到熱灰與爐炭。當「見火」燃燒心的了知性時，能出生星星一般的微細火粒迸灑四方，煽鼓於虛空界中，形成恐怖的景象；所以這個惡人凡有所知的時候，一定是在了知每一件事物時，都會從覺知心中迸發出無量火星，而鼓動虛空界，每一次迸發時當然都很痛苦。這些由見而生的苦報，都是在人間因爲「明見」與「暗見」而造作惡業，嚴重誣枉人或否定正法、誣謗賢聖；正是由於有所明見而作了不如實說，造了誣枉的惡行；或是由於迷信而成爲「暗見」，無知地跟著抵制正法、毀謗賢聖的師父，共同造作了毀謗三寶的大惡業，因此就產生了因見而生的極重苦報。

【「二者聞報，招引惡果；此聞業交，則臨終時先見波濤沒溺天地，亡者神識降注乘流，入無間獄，發明二相：一者開聽，聽種種鬧，精神愁亂；二者閉聽，寂無所聞，幽魄沈沒。如是聞波，注聞則能為責為詰；注見則能為雷為吼，為惡毒氣；注息則能為雨為霧，灑諸毒虫周滿身體；注味則能為膿為血，種種雜穢；注觸則能為畜為鬼，為屎為尿；注意則能為電為雹，摧碎心魄。」

講記：「六交報的第二種苦報，是由聞報招引六種惡業果報；這個由聽聞而造作的惡業與造業者交感以後，就會在臨命終時先看見巨大的波濤吞沒陷溺了天地，這個造作極重惡業的亡者神識因此離身而降注於波濤水流中，乘著水流而進入無間地獄中，發生及明現出二種法相：第一種是打開了聽聞的功能，卻只能聽到種種鉅大的喧鬧，使他的精神因爲恐怖而迷亂；第二種是關閉了聽聞的功能，完全寂靜而沒有任何所聞，於是幽暗的魂魄便沈沒無知。就像這個樣子，乘水而下能與聞相應的水波，注入於聽聞之時就能成爲聽見責備與詰問的聲音；注入能見之時就能成爲雷聲與鉅吼，成爲惡毒的氣焰；注入呼吸中就能成爲雨和霧，這種雨和霧灑下各種毒虫而周遍罪人全身；注入舌味之中就能成爲臭膿與爛血，使罪人嚐到種種混雜的污穢食物；注入身觸之中就能成爲惡畜與惡鬼，凡有所觸都是屎與尿；注入意知之中就能成爲電光與雷雹，摧碎罪人的心魄。」

接下來是「聞報」所招引來的惡果。這是故意扭曲所聽到的言語而造下重大惡業者應受的果報，這是因聞而生的苦報，所以稱爲「聞報」。譬如有人從蕭平實的書中閱讀或親自聽聞說：「如來藏非有變異非無變異。」他偏要扭曲而向別人說：「蕭平實說如來藏有變異。」想要使人對蕭平實產生負面的印象，遠離如來藏正法的修習；這就是故意扭曲所聞，對人說了不如實的話，或者由聞而做不如實的事。但是毀謗正法、誣謗賢聖，死後一樣會有「聞報」，因爲當他造業謗法、謗賢聖時，是六識同時在六根六塵上面造業的，所以一樣會具足「六交報」，不是單單有「見報」或「聞報」而已。所以當他壽命終了，應該要招感由聞而生的毀謗三寶無間地獄罪現前時，下了無間地獄以後就會招引來「六交報」的全部惡果，不是只有一種苦報。毀謗正法、誣謗賢聖的人，臨命終時六根與「聞報」所產生的業果互相交感以後，首先是一片黑暗，然後漸漸看「見波濤沒溺天地」，就進入死亡捨身階段；亡者的神識一樣不經過中陰身階段，意根和阿賴耶識便乘著生前所見的波濤，降注於波濤中，隨著波濤流入無間地獄去了。

「聞報」同樣有二相，聽聞以及不聽聞：「開聽」與「閉聽」。第一種「開聽」，是使下墜無間地獄罪人的聽聞性打開，處於能聽的具足功能中，罪人便聽到種種極吵鬧的聲音，使罪人心中很恐懼，譬如大山倒下來即將壓死他，或者天雷打下來差一點就殛死他，又譬如千軍萬馬往罪人那裡奔騰過去；如是種種極可怖畏的聲音讓罪人聽到，惶惶不可終日。或許並非惶惶不可終日，而是惶惶不可終秒，這是「開聽」時的苦報。第二種是「閉聽」，讓罪人根本聽不見任何聲音，同時也有「暗見」，於是自己究竟在什麼地方，有什麼狀況，完全不能了知，前途茫茫全無把握，心中越來越恐怖，只想好好保護自己，一心想隱藏自己，於是導致「幽魄沈沒」的境界果報。當然「幽魄沈沒」的果報，遠比「開聽」時的種種吵鬧好，因為「開聽」時就同時會有「明見」的恐怖境界；然而成為「幽魄沈沒」的境界時，難以領受應有的果報，罪人就必須在無間地獄中待更久。如果在人間時又是在正覺同修會中，有勝妙法可以聞熏及修學，當然壽命越長越好；若是下了無間地獄，可千萬不要長壽，越短越好。

像這樣的「聞波」，若是注入「聞性」之中，成為「開聽」時，罪人就會聽聞到種種責備他誣謗親友賢聖的聲音，只聽到眾人都在責備他，猶如成語所說的「千夫所指」，真的很難過。那時只能接受無數的指責與詰問。這個「聞波」如果是灌注到「明見」之中，罪人就看見他的身旁不斷地打雷，而且又看見身旁有種種惡毒的氣焰。如果「聞波」灌注到正在呼吸的鼻根中，就產生了大雨或大霧，以什麼為雨或霧呢？是因為無量毒蟲從空中如雨一般下來，都攀附在罪人身上咬著，全身中毒；或者是毒物如同大霧一般，不斷附在罪人身上，使他中毒，所以是「灑諸毒虫周滿身體」。有的人被蜈蚣爬過去，就哇哇大叫：「老師！你看牠爬過去，我的手都腫起來了！」如果是無間地獄中的罪人遍身毒蟲所螫呢？在地獄中可沒有衣服給他穿，遍身被毒蟲所螫，渾身都中毒，那可不好過。

「聞波」若是灌注在舌根所嚐的味塵中，舌根所嚐的可就全都是臭膿、爛血、屎尿等等雜穢之物。對我們來說，這真是無法想像的苦受，然而這種苦受，對藏傳佛教等密宗行者來講可就不是苦受了；因爲他們生前在人間就已經在吃屎、吃尿、吃血了！他們什麼都吃，不止是交合以後的婬液，他們連女人的經血都能吃，還說吃了會有很好的果證，真是愚癡。這個「聞波」如果是灌注到身上的觸覺中，將會使罪人身上產生畜生或餓鬼的苦受。畜生受，譬如以前豬圈中有一半是屎尿池，夏天很熱時，豬就浸入屎尿池中避暑，其實是很臭很髒的苦受；餓鬼的苦受則是臭穢之物，薄福鬼還得忍受處處屎尿的環境。如果「聞波」灌注到意根覺知心的了知性中，就會常常注意到有雷電冰雹不斷地從空而下，不斷地落在罪人身上，使罪人覺得連自己的心魄都被打碎了一般。這樣的「聞報」，是由六識、六根在六塵上面同時都有苦受的，不是輪流著一根接著一根來，而是每一時、每一刻都同時有六根中的六種苦受交雜在一起，所以稱爲「六交報」。

【「三者嗅報，招引惡果；此嗅業交，則臨終時先見毒氣充塞遠近，亡者神識從地涌出，入無間獄，發明二相：一者通聞，被諸惡氣薰極心擾；二者塞聞，氣掩不通，悶絕於地。如是嗅氣，衝息則能為質為履；衝見則能為火為炬；衝聽則能為沒為溺，為洋為沸；衝味則能為餒為爽；衝觸則能為綻為爛，為大肉山，有百千眼，無量咋食；衝思則能為灰為瘴，為飛砂礰，擊碎身體。」】

講記：「六交報的第三種苦受是嗅報，會招引來惡劣的果報；當這個嗅業與罪人互相交感時，就使罪人在臨命終時先看見毒氣充塞遠近，亡者死亡後神識分分下墜土地之中再從地面涌出，隨即又分分下墜而進入無間地獄中，發生及明現出二種法相：第一種是通聞，被各種極惡劣的毒氣苦薰到極點而使心中擾動不安；第二種是塞聞，空氣在鼻中掩閉不通，以致罪人悶絕於地。像這樣的嗅氣，衝逆鼻息時就能成爲有物質或如鞋子一般堵住鼻根；衝逆能見之時就能成爲大火或者成爲火炬，遮障能見的功能；衝逆能聽之時就能成爲沈沒與陷溺，使罪人只能聽到整個大海洋都被煮沸以後，許多人沈溺在滾沸大海洋中的恐怖聲音；衝逆舌根味覺之中，就能成爲魚肉腐敗或肉羹腐敗的味道；衝逆於身觸之中，就能成爲皮肉破綻以及腐爛的苦痛，或者使罪人身體成爲大肉山，有十萬個洞眼，無量的飛蟲都來咋食；衝逆於意根意識能思能知覺之中，就能成爲熱灰毒瘴，或者成爲飛砂走礫，燒壞、毒爛或擊碎罪人的身體。」

「六交報」的第三種是生前因爲鼻根而造下大惡業，至於是貪什麼香呢？這個貪香有很多種，而貪香之中最嚴重的貪，你們已經讀過《狂密與真密》第二輯，當然已經知道了！貪那種香的結果，一定會每天努力修雙身法。學密的人特別要注意這一點，因爲這種嗅報會招引惡果；當密宗行者爲了貪這種香而努力修雙身法時，尤其是喇嘛們，年老而與「嗅報」的惡業互相交感了，臨命終時「先見毒氣充塞遠近」，不論多遠多近的任何處所，到處都是毒氣。因此導致臨命終的喇嘛們想要藏躲，避開毒氣；這時當然不能往空中躲，因爲空中到處都是毒氣，只能往地面下躲避。於是捨身時一分一分往地下躲避以後，業力所逼就會一分一分在地面湧出來；從地面湧出以後還是想要趕快再躲入地下，免除毒氣危害，所以入地躲藏以後，就在地獄中一分又一分地出現地獄身了。進入無間地獄以後同樣發明二相，這是因爲六根都會有二相，所以這時罪人的鼻根當然也有二相：「通聞」與「塞聞」。

第一種法相是「通聞」，由於鼻根完全開通而具足了能聞的功能，於是被種種極臭的惡氣所薰，因爲極惡、極臭所以心中非常擾亂。譬如有人拿來幾顆已經腐壞再刻意存放了十幾天的臭蛋來，突然把袋子打開，身旁的人一定受不了而嘔吐一場。然而因聞而造大惡業的人下了無間地獄時，極惡劣的氣焰並不是只有像臭蛋一種，而是極多種；所以罪人一心想趕快遠離惡臭毒氣時，跑到別的地方去，卻又有另外一種極惡毒氣，一樣使他受不了；罪人永遠都有受不了的各種惡氣，不論逃到什麼處所都一樣。這就是「通聞」時的果報。若不是「通聞」，那就是「塞聞」，也就是鼻息不通而閉氣，使罪人鼻根塞住而無法呼吸「氣掩不通」，於是不久便「悶絕於地」。也許有人想：「那倒好！成了短命鬼，可以趕快回到人間來。」偏不！罪人才剛剛悶絕，業風一吹，立即又活過來而受苦無間，因爲那裡是無間地獄。五無間中有一種無間就是苦受無間。這就是「通聞」與「塞聞」等兩種果報。

這種「嗅氣」如果衝逆到鼻根中，就使罪人鼻根中成爲有物質或者如同塞進鞋子一般，全都堵住而不能呼吸，當然很難過。應該是鼻根稀鬆無物才能呼吸，如果所呼吸的空氣中有許多細沙塵土，就無法吸與呼了。這時罪人所呼吸的空氣都變成如同有物質一般，必然呼吸極度困難；或者如同鼻根中塞進鞋子而完全閉塞，結果就是無法呼吸而悶絕。如果這個「嗅氣」衝逆到眼根中，也就是「衝見」；那時罪人眼根所見全都是大火或者眼前永遠是火炬，使罪人無法看見別的景物。如果「嗅氣」衝逆於耳根的能聽之中，罪人所聽到的就是滾沸的大海洋中，無數人沈溺在其中的痛苦聲音。

如果這個「嗅氣」衝逆到舌根的味覺之中，就能「爲餒爲爽」。「餒」是很飢餓的意思，也是魚與肉腐敗的味道，「爽」則是肉羹魚羹腐敗的味道。如果很餓，那也是很難過的感覺；但如果正想進食時，所有食物全都「爲餒爲爽」，一樣是全無食慾；若是要勉強進食時，就只能忍受腐敗味道，一面進食、一面嘔吐，勉強吃進一些，真是很痛苦。如果「嗅氣」衝擊到身根中的觸覺，就是全身感覺破裂綻開的痛苦，或者是綻開以後壞爛的痛苦覺受；有時身體又成爲一座大肉山，有「百千」個洞眼，也就是有十萬個腐爛的破洞，每一個腐爛的洞眼中都有無量飛蟲爬進去咬食身體。如果「嗅氣」衝擊到意根與意識的知覺與思量之中；意識是能知能覺，意根是能思量，也就是能作決定；當這個「嗅氣」衝擊到意根意識時，就會成爲所知所覺全都如同時時接觸灰塵與瘴氣，否則就是常常感覺被飛砂走石撞擊的痛苦，總是感覺身體猶如被擊碎一般的痛苦。

【「四者味報，招引惡果；此味業交，則臨終時先見鐵網猛炎熾烈，周覆世界，亡者神識下透挂網倒懸其頭入無間獄，發明二相：一者吸氣結成寒冰，凍裂身肉；二者吐氣飛為猛火，燋爛骨髓；如是嘗味，歷嘗則能為承為忍；歷見則能為然金石；歷聽則能為利兵刃；歷息則能為大鐵籠，彌覆國土；歷觸則能為弓為箭為弩為射；歷思則能為飛熱鐵，從空雨下。」】

講記：「第四種是嚴重的味報，會招引來惡劣果報；當這個味業與臨命終的人交感時，就使罪人臨命終時首先看見鐵網散發出猛炎，而且火焰是很熾烈的，這張鐵網很大而周遍遮覆整個世界，亡者的神識爲了逃避這張鐵網而往下脫逃時，卻沒想到下面也有鐵網，於是亡者神識向下透過鐵網而倒掛於火熱鐵網下，然後倒懸頭腳而進入無間地獄中。進入地獄後仍然會發明出二種法相：第一種是口中吸氣時會結成寒冰，把身肉由內往外凍裂開來；第二種是從口中吐氣時會變成猛火飛出來，把自己的骨髓燒得燋爛。就像是這樣的嘗味，經歷於舌根的嘗性時就能成爲承受以及忍耐；當這個嘗味經歷於眼根能見之中，就能成爲燃燒的金屬與岩石；經歷於耳根能聽之中，就能成爲鋒利的兵刃；經歷於鼻息時，就能成爲大鐵籠而遮覆了整個國土；經歷於身觸時，就能成爲弓箭與弩射來射自己；經歷於意根意識能知覺能思量之中，就能成爲飛空的熱鐵，從空中如同大雨一般落下而燒焦自己的身體。」

爲了貪味而造作種種不應該做的重大惡業，所產生的果報一樣會招引嚴重惡果。譬如以前有國王因爲貪著肉味乃至後來嗜食人肉，每天都要殺人而食，當然是嚴重的貪味惡業。由於貪味而藉口殺人而食，造作了重大惡業，當他與貪味所生的重大惡業交相感應了，臨命終時首先會看見鐵網，而這個鐵網是火熱通紅而散發出「猛炎熾烈」，這個鐵網把整個世界全都遮覆而無遺漏。這時亡者的神識想要逃避空中的鐵網，所以改從地下出離身體；沒想到這個鐵網連地下都有，所以亡者神識下透鐵網，倒掛在火熱的鐵網下：頭先穿過鐵網，腳卻掛在鐵網上而無法脫離。然後「倒懸其頭入無間獄」。

罪人下墜無間地獄以後，同樣有兩種法相，因爲舌味一定是在觸與離之中獲得，所以當他在無間地獄中以口吸氣時，吸進來的空氣就在他的身體之中變成冰塊，於是把他身體冷凍而裂開了：「凍裂身肉」。第二種法相則是以口吐氣時，才剛剛把身中空氣吐出來時，隨即變成猛火飛在身邊的空中，把自己的身體焚燒；所以不論是以鼻呼吸，或是以口呼吸，無非是痛苦，都必須在六根之中受報。所以從口中吐氣出來就「飛為猛火，燋爛骨髓」；這樣一來，當然是隨即死掉了；然後業風一吹又活過來，又繼續受苦，都是由於貪味而造作重大惡業，所以自作自受。

像這樣的「嘗味」業力，若是經歷在舌根的嘗性之中，就只能品嘗鎔銅鐵丸，也只有承受與忍耐，無法逃避；如果「燋爛骨髓」而受不了時，死了以後隨即又活過來，無可奈何、無法逃避，就只能「為承為忍」了。如果這個「嘗味」經歷在眼根能見之性中，所見的一切物品乃至金石，都不免被燃燒，然後轉由自己繼續承受燃燒出來的火熱。這個「嘗味」若是經歷在耳根的聽聞之性中，就能成為鋒利的兵刃，由自己領受這些鋒利的兵刃。貪味而嚴重殺生時，當然是以鋒利的兵刃殺害眾生，所以這時「嘗味」經歷在耳根的能聽之性時，則能成為鋒利的兵刃，要由自己在地獄中不斷地被殺。這個「嘗味」的業力若是經歷在鼻息之中，就能變成大鐵籠，由呼吸不斷地增益這個大鐵籠，把整個世界籠罩住，罪人想要逃脫，完全逃不掉，只能永遠住在大鐵籠中繼續受苦。

這個「嘗味」如果是經歷到身觸中，就會變化為弓箭、弩射；弓與箭是一組，弩與射是一組，那時就用弓箭持續射向罪人。弩是大型的弓箭，也是持續射向罪人；當罪人被弩射中時，整個人就隨著弩射出來的大箭飛出去。如果這個「嘗味」的業力是經歷到意識與意根的能覺知與能思量中，就會變成在天空飛著的熱鐵，這些燒紅的熱鐵從空中好像大雨一般持續灑下來，把罪人的全身都燒燋。這是由於貪味而嚴重殺害眾生，真的不可取；而密宗卻每天都在吃肉，還妄稱誰的肉被他們吃了以後就被超度了。但他們連自己都超度不了，明明連我見都斷不了，連聲聞初果都無法證得，還狂言可以超度被他們貪味而吃掉的眾生。喇嘛們如果還想吃肉時，請他們想一想：吃了畜生肉時，就得跟殺害畜生的屠夫擔負「貪味」的共業，還是少吃為妙。

【「五者觸報，招引惡果；此觸業交，則臨終時先見大山四面來合，無復出路；亡者神識見大鐵城、火蛇火狗、虎狼師子，牛頭獄卒、馬頭羅剎，手執槍矟，驅入城門，向無間獄發明二相：一者合觸，合山逼體，骨肉血潰；二者離觸，刀劍觸身，心肝屠裂。如是合觸，歷觸則能為道為觀，為廳為案；歷見則能為燒為爇；歷聽則能為撞為擊為剚為射；歷息則能為括為袋為拷為縛；歷嘗則能為耕為鉗為斬為截；歷思則能為墜為飛為煎為炙。」】

講記：「六交報的第五種是身觸的果報，會招引惡業的痛苦果報；當這個觸業與造業者交相感應了，臨命終時首先會看見大山從四面前來相合，沒有別的出路可以逃避；那時亡者的神識看見大鐵城、火蛇火狗以及火虎火狼火獅，還有牛頭獄卒、馬頭羅剎，他們手中執持槍槊，驅趕亡者進大鐵城的城門內，向無間地獄中發明二種法相出來：第一種合觸，是以大山合逼罪人的身體，使罪人的骨肉碎壞而血液肉汁如同潰決一般噴出來；第二種是離觸，以刀劍觸及罪人的身體，於是心肝被屠刀割裂而離身。像這樣的合觸，經歷於身觸中，就能成爲道觀，或者成爲廳案；經歷於眼見之時則能成爲焚燒與爇觸；經歷於耳聽時則能成爲撞擊或剚射；經歷於鼻息時則能成爲括袋、拷縛；經歷於舌嘗時則能成爲耕舌鉗舌，或者成爲斬舌截舌；經歷於意識意根能知覺能思量時，則能成爲下墜與飛動而被煎被炙。」

「六交報」的第五種是「觸報」，觸業所生的果報屬於身根，是爲了身根的感官快樂而造大惡業。末法時代這種大惡業很多，當然是指密宗的喇嘛們最多，而顯教法師次之。密宗的喇嘛們總是爲了身根上的樂觸而勾引良家婦女——勾引跟隨他們學密的女信徒；而且都編出一派冠冕堂皇的理由，振振有詞狡辯是爲女徒弟的道業著想。喇嘛們一生都是在追求身根上的樂觸，只要看見別人的妻子漂亮，就設法勾引上床，美其名為即身成佛之道，其實都是著眼在美色與婬欲上面。依喇嘛們自己的說法，應該修成能夠將精液收回身中的功夫以後，才有資格與女人合修雙身法；但喇嘛們都沒有修成能夠收回精液的功夫，而女信徒們也都還沒有受過密灌，喇嘛們卻都一樣引誘上床交合，根本就不是真修雙身法，只是貪婬罷了。（編案：縱使已經修成收回的功夫，女信徒也經過密灌了，喇嘛們所修的雙身法樂空雙運，仍然與佛法的修證完全無關。詳見平實導師《狂密與真密》四輯中的詳細辨正。）

在世俗法中，若是看見別人的妻子、女兒長得漂亮或美麗、端莊，他為了身根的樂觸，於是運用權勢強搶回來，或者臨時起意加以玷污，都是嚴重的身觸惡業。尤其是密宗喇嘛們，他們與女信徒上床合修雙身法時，本身即已是邪婬的大惡業了；若是又因為刻意安排而強制施行雙身法於女信徒身上，不是在女信徒樂意的情況下合修，則是邪婬大惡業再加上強姦大惡業；這絕對是邪婬罪的根本罪、方便罪、成已罪具足，死後一定無法逃避無間地獄業。這都是為了身上的樂觸追求而招引惡果苦報，名為「觸報」。當「觸業」交感時，犯了這種大惡業的喇嘛們在臨命終時，將會先看見四大山從四面合擠過來，沒有處所可以逃脫；接著看見大鐵城，城中有火蛇火狗，以及火虎、火狼、火獅；在大鐵城中還有牛頭獄卒、馬頭羅剎，如同台灣民間信仰中，道士懸掛的地獄景象中的牛頭馬面一般。那些牛頭與馬面，都是手執槍矟。槍，是在長木棍的一端裝著菱形的尖刀，諸位在戲劇或電影中都看過。譬如《水滸傳》中的武術教頭林沖，他使得一手好長槍。矟即是槊，是長木竿上裝著兩叉或者三叉的鐵器，用來叉住罪人。牛頭獄卒與馬頭羅剎，是專門驅趕罪人進入大鐵城中，這一進去就是無間地獄了。

進入無間地獄以後，仍然會發明出兩種法相來，第一種是「合觸」，這些惡人生前在人間時，或者常常誘惑良家婦女合修雙身法，或者常常搶奪或強姦良家婦女；既然他們那麼喜歡強逼和合，下了地獄以後就感應「合山逼體」。這種惡人才剛剛進入無間地獄，見面禮就是立刻以聳峻的山，從四方逼過來；那時惡人想要從上方逃走，卻有獄卒在上方「押捺搥按」，無處可逃；當惡人被四山合擠以後，「骨肉血潰」，全都壓得潰爛了，獄卒就隨後「蹙漉」，將潰爛的身體每一處都加以擠壓瀝乾，痛苦無邊。整個受苦過程完成以後，業風一吹又活過來，又有一個全新的地獄身，於是又繼續壓擠，繼續受苦，這就是「合觸」之苦。第二種痛苦是「離觸」，是用刀劍接觸惡人身體，譬如把惡人的手割掉，讓他的手離開身體，既失掉了手，又產生極痛的苦受，這種苦受就是「離觸」。或者把惡人的內臟挖出來，讓他原有的內臟離開他的身體，產生了「離」的痛苦，導致「心肝屠裂」，這就是「離觸」。在無間地獄中，「合觸」是痛苦的，不論接觸到什麼事物，全都極端痛苦；然而所有的「離觸」也都是很痛苦的；所以不論是「合觸」或「離觸」都是很痛苦，沒有一種觸是美好的感覺。

「如是合觸」，像這種在人間造作的「合觸」業行，若是在其餘五根上面報償時，「歷觸則能爲道爲觀」。「道、觀」，本來在古時都有特定的意涵，演變到後來「道觀」已經是指稱道教的寺廟了。「道」譬如皇帝派任某甲爲「山西道」，就是離開京城以後，直到山西這一條路所經過的所有省份，都歸「山西道」所管轄，所以這個官名就叫作「山西道」。既然設置了「山西道」，就得有一個總管理處，那裡就是「山西道」的官衙，這個官衙就稱爲「道」;「山西道」要管轄這麼大的範圍，不能只有一個處所受理政事，當然要在很多處所分設辦公處，這些分設的辦公處便叫作「觀」，帶有觀察地方政事的意思；把「道」與「觀」合稱，就叫作「道觀」，所以一道之內有很多觀。在「道」與「觀」中，每一處當然都要施設辦案用的公廳，所以叫作「廳」;公廳中要施設案桌，才能辦案；譬如古裝劇中，縣太爺問話時坐在案桌後面；有時他想要強調語氣，就拿起撫尺（世俗法中叫作驚堂木），往案桌猛力敲下來，被敲擊的桌子就是「案」。當惡人被審問時，他的「觸報」在經歷身觸時，就會有道、觀、聽、案出現。

他的「觸報」如果經歷眼根上的能見時，就會產生燒爇；凡是他所見的物品都會燒起來，然後往他身上爇。他的「觸報」若是經歷到耳聽的部分時，就會成爲「撞擊」與「剚射」。撞擊是以粗大重物在身體表面猛撞，「剚」是用刀叉一類鋒利尖銳物品刺進惡人身內，所以說爲「剚射」。「觸報」若是經歷到鼻息的時候，就會成爲括、袋以及拷、縛；括，是一堆人把惡人包攬過來，使他被壓制在一處無法動彈；袋，是隨後再用袋子將惡人裝進去；然後加以拷問或者另外再加以綁縛。如果「觸報」是經歷在舌嚐之中，便「爲耕爲鉗」。耕舌，是因爲他的舌頭喜歡亂講話或誑妄說法，想要顯示他有廣長舌；所以下了無間地獄以後，真的讓他也有廣長舌，就是把他舌頭用鉗子拉出來，並且拉得又寬又長，然後獄卒驅趕很多鐵牛鐵犁，在惡人既廣又長的舌頭上面耕來耕去。鐵牛鐵犁耕得差不多了，要結束時就用刀子將惡人舌頭斬成很多截，或者剪裁成很多截；當惡人痛死過去以後，業風一吹又立即活過來，重新再受苦。「觸報」若是經歷到意根與意識心中的思量與覺知性中，就會使惡人往上飛升、隨即重重下墜於地；然後再把他驅趕到鐵板上煎，或者把他叉來火上燻、烤。這些都是喜歡以不正當手段貪求觸樂的果報，凡是邪觸都要領受這種果報。

密宗那些人為什麼不肯讀《楞嚴經》呢？如果他們讀到這裡，就應該要趕快把雙身法捨棄了，為什麼還要繼續不斷地狡辯呢？甚至大陸有一位女眾想要說服一位男眾：「你們應該要學密宗，密宗才是最好、最究竟呀！」正巧這位男眾有一到四輯《狂密與真密》，全都讀過了，就向那位女眾破斥，但那位女眾大聲質疑說：「你不知道雙身法的妙處，怎麼可以亂講？你這樣是謗法，要下地獄呵！」所以這位男眾聽了以後，心裡覺得很難過，心想：密宗裡的人怎麼迷信到這個地步？所以他就寫了一篇文章〈大陷阱〉，說密宗是個大陷阱。我們把它貼到公告欄中，而且認為密宗真是個特大號的陷阱，千年來把很多學佛人都陷在邪法中。所以他寫了這篇文章也算是功德一件，諸位若是有空，可以讀讀看。

這就是說，凡是貪求邪觸所產生的果報，往往會造下謗法、破法、謗賢聖的大惡業，也會因為貪求邪觸而常常造下邪婬毀戒的大惡業；所以古時官家強盜強搶人家的良家婦女，密宗那些喇嘛們如今則是每天勾引別人的妻子，只要看她們長得美麗，就千方百計勾引；所以他們都犯了邪婬大惡業，也毀破了菩薩十重戒，並且是世間法中的妨害家庭罪與通姦罪，而他們弘傳的雙身法本質還是以外道法取代佛法的破法重罪。這種人死後當然要領受「觸報」所感生的種種苦報，將來會多麼慘痛呀！可是他們現在還執迷不悟、振振有詞地狡辯著。

【「六者思報，招引惡果；此思業交，則臨終時先見惡風吹壞國土，亡者神識被吹上空，旋落乘風，墮無間獄，發明二相：一者不覺，迷極則荒，奔走不息；二者不迷，覺知則苦，無量煎燒，痛深難忍。如是邪思，結思則能為方為所；結見則能為鑒為證；結聽則能為大合石、為冰為霜、為土為霧；結息則能為大火車、火船、火檻；結嘗則能為大叫喚為悔為泣；結觸則能為大為小，為一日中萬生萬死、為偃為仰。」】

講記：「六交報中的第六種是思報，會招引惡果；當這個思業，與這個因思而造作惡業的人互相交感了，當他臨命終時會先看見惡風吹壞國土的景象，這時亡者的神識被吹上天空中，隨即落下來而乘著大風，墮入無間地獄中，發明出二種法相來：第一種是不知也不覺，當他迷惑到極點時，心中生起荒亂，所以就在無所見的情況下四處奔走而不能停息；第二種法相是看得清楚所以不迷亂，然而一旦有所覺知就全都是痛苦的覺受，開始無量無邊永無休止的煎、燒，痛苦非常地深刻而難以忍受。像是這樣的邪謬思惟，凝結了邪思就能造就四方與處所，凝結了邪見便能成爲明鑒與作證的功能；凝結了耳根的能聽就能成爲大合石，也能成爲冷冰與凍霜，或者成爲塵土與毒霧；若這個邪思凝結了鼻息功能，便能成就大火車與火船、火檻；若是凝結了舌嚐就能成爲大叫喚時的後悔與哭泣；這個邪思若是凝結了身觸時，則能使惡人的地獄身變大或變小，也能使惡人在一日中萬生萬死，然後常常因爲俯身或仰身時就壓折身體。」

「六交報」的最後一種是邪思與意根意識相應的果報。生前老是作不正當的思量，所思量的全都是自己利益上的考量，不是在眾生的利益上思量；若是佛門中的法師，不是在佛教正法的利益上思量，都是在個人一己的利益上面考量，所以造作了抵制正法的惡業，當然會有因邪思而引生的果報，這種「思報」一定會招引死後的惡果。當惡人純由私心與邪思而造作惡業，到了臨命終時，這種邪思的惡業與他互相交感時，這個惡人會先看見兇猛的惡風吹襲，把國土都吹壞了！這時亡者的神識也就是意根、阿賴耶識被業風吹上天空中，不久便落下來而墜入猛風之中，然後乘著猛風下墮於無間地獄中。

下墜無間地獄以後，意根意識也會有兩種法相顯現出來：明與不明。也就是能知覺與不能知覺。第一種法相是「不覺」，就是完全不覺不知外境。由於對六塵中的任何一法都無法覺知，於是心中無所根據，「迷極則荒」；這時不辨東西南北，不論什麼都無法覺知，心中茫然而不曉得該怎麼辦；於是四處奔走，希望奔走到一個能夠覺知而可以辨別自己所在之處，卻始終無法有所覺知而永遠奔走不停。如果有人接受全身麻醉的手術，在手術完畢將醒未醒時，一直想要了知六塵卻無法了知，也就是想要醒過來卻又醒不過來時的狀況，就很類似這種情況。如果永遠都處於這種狀況中，一定「迷極則荒」；如果永遠都只能處在這個境界中，一定難過到極點；那時一定想要遠離這種境界，於是四處「奔走不息」。第二種法相是「不迷」，是一旦能夠覺知的時候，所有的覺知都會使罪人受苦無量，因為那時的果報就是要他覺知到「無量煎燒」，所以痛苦是無邊無際的。在無間地獄中，所有的覺知都是用來領受痛苦，而不能用來領受樂受與不苦不樂受；所以那時不斷的煎或燒，譬如放在鍋中不休止地煎，或者被放在火上不停止地燒著；那真是痛苦到身心深處而很難以忍受的呀！所以說「痛深難忍」。

所以邪思的果報，也就是不如理作意的思惟與考量，會有很嚴重的果報。眾生如果是被邪師教導而產生了不正確的思量，還是情有可原的；若是教導眾生的上師，處處作出種種邪思量，譬如密宗硬要狡辯說：「雙身法可以成就報身佛果，比顯教的成佛果位還要高。」真是邪思量，而且是每天都把眾生誤導去邪思的方向中，全都是因為考量名聞與利養而不肯放棄既得利益，惡意繼續維護原來的邪思，於是「思報」便成就了。最後，當這種「邪思」集結在意根與意識的思量性中，就能在地獄中凝結為方向與處所；於是把惡人侷限在一個地方，讓他無法出離而結成方所，這就是「為方為所」。

「邪思」若與能見互相凝結起來時，便能成就鑒照或證明自己惡業的功能；到那時再辯解說：「雙身法明明正確的，因為那是即身成佛之道，為什麼卻害我往生到地獄中來？」再怎麼說明與狡辯都是沒有用的。因為「結見則能為鑒為證」，所以那時自己也會知道全都是狡辯，也知道繼續狡辯是沒有用的；因為那時地獄中自然會有方法以他自己的思與見，來證明他在世間所說全都錯誤。如果這個「邪思」與耳根能聽互相凝結起來，便能夠「為大合石」，每天不斷地合擠這個邪思者；或者凝結「為冰為霜」，不斷把惡人身體冷凍開花、痛苦難當；或者「為土為霧」而把惡人身體凍裂，使惡人身體與寒土寒霧凝結爲一體。

這個「邪思」若是與鼻息互相凝結時，風助火勢，就能凝結成爲大火車、大火船、大火檻。大火車，就是讓具有邪思的惡人坐在大火車中，車中全都是火，由鼻息感應大風來吹襲，使車中的大火更加猛烈，更痛苦；否則就是坐在大火船中，滿船都是大火；不然就被關在籠子中，籠中全都是大火；同樣都由鼻息感應大風，不斷地吹猛裡面的大火，增加罪人的痛苦。「邪思」若是與舌嚐互相凝結起來，就會使惡人每天從早到晚極爲痛苦，不得不一直呼天搶地而大聲叫喚；並且痛苦地悔恨，痛苦地哭泣。如果「邪思」是與身根覺觸互相凝結，就會使惡人色身變成很大來受廣大罪，或者變爲小身來集中所有痛苦在同一處領受；然而不論是忽然變大或者忽然變小，同樣都要領受很多的極重痛苦，「爲一日中萬生萬死」。在這種極痛苦的情況下，身體也不由自主地「爲偃爲仰」；或者俯臥而壓折了身體持續被凌遲，或者仰臥而壓折了身體持續被凌遲。以上講的是六根所交感的苦果報應。這些都屬於下墜無間地獄中所領受的正報，關於正報的部分還有一段補充說明。所以佛陀接著總結說：

【「阿難！是名地獄十因六果，皆是眾生迷妄所造。若諸眾生惡業圓造，入阿鼻獄受無量苦，經無量劫。六根各造，及彼所作兼境兼根，是人則入八無間獄。身口意三，作殺盜婬，是人則入十八地獄。三業不兼，中間或為一殺一盜，是人則入三十六地獄。見見一根，單犯一業，是人則入一百八地獄。由是眾生別作別造，於世界中入同分地；妄想發生，非本來有。」】

講記：「阿難！這是我所說的地獄十因六果，全都是眾生迷惑於虛妄理所造作出來的。如果諸眾生是無惡不造，已經藉六根圓滿具足造作這十種大惡業，進入無間地獄中領受無量痛苦時，將會歷經無量劫才能受報完畢。若是六根各別造作的業，以及六根所造惡業的境界，是兼有六塵境界也兼及六根，這個惡人就會進入八種無間地獄中。若是身口意三類具足造作，所造作的殺盜婬三類大惡業也都具足造成了，這樣的惡人就會進入十八地獄中一一受苦。如果殺盜婬三業不具足，在三業中間只是造作一個殺人惡業、或者只有一個大盜惡業，這個人就會進入三十六地獄中一一受苦。若只是由能見的眼根在所見的色塵中造業，由於這只是一根單犯一業，這個人的罪業最輕，就進入一百○八地獄中一一受苦。所以各種不同的地獄，是由於這些不同眾生各別所作業行而各別所造就的，才能於三世四方界中進入地獄的眾同分境界中；所以這些地獄本來就是從惡業眾生的虛妄想之中發生的，並非本來實有的境界。」

講到這裡，地獄形成的十因六果都說清楚了，接著當然要針對阿難菩薩所問：「地獄是哪裡來的？是本有或是後有的？」作出結論：地獄並非本來就有，是因爲造作惡業的不同眾生，各別造作了不同的業行，心性惡劣的程度有重有輕而產生了不同的地獄。所以地獄非本來有，是因爲眾生心性極惡劣而造惡，所以才出生的；由此緣故，地獄有情的眾同分，也是基於他們心中的妄想而造作惡業才產生的，不是本來就有的。如今這十因六果，也都是在正報上面解說，還沒有談到餘報。

世尊接著詳細解說：以上所說的十因六果，都是由於各類眾生迷於真實理，被眼前的世間表相利益所迷惑—譬如名聞與利養—因此而造作了惡業，全都是依於六根而在六塵之中造作惡業。如果有眾生在六根、六塵與六識中，是具足十八界的惡業，並且已經圓滿造作完成四大惡業的全部，也就是具足殺人、大竊盜、常常邪婬（常常婬人妻女）以及大妄語等身口意三種惡業中的最重業；這就是說，六識在具足六根、六塵的情況下共造惡業，殺盜婬妄等三種身口意惡業中的最重業也都全部造就了，成爲「惡業圓造」。這是十因六果中的最重罪，是第一種造惡的人，即是心性最惡劣的有情。這種人是惡業最嚴重的，死後一定要進入阿鼻地獄中，承受無量劫之久而且是五種無間斷、無間缺的無量痛苦；並且不是只有一世承受，是要經過無量劫承受無量痛苦。這個無量劫可就難以想像了，因爲一般的地獄時間雖比人間長很多倍，終究不像阿鼻地獄的長劫；在阿鼻地獄中受罪一劫，可就很難計算了；因爲阿鼻地獄中的一天等於我們人間六十小劫；想想看：阿鼻地獄中的一大劫，等於人間多少年？真的很難計算；可是六根、六識、三惡業最重罪都已經「惡業圓造」的大惡人，下墜阿鼻地獄中受無量苦，是無量劫而不是一劫，這要怎麼承受呢？

有一些世間人並不瞭解「惡業圓造」的嚴重性，而且造惡業是很容易成功的，未來下地獄時承受的果報，卻很不容易承受。換句話說，容易造的業將來不容易受，不容易造的業將來卻容易受。如何是不容易造的業？譬如行善，都是要很辛苦去造，未來世領受時卻很容易受，而且快樂的時光總是一會兒就過去了，所以不容易造的業未來很容易受。可是容易造的業，很快速、很輕鬆地造完了，幹惡事時都很快、很容易，譬如破壞別人的名聲、財產等等，都很容易；但是造惡雖然很快，譬如殺一個人，殺他三、二刀就解決了，而他的父母養大他卻是二十年的難事。而這種惡業容易造卻不容易受：若是犯了容易犯的大惡業，在阿鼻地獄中受無量苦時，時間是無量劫，不是一劫、二劫。這個道理是法界中永遠不會改變的真理。

在天地間最重大的惡業是什麼？諸位可以列舉看看，當然是五無間重罪：出佛身血、殺阿羅漢、破和合僧、殺父、殺母。只要犯了其中一項，就成為一闡提人，名為斷善根人，死後必須往生阿鼻地獄中。除了五無間業，世尊在《楞伽經》中也說了另一種無間地獄業，一樣成為斷善根人，名為一闡提人，就是「謗菩薩藏」。凡是毀謗如來藏勝法，或是毀謗大乘經典的人，都是「謗菩薩藏」，世尊說這種人也是一闡提人，說這種人是「一切善根悉斷」。這些重罪如果真的想要造作，只要稍微計劃一下，其實都是很容易做成功的。大眾也都不想犯這五逆重罪，可是五逆重罪的定義，很少人能夠清楚了知，所以往往犯了以後都還不知道呢！

諸位大概很少人思惟過五逆重罪或者「謗菩薩藏」的內容，如果詳細思惟過，一定不會違犯。但是很多人不曾思惟它，所以很容易犯；往往以為做了某件事情、說了那幾句話，都跟五逆重罪、五無間業無關。都沒有想到：往往一句話講出來時便成就五無間罪了。譬如有人事先計劃好，列出一連串的題目預防別人提出反問，然後寫文章公開質疑說：「哪裡有什麼如來藏？法界中根本沒有如來藏可證；說有如來藏，是世尊的方便說。」這樣便成就謗法、破法重罪！才這樣幾句話，根本、方便、成已罪都具足了，也是出佛身血、謗菩薩藏，阿鼻地獄罪已經圓造了。這真是很容易造的大惡業，可是將來在未來世中卻很不容易承受。其他部分，且聽下回分解。

上週有人給我一份從網站上節錄下來的，是說現代禪要成立一個印順學術研究基金會，這是他們網站上貼的文章，而昭慧法師給他們的一個回覆。不過我們在這裡要宣布的是（因為我們宣布了，風聲自然會傳過去），將來他們研究的結果，如果是把印順法師正確的法義跟錯誤的法義全部都演述出來，而不是偏在他的正確部分，也不是把印順錯誤的說法當作正確的說法來講；如果是如實把印順正確的、錯誤的全部都表顯出來，我們是認同的。因為人家說法正確的地方，我們不可以扭曲及否定，但是不能專撿他的正確部分來說，也不可以把他的錯誤強行曲解為正確的；如果現代禪這樣做，當他們的研究結論出版時，就是我開始評論現代禪的時候。到目前為止，我還沒有評論過李老師，我也一直不願意評論他，因為居士弘法很困難，這是我能體諒的。但是如果他要和稀泥，要跟破壞正法的邪見混在一起，我是無法接受的；所以我今天做出這個宣布：如果現代禪將來出版的書中評論是沒有偏頗的，是把印順的思想如實的評論（錯誤的說是錯誤，正確的說是正確），那我是認同的；但是如果作扭曲的解釋，我就會開始評論現代禪，也會針對他們出版的結論加以評論，我在這裡先作一個公開的聲明。（編案：後來現代禪將釋印順的謬處提出來辨正，沒有將其錯誤思想曲解附和為正確。平實導師亦保持原有的友善態度，仍不評論現代禪。）

繼續講《楞嚴經》，上週講到一六九頁第六行：「入阿鼻獄受無量苦」。阿鼻地獄，上週最後說明是因為造了五逆大惡業，或者「謗菩薩藏」，所以都會進入阿鼻地獄受苦。可是五無間業，還有別的解釋，譬如殺父是指殺害無明父，又如殺母是指殺害貪愛母等等，這五種無間業造作以後不但無罪，而且還有大功德；這部分就請直接閱讀《楞伽經詳解》，我就不重複講解了。關於五無間業，其中就有兩種世間法：殺父，殺母。父母是欲界眾生的至親，若是連至親都可以殺，這種人當然不具有人性。既不具有人性，又不具有畜生性、餓鬼性，就只剩下地獄性，當然得要下地獄了。所謂虎毒不食子，虎狼專門獵取眾生肉維生，所以虎狼心最毒；但牠們長大以後依舊不會殺害父母，所以在世間法中，凡是殺父、殺母的人都是沒有人性，連當畜生、餓鬼的資格都不夠，當然要下阿鼻地獄去當地獄眾生。

世間人也常常有一句話咒人：「竟然有人敢欺師滅祖，將來得要下阿鼻地獄！」不論是小說或戲曲中，都常常會讀到或聽到這樣的言語，都是指責忘恩負義的人。父母推乾就濕，二十年的辛勤教養，才能有這麼一個子女長成，所以子女應該感恩父母，當然不該殺害或忤逆父母。同理，父母生了這個色身，卻是師長給了他們法身慧命；父母恩是世間恩，辜負父母而加以殺害，就得要下阿鼻地獄；如果是法身慧命的父母，是出世間法的極重恩，恩德更大，竟然蒙恩以後還要作無根毀謗，這可不只是忘恩負義，而是欺師滅祖了！因爲這是出世間法，而且是三乘菩提的最根本、最重要妙法，竟然可以妄加否定；並對法身慧命父母編造莫須有的罪名，加以無根毀謗，這也是無根毀謗根本上師。又將阿賴耶識如來藏正法推翻，新創想像的第九識真如心來出生阿賴耶識如來藏心，這其實是邪見、顛倒見，是同時具有毀謗法寶的本質，將來也是要入阿鼻地獄，下墜進入以後是無量劫的極重純苦，千萬不要輕心小覷。（編案：否定正法是極重惡業，譬如《增壹阿含經》卷三十六〈八難品〉：「然眾生之類殺害父母，壞佛偷婆，鬪亂眾僧；**習邪倒見，與邪見共相應**；一切不可療治，以是之故，名爲阿鼻地獄。」）

在阿鼻地獄中經過一個無量劫極苦，別人修學佛道早就成佛了。因爲阿鼻地獄一天等於人間六十小劫，再怎麼愚鈍的人，也早就完成十迴向位而入初地了；他卻還在無間地獄中，才剛剛過完一天，都還不知道何時可以離開阿鼻地獄。縱使受完阿鼻地獄的無量劫極苦，準備要離開無間地獄時，後面還有非無間的地獄與餓鬼道等正報等著他，然後才是生在畜生道中償債的餘報；等他回到人間時，別人可能已經由初地修完第二大無量數劫而進入第八地了，他還在十信位的凡夫位中摸索呢！所以做這種事情的人真是很無智，這是擁有世間聰明智慧的人所幹的事，不是有出世間智慧的人所幹的事。至於下去阿鼻地獄無量劫受苦，這個無量劫還只是正報的一部分；後面還有餓鬼道的正報，在下一段經文中就會講到。（編案：時值二〇〇三年農曆新年放假期間，楊先生等人相約離開同修會，宣稱已證得佛地真如，並稱**是由眞如心出生阿賴耶識**，實質上新創第九識真如法，卻是回墮離念靈知意識境界中，開始慫恿二年來極力串聯的會眾離開同修會。當時正覺同修會台南講堂由法蓮師主持改弘新創的第九識真如心，楊先生等人不久之後也在台北市信義路成立講堂，共同大力否定阿賴耶識，說阿賴耶識不是如來藏、不是真如心，並印「書」公開否定平實導師及阿賴耶識。平實導師委曲自己，極力攝受他們而未能成功，隨即公開預破楊先生等人必定返墮意識離念靈知心中；並預記他們久後仍須偷偷回歸阿賴耶識，但不會公開承認。後來事實也證明他們是返墮意識離念靈知心中，以離念靈知建立爲第九識真如心，說是能出生阿賴耶識的常住心。平實導師隨後又證明是他們誤會《成唯識論》義理，即以他們所舉證的論中文字，證明阿賴耶識才是如來藏，才是真如心。楊先生等人無法回辯，隨即由謗法轉爲謗人，經由法□師私下宣稱：「蕭老師在同修會中搞了多少錢？你們知道嗎？」有人請他舉證，法□師即推辭說：「這種事情不方便講。」因此有人請他改以文字寫出來—不必親口說出來—並且願意幫他貼上網站公告天下，破斥平實導師；他亦不肯寫，卻繼續以口頭作這種無根毀謗。所以新春年假之後，平實導師才有以上開示，勸勉大眾避開無間地獄惡業。詳情請見《學佛之心態》附錄〈略說第九識與第八識並存…等之過失〉一文，以及其後出版的《真假開悟》、《假如來藏》、《辨唯識性相》、《識蘊真義》、《燈影—燈下黑》等書。當楊先生等人離開同修會以前，正在私下串聯而否定阿賴耶識及無根毀謗平實導師之時，正好本經宣講到「十習因」，每次講經後楊先生聽完離去時都是滿臉通紅。當他們離開同修會前，正在私下無根毀謗及否定阿賴耶識，說阿賴耶識不是如來藏時，《楞嚴經》也正好宣講到無間地獄報；而他們離開時剛剛要開始講解正報中的餓鬼報，亦可謂時節因緣極巧，但終究無法攝受他們回歸正法，他們終究選擇遠離菩薩正道，繼續無根毀謗阿賴耶識，曲解阿賴耶識不是如來藏、不是真如心。**從此時開始，平實導師取消了每週講經前的佛法問答**；因爲檢討後認爲多年來的當場提問與解答，並不能使他們改變邪見，於是將全部時間回歸爲講經而不再作講經前的佛法問答。隨著時日推移，三年以後楊先生等人果真落入平實導師的第二個預記中：偷偷回歸阿賴耶識而不肯公開承認。）

世尊接著說明，這裡面的果報是各人有所不同的，所以總共說了五種造惡業的人。前面所說的無間重罪必入阿鼻地獄中，是「惡業圓造」的人，就是殺盜婬妄等身口意三業中的最重罪全都造了，正是無惡不造的人；也是每一種重罪以及六根全都具足造惡，並且具足實現所造大惡業的境界了，這是第一種惡人，也是人間最大的惡人。其餘四種人所造惡業就漸漸轉輕，原因在於六根與六識各涉入多少？是否六根、六識具足涉入？譬如「惡業圓造」也就是六根具足參與，並且是殺人、大盜、邪婬、大妄語等身口意三種大惡業都圓滿造作了；應該顯現的三種大惡業境界也都具足現前了，這就是「惡業圓造」而且是具足六根與身口意三種境界，這是最重罪，死後必入阿鼻地獄中受苦無間，經無量劫。

若是第二種人，是「六根各造，及彼所作兼境兼根」，是眼耳鼻舌身意六根分開各各造業，是有時爲眼根造大惡業，有時爲身根造大惡業；雖然沒有具足六根，但有時具足五根，有時具足四根，不是具足六根共同造作惡業，所造的惡業就比阿鼻地獄業輕一些。如果所造作的惡業是兼有一切境界—兼有六塵全部境界—譬如不是只有意根心想，而是在六根都已經共同做出來，也有所造作完成的具足六塵的境界出現了，這就是「兼境兼根」，這是六根都具足造業；但是所造的殺人、大盜、邪婬、大妄語惡業境界，並不具足身口意三業，那麼這個人死後得要進入八大無間地獄，一一經歷完畢以後才能離開八大無間地獄。也就是說，在第一種無間地獄的極重純苦經歷一段期間以後，再轉入第二個無間地獄中接受另一種不同的極重純苦；直到八種無間地獄的不同苦受，都一一領受一定期間以後，才算是正報完成一半—地獄業正報報完—剩下餓鬼道的惡業正報，才叫作地獄惡報的「業火乾枯」；否則業火不乾，還要繼續留在無間地獄中受罪。

在八大無間地獄中一一輪流受苦，是以無間地獄的歲數來計算的，而且是以無間地獄歲數計算的劫數，這是非常非常慘痛的。總計今時人類一生不過短短七、八十年，活最久的人也不過一百餘歲；參考神話故事來說，假使遇見了八仙幫忙，最多也不過像彭祖活八百歲。即使能活八百歲，由於具足六根而以一句話否定正法，或是以幾句話無根毀謗法身慧命父母以後，要下無間地獄中親受很多的長劫無間極重純苦，真的划不來。我從小算術成績很差，不太會計算；你們如果會算術，就自己計算一下。我想這種算術是很好算的，不必用腦筋，只要想一想，用膝蓋想也能知道這事情是絕對不該做的，所以我從來都不計算它。懂得算術的人，應該也能輕易就算得出來，不必我多說。所以，做這種事情真的划不來，要努力避免。

第三種人是身口意三種具足，不是只有在心中想，而是嘴裡也講了，身體也做完成了；並且也廣造殺、盜、婬、大妄語等身口意三業（在家人則是殺、盜、邪婬、大妄語等身口意三業），雖然沒有具足六根，或者雖然沒有具足殺人、大盜、邪婬、大妄語等大惡業，不屬於「惡業圓造」，也不是「兼境兼根」，死後不必入阿鼻大地獄中領受五種同時存在的無間極重尤苦，也不必入八大無間地獄一一領受各一種無間尤重純苦；但死後還是要進入十八地獄中，每天都要受苦，只是有時不必受極重痛苦，可以有時歇息。也就是說，「惡業圓造」的人要進阿鼻地獄，惡業稍微輕微的人進入八大無間地獄，再輕一點的罪業則是進入十八地獄中。所受痛苦有所不同，阿鼻地獄中是具足五種無間的痛苦，時劫也最長久；八大無間地獄中的痛苦，雖然也是無間，但卻是一種或二種痛苦無間領受，不是具足五種無間痛苦；而十八地獄中的痛苦則是有間的，不是時時刻刻都在受苦的，是每天都有暫時歇息痛苦的時候，而且時劫也比八大無間地獄的時劫短一些。

如果是第四種造惡業者，「三業不兼」，譬如只造了殺人、大竊盜，不造作邪婬（或如出家人造作自婬惡業），也不曾生起大邪見、大妄語誤導眾生等等；或者沒有造作五無間業，也沒有造作「謗菩薩藏」的大惡業；而且縱使有造這些惡業，但是身口意三種並不具足圓造，這就是「三業不兼」的造惡者；或者三業之中只犯一個殺人罪、只犯一個大盜罪，不是殺害勝義僧寶等無間業，那麼他的罪業比前面三種人更輕微，只要進入三十六地獄中輪轉受苦，這種苦受就比十八地獄、八大無間地獄的苦受輕微一些。

如果是第五種人，是「見見一根，單犯一業」，譬如出家人只依身根而在身觸一法上面自造婬業，不是與人共婬，所知所見只有一根與一塵，也是「單犯一業」，雖然得要下地獄，但這屬於較輕的大惡業，所以只下一百〇八地獄中受苦，所受苦也比無間地獄輕微。又如不是出於惡見、邪見而故意謗法，只是因爲無明的關係隨口亂說，或是聽聞以後在大庭廣眾之中隨口轉述，這是「見見一根，單犯一業」，只有謗法的口業，但沒有在其餘五根中同時造作謗法惡業，也沒有具足根本、方便罪，只有成已罪，並且不具足其餘三種大惡業，也不具足身口意等三種惡業；那麼他死後就入一百〇八地獄，就是十八地獄的更外圍，屬於小地獄，苦受就更輕微，時劫也比較短。

記得有一部經中，好像是《善恭敬經》，其中解說奉侍師長的原則：不論你的師父是不是親證三乘菩提的聖人，如果對師父不恭敬，講話很粗魯；師父若是交代做事時，往往不肯遵循而做，常常違背，這些就稱爲不敬師；若只是不敬師，雖然沒有干犯大惡業，死後還是要入小地獄中受苦。如果上有師父，與師父出門行路時，記得要落後半步，不許並肩同行，即使師父還是凡夫，一樣應該如此。我記得以前常常跟聖嚴法師一路行，也就是在農禪寺附近走路說話，我總是在他的左手邊退後半步行走。這是我一向的習慣，我對長輩都是這樣；我跟隨父親出門時也是這樣，後來是因爲他沒辦法自已走路，需要人扶，就不得不並行了。這是世間法，也是爲人的基本，這就是敬師的原則。發於內心而行之於外，自然就會有這個現象出來；我也沒有人教導我，自然就是這樣敬師；特別是在出世間法中，敬師更重要。

以上講的是下墜地獄中的五種類別，是從阿鼻地獄到小地獄的不同惡業與不同果報。然而不論地獄中的種種差異，這些地獄都不是本有的，如同三界世間不是本有的道理一樣。所以地獄的形成，都是由於眾生在三界中各自「**別作別造**」，也就是在身口意三業上面所造的十惡業差別，而身三業是最重的惡業。所以，身三業中的殺盜婬三業是否爲極重惡業？所造的極重惡業是否身口意三業都具足？所造的極重惡業中，是否根本罪、方便罪、成已罪都具足？造惡業時是否六根六境具足？其中各有種種差別不同。因爲各人所造都有不同，因此名爲「**別作別造**」。即使是共業，其中也有各種「**別作別造**」的差別。由於這種緣故，就會有各種不同的地獄感應形成，死後自然會感業往生地獄之中，於是就在三界中進入地獄眾同分之中，成爲地獄人，故說「**於世界中入同分地**」。

「**同分地**」就是同樣有情的同一種境界，所以這裡的「**同分**」講的是地獄有情的眾同分，是指地獄身心。比如地獄的眾同分中，又分成許多種的眾同分，猶如人類有幾種眾同分一般：譬如黃種人、白種人、黑種人、侏儒等。地獄中也是有各種不同的眾同分，最重罪的無間地獄身都很廣大，罪業越輕的地獄身就越小，苦受就越少。但都同樣是地獄身，所以名爲「**入同分地**」，都同樣進入地獄境界中而擁有地獄身。「地」就是境界，譬如三界中分成九地，欲界是一地，初禪是第二地，二禪是第三地，乃至非想非非想天是三界中的第九地；九地境界各不相同，所以稱爲九地，所以「地」是指境界。聖位菩薩也分成十地，就是指聖位菩薩有十種不同層次的智慧與解脫境界，所以叫作十地。地獄會有這麼多種不同，並不是本來就有這麼多種，「**由是眾生別作別造**」，都由於這些地獄眾生的「**別作別造**」而有種種差別不同才出生的，所以都是由眾生「**妄想發生，非本來有**」。

地獄不是由誰創造的，當然不是由上帝耶和華創造的，他根本沒這個能力。而且哲學界也一直在質疑說：**上帝在哪裡？上帝是人類創造的**。因爲上帝是否存在？是無法被證實的，不像諸佛的存在以及法界實相都是可以被感應、被證實的。即使一神教的上帝是真實存在的，今天貴爲欲界天的上帝，但是他如果膽敢毀謗正覺同修會的如來藏勝法，當他壽命終了以後照樣要下地獄，可見地獄並不是他創造的。實際上，他連自己的五陰都沒有能力創造，還得要由他的如來藏來爲他創造，何況能創造地獄與世界？所以各種地獄其實都是由於眾生有種種妄想，以致於有各種惡業「**別作別造**」，因此產生了地獄性的眾同分；有了地獄性質的眾同分，自然就會有容受地獄身的各種地獄世界感應形成。因此說，所有的地獄都是從眾生的虛妄想中發生，由於眾生本於虛妄想而造了殺盜婬妄等身口意三業，就由他們的如來藏感應而發生地獄了。因此說，地獄本來不存在，發生於惡業眾生的妄想。

有人也許會問：「你講了這麼多地獄，到底有什麼根據？」不必問我根據，要問自己有沒有如來藏？要問如來藏有沒有這種功能？也要問自己有沒有妄造大惡業？如果都沒有妄想而不造種種惡業，就不必理會地獄是否存在。如果一個人不造大惡業，地獄就少一分；如果所有眾生都不造大惡業，地獄就全部消失了，所以不必管地獄存在或不存在。也許有人懷疑：「真的會這樣嗎？可是我看有的人造了惡業，他這一輩子還是過得蠻好的。」然而有一句老生常談：「善有善報，惡有惡報；不是不報，時候未到。」講的就是這個道理。實際上，業種的現行，是要到捨報時、臨命終時，才會出現。就好像銀行計算利息一樣，有人存了一個定期存款，三年之後本息一次計付；那麼銀行當然要等三年到期了才會結算本息。除非提前解約，就等於自殺；自然要依提前解約的情況計息，不是依照本來約定的時間與利率計息了！如果是自殺，那就依自殺時的情況實行因果了。所以業報的現行，都是在臨命終即將進入正死位前，也就是即將要進入悶絕狀況，在意識即將消失時才會出現；這就是一般人所說的業鏡，先由自己驗收這一世的業行種子。下了地獄以後，自然還會有業鏡再重新複驗一番。所以說，因緣果報，如影隨形；因爲如來藏時時刻刻都在記錄著，誰也逃不掉。

上面幾週以來所講的全部都是大惡業的正報。如果有人造了大惡業，不要以爲地獄正報終於報完了，就可以立刻回來再當人類了。沒這回事，因爲還有一半的正報，所剩下的一半正報是要先去當餓鬼，餓鬼業報償完了才會往生畜生道及人道中，開始直接償還往世負欠別人的債務；這並不是自己心性感得的果報，而是單純還債，才屬於餘報。在畜生道中把欠債償還完畢，才會回到人間；剛回到人間時最初五百世都是盲聾瘖啞，得要爲人工作或因緣湊巧而吃了別人的虧，或者只能很廉價出賣勞力，繼續償還往世虧欠的債主。所以正報是由於自己心性中的惡法種子，所感應的就是正報；心性中的惡法就是「情」與「想」比例異常，也就是「情」很多而「想」很少，乃至「純情無想」。爲何自己心性中的「情、想」異常會成爲正報呢？因爲心性若是與地獄餓鬼境界相應的，應該生在地獄與餓鬼道中，所以感得地獄身與餓鬼身，因此而說地獄身與餓鬼身是正報。至於餘報則是應該償還前世積欠別人的債務，屬於欠債的世間相而與心性無關，所以不是正報而屬於餘報。

很多人怕鬼，其實一般的鬼是遠不如人類的，所以是鬼應該怕人，不是人要怕鬼；除非遇到的是惡鬼，除非自己身上都沒有正氣，都是陰毒之氣，那麼鬼道眾生就容易靠近了。如果身上都是正氣，鬼道眾生都會離你遠遠的，因爲他們若是靠近你，就會很痛苦；除非他聚集了一大堆鬼道眾生使陰氣勢力增強，而他這樣做的背後又有往世的因果作爲依憑，那你可就會覺得很寒冷。就好比這次禪三，有一些人帶了一大堆怨親債主來參加禪三，他們有因果依憑，誰也趕不了他們，而我就這樣冷了三天；到了第三天，天氣並沒有改變，我卻突然間不冷了！因爲他們得度而往生或離開了！就那麼幾分鐘之間，他們離開以後我就突然不冷了，真的很奇怪！所以其實應該是鬼怕人，不應該是人怕鬼，除非是有因果作爲依憑的鬼。所以妳們女眾都不要怕鬼，鬼沒什麼好怕；妳身上如果都是正氣，當妳走過去時，他們就要閃讓。因爲妳靠近他們時，他們會覺得很難過，就得要離開。那妳如果無緣無故侵入他們的世界中進駐太久，他們覺得不耐煩，就會想辦法趕妳走；可是他自己如果趕不了，就會找一大堆鬼來一起趕妳走。造作大惡業者的地獄正報講完了，接下來就要開始講解餓鬼道正報了：

【「復次阿難！是諸眾生非破律儀、犯菩薩戒、毀佛涅槃、諸餘雜業，歷劫燒然；後還罪畢，受諸鬼形。若於本因貪物為罪，是人罪畢遇物成形，名為魃鬼。貪色為罪，是人罪畢遇風成形，名為魃鬼。貪惑為罪，是人罪畢遇畜成形，名為魅鬼。貪恨為罪，是人罪畢遇蟲成形，名蠱毒鬼。貪憶為罪，是人罪畢遇衰成形，名為癘鬼。貪傲為罪，是人罪畢遇氣成形，名為餓鬼。貪罔為罪，是人罪畢遇幽為形，名為魘鬼。貪明為罪，是人罪畢遇精為形，名魍魎鬼。貪成為罪，是人罪畢遇明為形，名役使鬼。貪黨為罪，是人罪畢遇人為形，名傳送鬼。阿難！是人皆以純情墜落，業火燒乾，上出為鬼，此等皆是自妄想業之所招引。若悟菩提，則妙圓明，本無所有。」】

講記：「復次阿難！這些地獄道中的各種眾生，在人間出家時非議及破壞聲聞律儀戒、違犯了大乘菩薩戒、毀謗諸佛所傳的涅槃妙法，以及違犯其餘的種種雜業，都是要經歷許多劫而被地獄中的猛火燒燃的。後來償還重大惡罪完畢以後，要往生於餓鬼道中受生爲種種不同的鬼形。如果於人間造業時的本因是貪愛財物而造作重大罪業，這個人在地獄道中償罪完畢離開地獄後，遇到有價值的財物時便會成就鬼形，名爲魃鬼。在人間若是由於貪愛別人的美色而造作重罪，這個人地獄罪報償畢離開地獄以後，遇到風吹就會成就鬼形，名爲魃鬼。若是以前在人間時是因爲貪欲而欺瞞於人，常常迷惑別人而自己成就了詐習，這種人在地獄中的罪業受償完畢以後，遇到畜生時就能成形，名爲魅鬼。若是在人間時由於貪欲而起瞋恨心造罪，這種人在地獄中受罪完畢以後，遇到蟲類就能成形，附於毒蟲身上害人，名爲蠱毒鬼。若是在人間時因貪欲不遂而追憶阻障他造貪業的人，所以造下地獄重罪；這種人地獄罪受報完畢以後，遇到衰氣時就可以成形，名爲癘鬼。若是在人間時是因貪欲而有強烈的傲氣，所以造下了地獄業，這個人在地獄中受罪完畢以後遇到虛氣便能成形，名爲餓鬼。若是在人間時由於貪欲而誣罔良善所以造下地獄罪，這個人在地獄中受罪完畢以後遇到幽暗時便能成形，名爲魘鬼。貪求名聞利養而以所見所習自以爲明，由是造作地獄重罪，這種人在地獄中受罪完畢以後，遇到世間諸物的精氣或有情行婬時的精氣就能成形，名爲魍魎鬼。在人間時善於狡辯，使貪欲成功而造下地獄罪，這個人在地獄中受罪完畢以後遇到持明的人便依所持明咒而成就鬼形，名爲役使鬼。在人間時爲了達成貪求名聞利養之目的而與他人朋黨，誣枉良善而造下地獄罪，這個人在地獄中受罪完畢以後遇到人類便可以成就鬼形，名爲傳送鬼。阿難！這些人都是因爲純情無想而導致墜落，直到地獄業的火勢燒乾以後，才能向上出離地獄而成爲鬼道有情。這些鬼道境界都是由於他們自己虛妄想而造作的惡業所招引出來的；如果能夠真實悟得佛菩提時，那麼真實法界中是微妙圓滿光明的，本來就沒有鬼道世間。」

接著開始講解餓鬼道正報了。正報，是因爲那些大惡人造下地獄業、餓鬼業，下墮地獄及餓鬼道受苦即是正報。這些正報的受報原因當然是因爲地獄業及餓鬼業，但地獄及餓鬼正報受生業風的發動，卻是因爲他們的心性與地獄、餓鬼境界相應而產生的；所以地獄及餓鬼正報的根本原因，仍然是「純情無想、九情一想、七情三想」爲因，而不是造業，因爲所造的業及熏習都是業行而不是業因。「純情無想」等，是造業的原因，受地獄及餓鬼正報即是後果，所以造業只是「純情無想」等心性所產生的一種現象。因此說，正報的根本原因，其實仍然是心性；當心性強烈到足以造出地獄業及餓鬼業時，表示那個心性是應該住在地獄及餓鬼境界中的。所以惡業的造作只是心性的表現，而不是下墜地獄及餓鬼道的根本因，「純情無想」等心性才是下墜地獄、餓鬼的根本因。當地獄業及餓鬼業全都受報完了，才算是正報心業償還完畢了；然後回來人間時旁出受生而成爲畜生道有情，開始面對多劫前的債主，償還嚴重虧欠人們的負債，這才是餘報；因爲這是償債，無關於心性的正報，所以稱爲餘報。學佛人若是真正懂得這個道理時，就知道應該遠離「情」而純粹以法爲歸，不將佛法拿來賣人情而維護以前隨學的未悟師父——特別是當他正在抵制如來藏了義妙法時；也會懂得遠離「想」而避免上生到欲界天中，可以持續生在人間繼續菩薩道的實修。

造作大惡業而下墜地獄以後，是很痛苦的，只要知道詳情，都不願在地獄中住上一天，連一分鐘、一秒鐘都不願意。最好是把地獄業認識清楚，當然就不會干犯地獄業。愚癡人可能會妄想：「那我趕快修學大神通，不就沒事了嗎？」然而大神通也沒有辦法逃過業果，因爲大神通無法干預如來藏中的種子起現行；而神通屬於意識所有，有大神通的凡夫意識連如來藏的所在都不知道，怎能干預如來藏中的惡業種子現行呢？而且下了地獄以後，再大的神通也會消失掉，所以要儘量避免無知或因爲貪欲而造作地獄業。

這些下墜地獄中的眾生們，主要是因爲三種大惡業而下墜地獄中。第一種是「非破律儀」，「非」是不認同戒律而加以非議。甚至於連 世尊所制定的根本戒，他也不認同而妄加非議；乃至公開或私底下違犯，完全不以爲意。若是小小戒，在不同的時空，若是國情或法律不適合受持，是可以捨棄的。佛陀曾經親自吩咐說：小小戒若是與當地當時國情不宜時，當捨則捨。但是根本戒絕對不許違犯，也絕對不許改變。有人就不認同 世尊施設的戒律，說要改掉，名爲改革戒律。這其實不是有智慧的人，因爲當他們不認同佛所施設的戒律時，不但道業會出問題，乃至未來無量世都會受到嚴重影響。「破」就是毀犯而破戒了。若有人告訴大眾說：「某某戒是虛假無效的。」或者主張：「現在應該把八敬法廢掉。」這些都是「非破律儀」。

「非破律儀」，主要是在律儀戒上面，律儀戒是在身口意行上面，特別是對身行、口行等律儀加以規範，所以律儀戒主要是講聲聞戒，就是在家五戒、比丘戒、比丘尼戒。菩薩戒中大部分也是律儀戒，除了饒益有情及攝受一切正法等戒條以外，其餘的眾多戒條都是攝律儀戒。律儀戒都是在規範身行與口行的戒條，若是對規範律儀的十重戒加以非議，就是非議律儀；若是毀犯十重戒律儀，即是破了律儀戒。在菩薩戒中如是，在五戒與聲聞戒中也是一樣，凡是與律儀有關的重戒若是加以非議或破戒了，都屬於「非破律儀」，都是重罪而必定會下墜地獄中，受無量劫尤重純苦。又如八敬法，屬於出家女眾的律儀戒；凡是聲聞眾而不是菩薩眾，都必須遵守八敬法，不許非議或違犯而破戒。若是菩薩眾中的比丘尼，就不必理會八敬法，因爲在菩薩眾中是男女平等而只問證量的；是依菩薩親證的位階來相處，不問在家出家身分，更不問男眾或女眾的身分；只有聲聞法中的比丘尼，才需要遵守八敬法。凡是「非破律儀」戒中的重戒，不論為非議或是不能守持而破了重戒，都屬於阿鼻地獄業。

至於第二種大惡業是「犯菩薩戒」，就不只是犯律儀戒了，還有饒益有情戒與攝善法戒。饒益有情戒，譬如證悟以後，當主法和尚認為他有能力弘法，但他卻不肯出來弘法；或者了義正法的宗門實證法門已經失傳了，只有你一個人獨自證悟，而時局是安定而可以傳法的時候，你卻不肯把法傳出來；這都是不肯饒益有情，也是犯了菩薩戒中的重戒。或者領受菩薩戒以後，或是證悟之後，仍然依止聲聞僧而不依止菩薩僧，仍然依止聲聞法而不依止菩薩藏的妙法，這也是「犯菩薩戒」。或者悟後不想再繼續深修，得少為足而離開仍有深妙法的道場，則是違犯了攝善法戒；因為攝善法戒中規定菩薩無有一善法不學，明明知道主法和尚還有許多良善的種智妙法，是自己尚未修學成功的，卻得少為足而離開了，這也是「犯菩薩戒」。

所以船子德誠禪師悟了以後雖然不想度人，可也不敢就躲了起來，心想：最少也得要度一個人傳下正法，否則就犯了菩薩戒。所以他就去擺渡，有一天就請求道吾禪師幫忙：「如果有遇到哪個比較伶俐的講經座主，請介紹一位給我。」道吾就故意去找講經有名的夾山善會。夾山善會在法座上講了一大堆言語，到了緊要關頭時總是講錯，道吾坐在下面就故意笑了起來；夾山善會見他笑，知道這個人一定有蹊蹺，就草草講完下座，便請問道吾禪師來意。道吾禪師便教夾山善會：「你去華亭縣找船子德誠去。」華亭縣那麼大，到哪裡去找呢？這船子禪師是因爲上無片瓦遮身、下無卓錐之地，住在船上擺渡維生；人家給他錢，他就收下；不給錢，他也給渡，從來不計較有錢無錢。於是夾山善會前往拜見，初時他心中也是不老實，還故意換裝爲俗人，又戴了帽子蓋住無髮的頭頂。夾山善會恐怕被人看見一位講經有名的大法師，竟然去禮拜一個擺渡的小禪師，真沒面子。他不知道那個擺渡的一個小法師是個大悟的真禪師。當然夾山善會因爲去見船子德誠而悟了，後來成爲禪宗史上很有名的大禪師（詳見平實導師公案拈提《宗門正眼》的封面與書中拈提）。由此看來，船子德誠也不敢違背師命在悟後就躲起來；他既然承接了法脈，一定得要遵循師命而傳承下去；最少總要度一個人開悟，把他從師父接下來的法脈傳承下去，讓徒弟出來弘法度人；如果連這個師命都不肯實行，導致法脈中斷了，就是不饒益眾生，也是「犯菩薩戒」。還有「攝善法戒」，是悟後得要繼續進修，一切善法無不修學；不能夠才剛剛開悟，就想要違背師命而自己出去當開山祖師，就一天到晚忙著開山，弄得人仰馬翻，自己也不再進修了，目的無非是搞名搞利。古時候禪師不是這樣的，如果誰這樣搞起來，就是違背了菩薩戒了！他的四弘誓願也是白發了。除非當代已經沒有大善知識弘法，無法幫他繼續修學，只剩下經論可以讓他往上進修，否則就不該離開隨學的道場。這就是菩薩的三聚淨戒，如果毀犯了其中一個淨戒，就是「犯菩薩戒」。

第三種大惡業是「毀佛涅槃、諸餘雜業，」主要是毀壞諸佛所說的涅槃法道，這當然不是一般人會做的大惡事；而我也做不來，因爲我只能把涅槃的真實理如實宣說出來，從來都沒有能力「毀佛涅槃」；因爲那是法界的真實相，我證得法界實相以後自然要依實相而住，當然也無法破壞。只有達賴喇嘛與印順法師、昭慧法師他們，才能「毀佛涅槃」；因爲他們把世尊所弘傳的無餘涅槃轉變爲斷滅境界與意識常見境界，這就是「毀佛涅槃」。但是他們何曾知道自己已經造了大惡業呢？都還不知道。所以他們到現在還在狡辯，雖然還不敢寫書、寫文章出來否定我所說四阿含中遺傳的涅槃，但他們私底下還是繼續狡辯著。而他們都不曉得所作所爲都是在「毀佛涅槃」，都是阿鼻地獄罪。

不但他們都不知道，所有佛門大師們也都不知道！而眾生們都只看表相：某某人是法師，而某某人是居士。也只能從世間法上檢查有沒有貪污錢財，或者有沒有以居士身廣受供養。甚至於喇嘛們常常婬亂別人的妻女，眾生也不知道那都是邪婬的地獄罪。所以眾生連表相都看不清楚，更別說是在法義上面的判斷了。一般學佛人在佛法涅槃正理上，也完全沒有能力辨別是否遭受有心人毀壞；如果我們不據實講出來，當代佛教界是完全不知道的。現在（二〇〇三年初）也有一小部分大陸法師與道場寫信來要書，他們讀了我的書都很歡喜，卻又勸我不要評論那些破法者，我只好搖頭以對。所以眾生真的很沒智慧，如果不是我出面寫書說破邪法的落處，他們怎麼會知道達賴與印順的應成派中觀是在「毀佛涅槃」？他們又如何能知道真正涅槃的真義？當他們被我救上來，被我提升上來以後，竟然還在輕嫌我所作的法義辨正義行，還勸我不要繼續評論誤導他們的假名大師。然而，我如果不講出來，他們懂得遠離表相佛法嗎？所以這種「毀佛涅槃」的真相，一般學佛人都是不知道的。極少數人知道有人以外道法取代佛法，卻又不敢說，因爲自己的智慧不足以深入辨正，也因爲當代佛門中的邪法勢力太大，不是他們的智慧與能力所能應付。

譬如密宗，有人告訴我：兩年前就有人在網站論壇中討論過。有人在網站上討論起來，指出密宗根本就不是佛法；也指出一些密宗的錯謬之處，證明密宗根本不是佛法，然後某乙說：「那我拜你爲師，既然你都知道密宗有問題，我就跟隨你學佛。」某甲回說：「對不起！我還沒有足夠的能力教你佛法，因爲我還不算是真正的三寶弟子。」某甲精通五術，也就是「山、醫、命、卜、相」。某乙就說：「那你爲什麼不救救眾生呢？請你趕快把西藏密宗的邪謬真相公布出來，大家就不會跟著被他們所害了。」某甲說：「我的能力還作不到，因爲西藏密宗是個大馬蜂窩，我捅不起，只好留給有能力的人作。」這就留給我們來作啦！密宗真的是個超級大馬蜂窩，有什麼人敢得罪西藏密宗？他們的勢力那麼大！不但今天在台灣如是，在大陸更是如此；因爲大陸的西藏密宗勢力比台灣密宗勢力還要大，而且更普遍，只好由我這個不怕死的傻瓜挑起來作。

密宗的中觀都不是真正的中道觀，因爲都是六識論的意識境界的假中觀；不論是黃教的應成派，或者紅教、白教、花教的自續派，完全是意識思惟所得的戲論，不是 世尊所說的如來藏中觀正理。他們以常見外道的六識論來解釋中觀，是使 佛陀所傳的涅槃法教成爲斷滅空的假涅槃，不然就是成為常見外道的五現涅槃。從當代大法師們所講、所寫出來的書中，都可以舉出極多證據，證明他們都是在「毀佛涅槃」。這種「毀佛涅槃」的事業雖然進行一千多年了，卻始終沒有人敢出來公開制裁。因為很少人知道，也必須要有人公開寫書來作一系列的辨正，把事實證據羅列出來，再把真正的道理辨正出來，並且也要時局是可以容許破邪顯正的，才能把佛教挽回到正途來。而這種「毀佛涅槃」的重大惡業，一般人也是幹不了的，只有取得大名聲的法師們才會作得出來，一般人只能跟著他們後頭隨便瞎扯一番，也都不知道自己正追隨大法師「毀佛涅槃」呢！

這些「非破律儀、犯菩薩戒、毀佛涅槃」相關的種種雜業，也都屬於地獄業，因為都是重罪。「非破律儀」，諸位可能不很瞭解；我所知道的是，有些大法師還很喜歡按摩呢！偏偏幫他按摩的又是他的女弟子；而且還是大家都離開了，讓那個女弟子跟他獨處於房間，關起門來在裡面按摩。這是我所親見的，不是耳聞的。且不說他們是否進一步幹了什麼事情，單單是比丘戒中的異性摩觸戒，就已經夠他將來承受的了。凡是毀破重戒的事情，將來都會「歷劫燒然」，要經歷無量劫被業火所燒燃。

為什麼比丘們「非破律儀、犯菩薩戒、毀佛涅槃」會成為極重罪而「歷劫燒然」呢？因爲這三種行爲會毀壞眾生對三寶的仰信，失去修證解脫及佛菩提的動機，就會長劫輪轉於三界生死中；也因爲犯菩薩戒時，會使佛菩提道失傳於人間，於是正確的聲聞道乃至誤解後的聲聞道就會在人間取代了佛菩提道；最後則是因爲沒有真正的佛菩提道在人間住持正法，所以連聲聞道也失傳了，只剩下誤會後的聲聞解脫道在弘傳，如同正覺同修會出世弘法以前的二十世紀佛教一般。而「毀佛涅槃」的行爲，就在這樣的前提下大大擴展開來，今時顯教的人間佛教以及密宗的應成派與自續派中觀正是代表；最惡劣的還是密宗，以外道雙身法婬觸境界，取代佛法的成佛境界；其實與佛法的修證完全無關，竟然還敢大聲宣稱他們都證得「輪涅不二」，其實都只是未斷我見的凡夫境界。

這些「非破律儀、犯菩薩戒、毀佛涅槃」的破法者，既然造了阿鼻地獄業，將來捨報以後，當然都是要「入阿鼻獄受無量苦，經無量劫」；然後終於把重罪惡業還清了，才能轉入受罪比較輕、痛苦比較少的餓鬼道中，成爲無福鬼。其餘造業比較小的殺盜婬等不具足身口意三業的毀戒者，同樣是從地獄中出來以後，要先經歷餓鬼道受苦。所以說法者真的應該很小心說法，不要隨人狂妄說法而排斥大乘經典，更不要盲目跟著別有用心的達賴與印順等人公然否定第八識正法；因爲，謗法的言語講出來時，或者在世間法中以不實言語向蕭平實出一口惡氣，或者未悟示悟、未成佛示現成佛而表現上人法時，都才不過幾分鐘、幾十分鐘就具足完成身口意業了，然而將來下地獄以後受罪卻是無量劫；而且無量劫所受都是尤重純苦，不是像人間的苦這麼容易受，所以我說那些大法師們都是愚癡人。但是愚癡人在世間人看來，可都是很聰明伶俐，都很會寫書說法，寫起書來又是著作等身。問題是世間法的名聞利養終究只有短短幾十年，造了這些地獄業以後，將來入地獄中可得要接受難以想像的長劫痛苦；等到把地獄心性正報的罪業償還完了以後，還得要再「受諸鬼形」正報重苦，還不能立即回到人間來。所以我當然要勸他們改絃易轍，免得將來後悔不及。

「**若於本因貪物為罪，是人罪畢遇物成形，名為魅鬼。**」既然從地獄出來以後要當鬼，鬼也會有很多種，也是隨著各人生前所犯的罪業不同，而有不同的鬼報；而這些鬼報，其實也是各人自作自受而創造出來的。以前在人間時若是因爲貪求有價值的財物，所以造作重大惡業，譬如貪著古董或稀世奇珍而殺人，屬於「**貪物爲罪**」；由於這種貪物的習氣仍然存在，因爲在地獄道中並沒有機會可以修除這種惡劣習氣，所以在地獄中受報完畢出來時，貪物的習氣還在；於是就由於一向愛著種種寶物，不論是金銀古董珍奇草木，只要是珍貴的寶物就會使他極度貪著，於是就不免遇物成怪；所以這種剛從地獄中出來的人「遇物成形」，餓鬼身便形成了，也就是附在寶物上面來形成餓鬼身。這是由於生前的世世熏習，對於寶物都會生起貪著，才會在獲得寶物的過程中造作重大惡業而下墜地獄中；如今地獄罪償畢以後，剩餘的正報應該在鬼道中償還時，於是剛出地獄時還是會托身於寶物中，就成為金銀所造的寶物或珍貴的古董中所依附的鬼靈，或者成為珍貴草木中的精靈。

凡是「貪物爲罪」的地獄人，地獄罪受報完了，來到鬼道時當然會與有價值的寶物相應，所以「遇物成形」。可是若遇到沒價值的種種物，他的心不會相應，就不可能成形。所以一定是遇到金銀或名貴的草木、礦石等等，才會「遇物成形」。特別是古董，常常有小說寫著，譬如鬼狐列傳的《聊齋誌異》或者《拍案驚奇》等等都有記載，這些你們大約都沒有讀過。我很雜學，什麼都想要理會，所以很雜學，就只是學校裡教人追求生活於人間的書籍不想讀。古董之中有一些很名貴的古鏡，那是黃銅製成的，一面磨得很光亮，可以映照人面；另一面就雕刻得很精細，有一些已經流傳一、二千年的古鏡，這都是古董，價值不菲。然而古鏡最容易有這種遇物成形的魅鬼附在其上。

有很多人喜歡收集古董，我對古董一點兒興趣都沒有；我才不要古董，即使是古董佛像我也不要。如果真的要佛像，我寧可買全新的，自己開光安座，絕對不買古佛像。因爲那些古佛像，也許曾經有一些外道或密宗外道在像裡亂搞了一些奇奇怪怪的物品。譬如西藏密宗就會在佛像中亂搞一通，你又不知道，乾脆就不要買。古董，我都不喜歡，不管什麼瓢盆刀劍，我都不喜歡，因爲那種物品最容易有魅鬼附著。所以如果有人投資而買古董回家，如果他是另外建一個房子專門存放，住家不在那房子裡，事情就少；如果他買回家以後藏在自己住的家中，往往會有事情。所以你們如果有收集古董，家裡又常常有事情，那我勸你把古董移到別的安全地方去，不然就在遇到好價錢時把它賣了。

如果賣了作功德，還可以把福報帶到未來世去；不然就是留給孩子將來賣了去享受人生，他們也許賣了以後去買名車勞斯萊斯。究竟是爲自己的未來無量世比較重要，或是爲孩子的人生享受比較重要？其實將來死了以後孩子幫不了你，你得要依靠自己生前所集的福德作爲依憑。不過我這個說法並不是在勸募，因爲我們又沒有在建造本山道場，用不著那麼多錢，不需要勸募錢財。凡是名貴古董，常常會有這種鬼依附。有一些古時製造的金飾品、銀器等古董，或者用寶石所雕成的古董，都很容易有魃鬼依附而存在，因爲他們很容易與有價值的物品相應而「遇物成形」。

他們爲什麼會挑這些東西依附而成形呢？都因爲他們生前在人間的本因就是以「貪習爲因」；所以地獄中的心性正報受完了，開始另一種心性正報而轉入餓鬼道時，還是會與這些寶物感應；都因爲他們的心從來都是喜歡這些寶物，於是自然「遇物成形」，就附在那些寶物中而成就他們的鬼形，這就是魃鬼。所以高價古董所在往往會有一些怪事，這都是正常的。如果你正準備進入古董這一行，準備進入收藏家之列，我就勸你免了；免得以後出了事情，再來賣出時還得要遮遮掩掩說：「我收藏這個古董，賺了多少錢。」其實是因爲這件古董而出了一些意外，在別的事情上面賠了不少錢，於是又多加了一件妄語業。以上說的就是魃鬼，犯的正是貪習因。

「貪色為罪，是人罪畢遇風成形，名為魃鬼。」「貪色爲罪」當然是因爲生前的貪婬習氣而造作了極重罪惡所導致，下墜地獄受完重業以後，還有正報要在鬼道中領受；然而他們在地獄中並沒有機會修除極重的貪婬習氣，如今離開地獄道，極重貪婬的欲火仍然存在；於是剛出地獄時，由於婬風欲火鼓動，所以就「遇風成形」而成爲魃鬼。魃鬼的特性就是喜歡婬風，而婬風是火熱的，不是濕冷的，所以魃鬼在的時候，總是會鬧乾旱；民眾與國王都不喜歡，常常祈雨就會有善神與他作對，魃鬼的日子可就不好過了！除非這個魃鬼搬到沙漠去住，自個兒過他的乾旱生活，卻又無法獲得婬行中的精氣，對他而言也是難過得很。

本來男貪女色、女貪男色，是欲界中的常態；但是要依照人倫規矩來，不該有所違背而強爲。所以「貪色爲罪」而犯下重大婬貪的人，都是在世時看見別人的妻女長得端正，就設法勾搭，所以邪婬罪對他們而言是家常便飯。密宗的喇嘛們就是這樣，凡是看見漂亮的女眾，他們就特別注意，眼神總是色瞇瞇地，一定會想方設法勾搭上手。喇嘛們遇到有姿色的女眾，就講一大堆道理：「我可以幫助妳即身成佛。」並且還提出密續作爲根據來說服他所看上的女眾，講得冠冕堂皇；其實只是在遂行他的貪色之欲而已，這個就是貪婬爲因，常常成就邪婬罪。以出家人來說，這是菩薩戒中的十重戒之一，犯了就得下無間地獄。所以喇嘛們以這種婬習爲因，未來地獄正報受完，消除地獄心性以後當然就「遇風成形」；因爲邪婬罪業是以婬風來成就的，所以離開地獄以後當然是「遇風成形」了，於是餓鬼身就出現了。這種鬼就是旱魃，他們極爲寡福又充滿慾火的緣故，這類鬼道眾生很多時就會有災禍殃及人間，會使人間苦旱。

常常有人問：鬼是怎麼出生的？現在 世尊告訴你了。鬼有十種出生的緣由。到這裡爲止已經講了兩種：遇物成形，遇風成形。爲什麼貪著女色而造作重罪的地獄人來到鬼道時會「遇風成形」呢？都因爲婬行是風大動轉的緣故，若不是風大動轉就不會有婬行、婬觸；所以這個人地獄正報受完了，來到餓鬼道時自然因爲婬行風大的習氣，於是「遇風成形」而成就餓鬼道的正報。如果有人氣運衰微時遇到這類魃鬼附身，就會很婬亂，與平時不同。又如有人一生都是很清淨自守，從來都是非禮勿視等等，偏偏年老時被魃鬼附身了，就開始很婬亂，這在內地有句俗話叫作「老倒青」，這就是魃鬼附身的緣故。一切魃鬼都是「遇風成形」，是因爲「貪色爲罪」才會有餓鬼道中的魃鬼境界；所以鬼道本無所有，都因眾生造作鬼道惡業而有。

「**貪惑為罪，是人罪畢遇畜成形，名為魅鬼。**」「貪惑」的有情是因爲往昔「**詐習爲因**」，都是因爲在人間時因貪而迷惑了人性，所以爲了貪欲而處處諂世媚俗，終於造作了極重惡業而下墜地獄中；在地獄中當然沒有因緣可以修除諂媚的習性，所以就因爲諂媚成性的緣故，從地獄中剛剛出來了，才一遇到畜生時就立刻成形而依附於畜生身中，成爲魅鬼，這就是「遇畜成形」。這種鬼道有情就是大家所熟悉的蛇妖狐仙一類，本著原有的諂媚貪欲習氣，常常會來諂媚迷惑人類，就有人成爲中邪的人。「惑」就是迷惑，也就是以欺詐的習氣而作種種變幻來迷惑別人，造下極重惡業；於是從地獄出來以後，隨即附著於畜生身上成爲妖怪，狐仙、虎倀、鼠精一類，都是這種魅鬼。

「詐習爲因」，主要是在貪著世間財物上面，當然有時貪男女色也會產生詐習爲因，但主要還是在財物上面產生的詐習爲因。當他在世間弘揚佛法時追求名聲，明知自己真實不懂，卻偏要裝懂，擺出一副上人的模樣來籠罩眾生，求得世間美好廣大的名聲，這也是貪惑爲罪，也是「詐習爲因」。由於這種「詐習因」而下地獄的人，罪畢從地獄出來時，來到鬼道中，才剛遇到畜生時，鬼身就成形了，所以名爲「遇畜成形」。他會與狐、狗相遇，特別是最容易與狐狼相應，因爲狐狸很狡詐，狼也一樣狡詐；狗就老實多了，然而狗也是因爲往世的詐習而不老實，所以下墜於狗類之中，得要討好主人而爲主人看家，然而狗終究比狐狼忠實多了。

所以很多人有智慧，養狗不養貓。因為貓很無情、很狡詐，你對牠有九十九種好，但是只要有一天你打了牠，牠就溜走了。狗卻不是，你把牠打個半死，牠還是跟定你；所以聰明的世間人養狗，不養貓。有世間智慧的人，養猿而不養猴，猴子也是狡詐凶狠；猿類卻可以保持深厚的友情，牠也可以跟你溝通。猴子卻始終不信任你，隨時都會逃跑離去。可是這種「貪惑為罪」受罪完畢離開地獄的有情，「遇畜成形」，所以才一遇到狐狸、狼、猴子，就隨即成形而有了鬼身，就附在動物身上成為魅鬼。所以有的人從野外抓了動物回來養，有時養出問題，使家裡不平靜，那就是他倒楣而抓到了有魅鬼附身的動物。由於那隻動物是他的家，所以他會擾亂你的家。

又譬如有人打坐時常常會看見狐狸來，牠來的時候總是化身為美麗的女人，就是「遇畜成形，詐習為因」的魅鬼，想要藉貪來迷惑修定的人。所以你打坐時若是常常看見俊男美女來到定中想要迷惑你，通常是遇到「詐習為因」的「遇畜成形」精魅，是因為他們往世「貪惑為罪」的習氣還沒有滅除，千萬別被他們迷惑了。但他們要受到世間時辰的限制，所以你如果看見有人來誘惑，你就掐指計算，十二生肖中以老鼠為第一，若是子時來誘惑你，也就是半夜十一點到一點鐘，就是晚上子時，那一定是鼠精化現的。如果看到老虎來嚇你，不讓你修得定境，你就掐指計算：子、丑、寅，就是鼠、牛、虎，一定是在凌晨三點到五點鐘之間，就確定是虎精來了，那你就知道那一定是「貪惑爲罪」的魅鬼化現來嚇你。這個「貪惑爲罪」的鬼類大多是「詐習爲因」而化現爲美色來誘惑人，就是魅鬼；但是下一句講的「貪恨爲罪」的蠱毒鬼，都是化現爲嚇人的動物，因爲他們沒有諂媚之貪。

「**貪恨為罪，是人罪畢遇蟲成形，名蠱毒鬼。**」「貪恨」就是「怨習」爲因。他生前在人間，因爲貪求別人的妻孥時，被人制止不能成功，所以心中懷恨而使用計謀暗殺別人；正是由於他在心中懷著非常狠毒的深怨，所以如今從地獄中出來時，就由這種瞋毒不捨而「遇蟲成形」，依附於毒蟲身上增益蟲毒來加害於別人。「貪恨爲罪」與「貪惑爲罪」不一樣，剛才講的「貪惑爲罪」是魅鬼，當他現出身形來迷惑時，其實是因爲在人間時因貪而生的諂媚習氣還存在，所以常常現身來迷惑愚癡而貪求的人。「貪恨爲罪」卻是因爲暗中怨恨的習氣還存在，地獄報盡以後「遇蟲成形」，所以不但依附於毒蟲來蠱害人們，還會常常暗中放話驚嚇別人，都是因爲心中仍然有貪恨而使厚重的怨心生起所致。

「貪恨爲罪」是以「怨習爲因」，所以記恨而在事後加以報復。由於怨習因的習氣深重，不管誰不經意一句話得罪了他，其實是無心之語，他一樣永遠記住，而且記一輩子。如果對方的年紀比他大，比他早死，當對方臨命終時，他往往會虛情假意來看視對方，故意說一些風言風語來氣對方，這就是「貪恨爲罪」。因爲臨命終時最忌諱這種事，偏偏他來搗蛋而導致亡者下墮三惡道，當然有大罪。有些人只是不太會察言觀色講好話，本來不是故意說他的是非，使他的貪心被破壞；但他還是會因爲別人無心之語而無法使貪心成功，所以就記恨一世；而被記恨的人卻都不知道早就被記恨了，然後就莫明其妙地被人暗中惡意誹謗。

如果是因貪不遂而生怨恨，所以造作了重罪，其實都是「怨習爲因」；若不是怨恨那個破壞他不正當貪行的人，他不會惡意造作重罪，所以根本原因還是由於貪。「貪恨爲罪」的人，只要誰擋了他的財路，他就會因爲貪心不能成功而生起了怨恨，然後就暗地裡廣作無根誹謗乃至殺人；這種人下墜地獄受罪完畢以後「遇蟲成形」，是因爲地獄罪的正報受完了，來到餓鬼道受正報時就會「遇蟲成形」。這一類的蟲都是指尾巴會翹起來螫人，或者是有毒針會螫人的蟲類，譬如毒蠍或毒蜘蛛、蜈蚣一類。因爲他的心性是「貪恨爲罪」的人，與無毒的蟲類不會相應，所以一遇到毒蟲時就立即成形了，鬼身就出生了，就附身於毒蠱身上，這就是「蠱毒鬼」。因爲這種鬼是附身在蛇、蠍、毒蜘蛛身中，所以叫作蠱毒鬼。古時的苗人會對某些人下蠱，就是這種東西；他們會持誦某一些咒，呼喚「蠱毒鬼」來附在毒蠱身上，再對某人下蠱，以便控制或報復某人，被驅使的鬼類就是「蠱毒鬼」。

「**貪憶為罪，是人罪畢遇衰成形，名為癘鬼。**」「貪憶」就是「瞋習」爲因，由於心中銜怨不忘所以常常生起瞋心，找到機會時就把遮障他成就貪心的人，加以殺害，成就大惡業。當他在地獄罪報完畢回來人間時，遇到衰運的人，就在那個人身上成形，乘衰作癘而大肆報復，回報無量世以前的夙仇。這種鬼報復時都是瞋心很重而且很難排解的，所以稱爲「癘鬼」。這一類「貪憶爲罪」的人，是貪心極重的人，因爲極貪，所以貪不成功時起瞋就特別嚴重，於是憶念不忘。這就是「十習因」中的「瞋習爲因」，是無量劫以前在人間時，由於瞋習不滅的緣故，所以造作大惡業而墮落地獄；受完罪之後回到人間來時無法再當人，也還無法當畜生，只能生在餓鬼道中。

鬼道與人間是重疊在一起的，就好比人道跟畜生道重疊在一起。當他回到人間而必須出生在餓鬼道中，遇到無量劫前擋他財路使他的貪心不能成就的人，正好那個人氣運衰弱、流年不利；於是這個無量劫前「貪憶爲罪」的人就「遇衰成形」，成為癘鬼，附在這個氣運衰弱的人身上開始作祟。這個癘，不是嚴厲的厲，嚴厲的厲是很凶狠，那是厲鬼；但這個癘鬼是病字傍的癘，所以他同時會散播病毒，往往會造成災疫。

這種人是「瞋習為因」，瞋心極重而在鬼道中時，哪個衰運的人遇到他，算他倒楣；如果有誰要幫忙他治好附身的癘鬼，這個癘鬼就會開始散播病毒產生災疫；所以這種人生前在人間時當然心很不好，瞋習非常重；如今成為癘鬼時，還會傳播疾病，對付所有幫助氣運衰弱者的人。有時則是生在病菌很多的地方，在那裡「遇衰成形」，只要有動物染著病毒，他就附身於動物身中，然後驅使動物去感染人類。或者氣運正衰的人被他遇到了，他就直接附身搗蛋，那個眾生就是運氣衰弱的人。流年不好，這是衰；流年十年或者十二年一轉，據說是以天干來算，所以十年一轉。我年輕時讀過一個也許是杜撰的言情小說，裡面是講鄭板橋的故事。據說他有這麼一首詩說：「十年河東轉河西，莫笑窮人穿破衣。」這是責罵妓女瞧不起讀書人，看他是個還沒當官的讀書人，身上沒錢，就瞧不起他。可是後來他當了官，退休以後，那個妓女忘了以前笑過他，因為喜歡他的字，所以請人帶了潤筆去求字；那鄭板橋一身傲骨，不看重銀子，於是寫了這兩句；接著再寫後兩句：「綾羅錦緞包賤體，前人胯下後人騎。」當然，潤筆是沒了，他可也不在乎。這是說明流年確實會轉變，當某人流年不利時，遇到這個剛從地獄回來的餓鬼，就被他「**遇衰成形**」，於是一直被他纏縛作弄，而且還會害病。這種「**貪憶爲罪**」而成爲鬼道眾生，是「**十習因**」中的瞋習，一天到晚都怪別人，從來不知道是自己有過失。

「**貪傲為罪，是人罪畢遇氣成形，名為餓鬼。**」「**貪傲**」其實就是慢習，高傲不馴，永遠不服任何人，所以他很難與別人相應，無法附身於別人，更不可能附身於動物身上，因爲他覺得不屑；所以傲心自恃的緣故，只好「**遇氣成形**」而漫遊於荒野虛空中，成爲餓鬼。這種餓鬼果報，正是人間那些「**空腹高心**」的人所應該警覺的；在人間時，不論看見誰，他都不服氣；明明自己是眼高手低，永遠不如人，可就是心中傲慢到極點，永遠不服人；所以不斷地造作許多大惡業出來，才會下墜地獄中受苦多劫。然後受罪完畢回到人間時，只能「**遇氣成形**」，成爲餓鬼而永遠空腹，苦於無食無飲的果報，這真是很嚴重很慘痛的果報。而這種人，在人間是不乏其人的，他們都應該小心在意。

「**貪傲爲罪**」，之所以會因爲貪傲而造作重罪，本質就是「**十習因**」中的慢習因。這種人在人間時，因爲很貪名聲，平時就刻意示現一副上人相，讓人家覺得他很有才華，修證極高。處處刻意製造表相，使人覺得他的證量難以想像，無法猜測，於是受到眾人崇拜敬仰。假使有一天我蕭平實出場時，前面有八大金剛護法，後面再加上八大金剛護法，身後還一個人擎個寶傘爲我遮陽；世俗人一見，就會因爲氣派大，於是百般信受。可是真正有智慧的人才剛一見，立刻掉頭走人，再也不願意留下來學法了。而那個營造表相的大師，將來有一天被人戳破假相時，他心中就會瞋心大起，然後對真善知識大加毀謗；接著由於謗人的緣故就不免跟著謗法，於是兼具無根毀謗勝義僧及勝妙法的重罪，死後就得下墜地獄中受罪；離開地獄以後來到人間時，由於空腹高心，當然只能當餓鬼。當了餓鬼以後，果報就是要繼續「空腹」，但這時已經無法再高心了，只能時時低聲下氣去求人們生病後吐出來的濃痰了，卻又無法受用而繼續空腹下去，都是因爲生前在人間當大法師時，貪於名聲而空腹高心妄謗妙法及賢聖所致。

但世俗人都不知道大師的排場，其實都只是刻意營造出來的表相，誤以爲真是證量很高的大師；當他們看見大家都在禮拜、供養，紅包如山堆起來，就跟著盲目崇拜奉上供養。而那個大師其實只是凡夫，但世俗人都只能看表相，不懂門道，所以世俗人是很好籠罩的。附佛法外道義雲高，是四川人，被四川治安單位通緝而逃來台灣；如果不是我戳破他的凡夫本質，他如今在台灣不曉得已經搞到多大規模了。但如果是虛假的，永遠都會有人破他；所以在大陸有人破他，在台灣有我破他；在香港，也有人把他弄垮，所以現在香港也沒辦法住了，將來會跑去哪裡再搞起來，可就難說了。（編案：後來去美國也搞了起來，終究因爲沒有佛法親證的實質而失敗；如今又更名爲噶舉瑪倉派，多杰羌佛。）

這種人都是「慢習爲因」，他們把派頭弄起來，而且搞得很大，眾生因此都被瞞了。這種人都有「慢習因」，不免「貪傲爲罪」，所以對正法也敢無根毀謗，賢聖也敢無根毀謗，就像喜饒根登（編案：喜饒根登，俗姓吳，與其師義雲高等人，曾在台灣三大報頭版刊登半版彩色廣告，無根毀謗罵辱平實導師是「無道人、蝦蟆精、人妖……等」，詳見本會結緣書《菩薩正道》之辨正）。這種人什麼都不怕，還說他的修證比釋迦牟尼佛更高一級，誇口說他的師父義雲高比釋迦牟尼佛高兩級。這種人正是空腹高心的人，當他們捨報後下阿鼻地獄，受罪完畢之後，接下來一定會來到人間「遇氣成形」，於是成爲餓鬼道眾生。

爲什麼這類人會「遇氣成形」？因爲這種人的高傲之氣很強烈，果報就是只能以空氣維生，很難有食物與飲水。所以空腹高心的人真的要小心，因爲餓鬼很容易與他們相應，難免傲氣相投，所以總會有餓鬼道眾生跟著他；如果又因爲空腹高心而造作了謗法、謗賢聖的大惡業，將來的果報就是下墜阿鼻地獄中，然後罪畢還會落入餓鬼道中，成爲空腹之中都是餓火中燒的餓鬼。因爲他生前貪求極高的名聲，同時也想藉著崇高名聲獲得財富，正是貪傲而造罪的人，才會以凡夫本質示現上人相；死後下墜地獄受報完了，回到人間時還得依原來的造業因緣而受報，要讓他在鬼道中被別人瞧不起；而且沒得吃，也沒得喝，更沒得住，連鬼道眾生都瞧不起他，這就是餓鬼的報應。

餓鬼道眾生都是頭大如斗、頸細如枝，肚大如鼓、咽細如針。頭大如斗是因爲生前總是想著強求名聞利養，當鬼時每天想著飲食，想到頭變大了。頸細如枝是因爲生前脖子硬得很，非常高傲，明明知道自己全無實證，卻是死也不肯認錯，果報就是讓他脖子細小再也硬不起來。咽細如針，是因爲他在世時大聲斥責賢聖，從來不知自己本來就不該大聲，所以讓他無法再大聲說話；而且必須忍受生前妄現大人相而接受非分供養，要讓他無法進食。肚大如鼓，是因爲他在人間時，一向空腹高心，肚子裡其實沒有絲毫證量，卻又妒火中燒，一再指責實證的賢聖說法錯誤，誣指賢聖是凡夫俗人，甚至於常常匿名指責實證的賢聖是邪魔外道；於是從地獄報盡來到鬼道時，就讓他肚子裡面空無一物，卻充滿了妒火而成為餓火中燒，回報他生前空腹高心的惡行。

也因為生前的空腹高心，所以不論看見誰，他都瞧不起人；既然是空腹高心而傲氣十足，所以在地獄受罪完畢回來時，當然是什麼動物都不放在眼裡，根本不想附身，於是果報就是「遇氣成形」，讓他再也高傲不起來。果報就是低聲下氣只求一口濃痰裹腹，因為他看到清涼的河水時，那河水只是一條充滿大火的火河，無法解渴；即使搶到一口濃痰，才剛張開口想要吃，沒想到腹中的餓火噴出來就把那口濃痰燒焦了，這就是空腹高心的果報，這就是「慢習為因」。在人間空腹高心，是最愚癡的心行，有智慧的人都不會做這種愚癡的行為。有智慧的人都懂得虛心，只有愚癡人才會做空腹高心的事，一生盡形壽籠罩天下人，大妄語罪當然不在話下，將來捨壽下地獄受罪無量，受罪完畢回來時就是當餓鬼。

「**貪罔為罪，是人罪畢遇幽為形，名為魘鬼。**」「貪罔」的人屬於「十習因」中的訟習因，於佛法的實證，心中罔然而無所證，卻又暗中造作不正當的行為誣謗賢聖，被拆穿以後就造作誣訟的惡行，所以死後下墜阿鼻地獄；

罪畢回到人間時就「遇幽爲形」而成爲魘鬼，只能在氣運衰微的人偃臥時加以魘魅。「貪罔」的罔，也就是誣陷冤枉別人，藉著官府的勢力來逼迫良善或賢聖；這是見不得人的事，只能不斷地遮掩而難以見人，所以回到人世時的習氣仍在，就只能趣向幽暗而生存，無法光明正大與他人相見，因此專門在別人眠夢不覺時，附身作祟，專門在別人夢中魘惑睡眠的人。

所以「貪罔爲罪」的人，一般都是好樂名聲、極愛面子的人，但自己卻沒有獲得大名聲的本質，只是暗中攀緣官府勢力來營造大名聲，欺壓良善。由於自己沒有獲取大名聲的本質，只能依靠說謊的行爲來使人誤信；一再說謊成爲習慣以後就成爲誑語的慣犯，當誑語被人拆穿時就會向官府提出誣訟濫告，成爲「貪罔爲罪」的大惡人。如果所誣告的是世俗人，也沒有達到害命的地步，還不至於下墜阿鼻地獄，也不會是無間地獄，最多只是一般地獄；如果所誣告的是真悟三乘菩提的賢聖，又是根本、方便、成已三罪具足，身口意業全都具足成就了，那可就是阿鼻地獄罪了。這類人說謊慣了，入了阿鼻地獄以後，自然會有「惡友業鏡火珠，披露宿業對驗諸事」等著他。

這種人也是「誑習因」，在世時專門說謊話；因爲說謊而被拆穿了，於是假藉官府勢力造作大惡業；死後下地獄受罪，都是因爲「貪罔」。不論是爲了貪財物或者貪名聲，所以一再說謊，都說不如實語來欺矇別人；譬如沒有證量而自稱是有證量的上駟，不懂裝懂，然後反過來指責有證量的人是下駟，加以誣衊，這就是「罔」。這種誑習爲因的人，都會在人間詐現有德之狀，表面上似乎是很有道德、很有修爲、證量很高，然後再裝模作樣讓人覺得他很謙虛。可是背地裡卻氣憤地指責賢聖，因爲賢聖說法與他相違，或者貶抑賢聖的證量與他相差太遠。可是在公開場合卻教人要謙虛，自稱不敢評論他人。

假使這種事情被拆穿時，他就氣憤地向官府誣告，想要藉官府力量強逼沒有過失的對方向他公開道歉。這種人都會與官府攀緣來往，然後假藉官府力量達到強逼良善的目的。這就是因爲貪於名聲或利養，迷於智慧而造作許多誑語而成爲習慣；「**誑習爲因**」就會不斷說謊，終有被拆穿的一天。於是就造作大惡業出來，死後當然得要受報；從地獄中受報完畢以後回到人間時，因爲羞於見人，只好躲躲藏藏，只好向幽暗處躲藏，於是「**遇幽爲形**」就成爲魘鬼了。

魘鬼都會住在幽暗的地方，平時都不會被人遇見；所以都是等到人們在睡覺時，身在夢中，他才會現身來搗蛋，專門在夢中魘惑別人。如今佛教界有一些大法師們，他們私底下幹了什麼事情，並不是只有他們自己知道；不論他們怎麼遮掩，不論同造的徒眾們如何共同遮掩，捨報後都是逃不掉的；那時他們修密的事情，都會在臨命終時由如來藏集藏的業種之中顯現出來，去到地獄時也會有業鏡給他們瞧；不論他們如何否定地獄的存在，地獄卻不會因爲他們極力否定就不存在的。特別是喜歡濫訟而誣告賢聖的人，死後是不能免除阿鼻地獄果報的；等他們將來地獄苦報受完了，接下來關於心性的正報，會使他們落到哪一道去，你們大概都可以斷得出來，根本不必掐指來算了。

「**貪明為罪，是人罪畢遇精為形，名魍魎鬼。**」接下來是「貪明爲罪」，就是「見習交明」的人，也就是明悟邪見自以爲悟；這種人都是世間法中的聰明人，當他學佛以後自以爲很精明，卻是因爲太精明而自以爲是，不肯虛心接受實證者的說法，以爲自己真的證悟了，結果卻是邪見—落在意識境界中—成爲惡見者。這種惡見具足五利使，會產生薩迦耶見、戒禁取、邪悟。自以爲悟即是邪悟，會自己施設種種禁取戒，以不如理作意的戒來約束學人或弟子。譬如宗喀巴的《密宗道次第廣論》全部，和《菩提道次第廣論》後半部的止觀，都說要精進修行雙身法，要每日八個時辰精進修持，每年每月每日都應如是，這不正是明悟邪見的具體證明嗎？這樣寫書出來誤導眾生共同成就邪婬大惡業，都是因爲「見習交明」而「發於違拒」，違拒正法之理而產生了邪悟，就以邪悟中的精明性成就「貪明爲罪」的業行。

當宗喀巴制定禁戒：你如果入了西藏密宗就應該接受密灌，接受了密灌就必須「日日八時而修」雙身法；若沒有這樣精進，就犯了密宗的十四根本戒。還說：犯了十四根本戒，就要下墮金剛地獄。怪不得喇嘛們每天晚上都要找來女人合修雙身法，所以台灣的密宗喇嘛性侵害事件，一定會常常發生。宗喀巴又追隨密宗祖師施設金剛地獄，也是自設的禁取戒，正是標準的戒禁取見；這樣誤導眾生而造下邪婬大惡業，自己也這樣邪婬，就是「貪明爲罪」。當宗喀巴「貪明爲罪」死後，還能在人間受人供養嗎？早就下地獄去了！密宗那些人每天在拜宗喀巴，其實拜的是冒名的鬼神；宗喀巴早已在地獄受罪了，哪裡還能夠受人供養？可是眾生們有誰知道呢？都不知道。

因爲雙身法根本不能即身成佛，縱然證得第四喜而能夠遍身領受婬樂了，本質仍然是凡夫；宗喀巴卻說證得第四喜就是已經成佛了，成就大妄語業，當然是「貪明爲罪」。他又說這是 釋迦佛所說的佛法，然而 釋迦佛從來不曾說過這樣的假佛法，所以他又犯下了謗佛的重罪，也是「貪明爲罪」。

他這樣的行爲是以外道法取代佛法，是破法的行爲，卻自以爲是，犯下了破法重罪，也是「貪明爲罪」。釋迦佛明明說意識不是因果的主體，明明說意識是生滅法，是藉意根與法塵作爲因緣而出生的生滅法，宗喀巴卻主張說意識是常住法，是因果的主體，是五陰的所依，公然與 釋迦佛唱反調，意謂 釋迦佛說法錯誤，也是嚴重謗佛的重罪，這也是「貪明爲罪」。由此以觀，宗喀巴死後當然要下墜阿鼻地獄中，領受尤重純苦地獄重罪。將來罪畢之後「遇精爲形」，只要遇到眾生行婬時的精氣或者某些物品散發的精氣，鬼形就出生了。密宗有時請出護法神來跳金剛舞時，那些護法神正是愛樂精氣的魍魎鬼，要以不淨的屎尿婬液供養他們。而密宗正是這樣供養他們，所以他們會永遠護持雙身法的密宗，才能持續獲得精氣滋養鬼身。

所以說，「貪明」其實就是「見習」，都是因爲下墜地獄以前「邪悟」而生起邪執，從來不肯聽一聽真悟者說的有無道理，他就是一味地反對，爲反對而反對；然後堅持自己的錯誤說法爲正確的佛法，排擠正法而妄謗爲錯誤法義。這種人就如同古人說的：「望之有似高明，就之實無威德。」如今台灣佛教界就有這一類的法師們，有大法師也有小法師，都同樣是這種心行、口行與身行；表面上看來他們似乎是證量很高的聖人，尤其是有一些人著作等身，一生著作極多，一般人都會誤以爲他們的證量非常高；可是等到你親近修學以後，他們就開始籠罩你。但是，光靠籠罩是維持不了多久的，遲早會被你發現馬腳；那時你就看清楚他們的落處，才知道他們根本就沒有實證任何菩提：三乘菩提之中，不論哪一種都沒有實證，根本都是凡夫。

這一類大、小法師們，都是「見習交明」的人；當他們的世間聰明無法再遮掩而被舉發以後，他們就會開始私底下誣指真悟者是邪魔外道，成爲「貪明爲罪」的大惡業者。（註）這一類人都屬於「見習交明」而不離「薩迦耶見、戒禁取、邪悟諸業」，對於佛法三乘菩提正理都全力違拒；所以他們的「貪明爲罪」全都是因爲「見習交明」而「發於違拒」，於是造作種種無根毀謗正法及賢聖的大惡業。這種人，平常人遇到他們時，他們都會裝出一副神聖的模樣，看來是很有威德的人；可是等你親近而探究他們的落處時，他們就開始遮遮掩掩，眼神也閃閃爍爍，說話時都是顧左右而言他，都不回答你所提出的問題；只是一味提出別的問題來質問，再三另闢新題目，迴避所有正在討論中的題目，他們心中只想要一手遮天而繼續誤導眾生。這種人都是「貪明爲罪」而「見習交明」的人，說穿了就如同「胸無點墨」的俗人冒充高雅隱士，很有氣派與威德；等到深入探究他們的內涵時，卻發覺只是冒牌貨，那時他們就避不出面，根本不敢回應，對內行人而言是一點點威德都沒有的。這一類人，將來從阿鼻地獄中經歷各種地獄受報完畢回來人間時，就只能與木石等一類精氣相應，只要是有精光的物質，他們就依附成形而成爲魍魎鬼，受苦無盡。（註：後來慧廣法師正是如此，以未斷我見的凡夫身，在未明心證如來藏，亦未眼見佛性的一無所證狀態下，以化名在網路上誣謗平實導師，又寫文章誣指已斷我見、已證如來藏、已見佛性的平實導師說法錯誤，成爲「貪明爲罪」的具體表現；詳見本會游正光老師著《眼見佛性》及《明心與眼見佛性》二書辨正。本會一位住在高雄的曾師兄有時前往論法，慧廣漸漸避不見面；後來這位師兄帶了飯盒在慧廣法師寺前野餐，慧廣法師乾脆派比丘尼出來請求這位師兄離開，說他們覺得有壓力，早忘了平常宣稱自己爲開悟聖者時的威德了。平常看來是很精明而且能主持禪七的「證悟」者，這時卻畏於接見本會中的某位師兄，正是「見習交明」的寫照：「望之有似高明，就之實無威德。」）

「貪成為罪，是人罪畢遇明為形，名役使鬼。」「貪成爲罪」就是「枉習」，由於生前貪於財物而以聰明善辯，在官府中作各種僞證，以僞證幫助惡人寃枉良善，故入人罪；這類人在人間時常常指鹿爲馬，世智辯聰善於言語，所以下墜地獄受報完畢回來人間時，就只能「**遇明爲形**」而成爲「**役使鬼**」，就是遇到人們以言語誦持明咒時，他們便成就鬼身；既是因爲明咒而成就鬼身，當然就得被受持明咒的人役使而爲人辦事了。這種人在人間藉事藉端枉詐成私，都是爲了自己的利益，都可以被人役使而以言語廣作僞證，因貪而成就誣枉良善的惡業，所以稱爲「貪成」；既然生前都藉言語來誣枉他人，離開地獄以後就被某些言語所驅使，也就是被持明誦咒的人所驅使，爲持明者辦事，所以稱爲「役使鬼」。或者在人間時常常以咒術役使鬼道有情去害人，或以咒術驅使鬼道有情爲他辦事，在因果上也是欠了鬼神；如今也該成爲役使鬼，報還以前役使別人的因果，所以現在開始要被人以咒術役使了。

「**貪黨為罪，是人罪畢遇人為形，名傳送鬼。**」「貪黨爲罪」的鬼類，是在人間時常常被「訟習交誼」和「枉習交加」的人所利用。這種人專門爲那些人傳送假資料、假證據，幫助惡人枉訟或誣告良善，與那些貪財、貪名、貪眷屬而誣告良善的人成爲同黨，共同造作惡業構陷良善；所以從地獄中受完苦報來到人間時，遇到合適的人時，他就成爲傳送鬼，專門爲人傳送訊息，希望藉此而獲得供養。譬如鬼神廟中被人請問亡者訊息一類的鬼神，附在層級比較低的乩童身上來傳送消息等鬼神。

所以「貪黨爲罪」的人，生前都是結黨訟習的人；結黨目的當然是營私，就是眾口同聲去冤枉某個人，去官府共同攻訐他；有的人出面指控，有的人擔任證人，有的人專門傳送假訊息、假證據，共同完成誣枉良善而奪取他人的財產。古時常常看見這種謀財害命的事，都是一群人共同結黨才能完成的，這就是「貪黨爲罪」。「貪黨爲罪」的事情，在政治上也最多，屢見不鮮；直到現代，這種戲碼依舊年年都在上演，也是每一個月都在上演的，只要注意看電視新聞報導就會知道了！而這些人都結黨訟習。凡是結黨而以莫須有的罪名指控別人，誣枉別人成就時，下墜地獄受完苦報之後，他們回到人間時成爲鬼身，只要遇到乩童時便能成就鬼形，然後就能附身言語。

而這種鬼，在修行中也是常常會遇到的；譬如常常看見有人打坐修定以後，突然會爲你預言某些事情；譬如說你明天會遇到什麼人，那個人會對你做什麼事情。後天又預言你將會遇到誰，然後會發生什麼事情。有時候又會對你解說因果：你今天這麼難過，就是因爲過去世做了某些事情。其實他只是被傳送鬼附身，假藉他的嘴來傳話。但其實這個傳送鬼也不是自己知道的，只是因爲他在鬼道中互通聲息才知道的，他只是當傳送鬼，把消息附在某一個人身上講出來。傳送鬼爲什麼要「遇人爲形」？因爲他要傳送某些訊息到人間，當然要遇人才能成形；而他們每天都在鬼道中繼續結黨訟習，所以叫作傳送鬼。

「**阿難！是人皆以純情墜落，業火燒乾，上出為鬼，此等皆是自妄想業之所招引。若悟菩提，則妙圓明，本無所有。**」世尊作了結論說：這些落入鬼道中的有情，都是因爲「純情」而失去理智，所以才會墜落於地獄中；要等到業火燒乾了以後，才能離開地獄「上出爲鬼」。這些有情全都是由於自己的虛妄想而造了惡業以後，才會招引鬼道境界出來；如果悟得佛菩提時，就會知道其實鬼道境界不是本來而有，本來而有的只是勝妙圓明的如來藏心，本來沒有鬼道境界、鬼道世間。「業火燒乾」，意思是最重罪以及最惡心性的苦報因果已經報償完畢了，才能離開地獄。「若悟菩提」，意思是說如果能夠悟得佛菩提的時候，就會看到餓鬼道境界其實也是如來藏所出生的境界，本是如來藏心；只要不造那些惡業，就不可能會有餓鬼道境界的世間存在；所以一旦悟得佛菩提時，就如同一個人剛剛從眠夢之中清醒過來，那時自然知道眠夢中的所有境界都不是實有，確實是「本無所有」，哪裡還會有鬼道世間境界可得呢！

所以 佛陀說：人應該理智而不要專在情執或情緒中用心。「想」越多的人就越理智，越明理而越沒有情執的人就越不會造作大惡業；所以那些人會墮落，都是因爲純情而無想，所以都不理智，都是在情執上放不下，一心想要維護親人、朋黨、師父，而不管他們是否有過失，就由於這樣的純情無想而墜落。如果能夠放下情執，純以理智來看待，就不會在捨報以後墜落三惡道中。所以，學佛的人真的要很小心，不管你過去是在哪一個大法師座下，師徒的情分無妨繼續維持，但是千萬不要因爲情感而生起執著。所以，我如果還有因緣再遇見我這一世的師父——九百多年前的師兄，我還是會對他頂禮，還是會奉上一個紅包供養。

當然我供養的紅包一定不大，因爲我自己都過得很儉樸了，爲什麼要一次奉上幾萬元讓他用來抵制正法？我自己一個月零用錢花不到三千元，所以誠意夠了就行。而且供養的人很多，我只是錦上添花，一朵就夠了。但是我以前在護持道場上面很用心，所以我對他很少供養，印象中只供養兩次；可是我以前還在他的道場走動時，也是很用心在道場上護持，但是我不曾對他們的某一位法師單獨供養。有些人喜歡專對某一位法師供養，我從不作這種事情；我認爲只要護持這個道場，就是供養所有法師了，所以我所供養的錢都是放在護持道場上面。但是如果有需要（當然絕對不可能還會需要我供養，因爲他現在錢財那麼多，那可是以百億元計算的），如果真的有需要，我買個精舍供養他也可以，但他如今根本用不著。我要表達的意思是說：情分歸情分，正法歸正法，絕不混淆。所以他說法錯了，嚴重誤導眾生時，該辨正時就照樣辨正，不考慮師徒情分。

也因爲他常常私底下指稱我弘揚的如來藏妙法「不如法」，他不敢說如來藏妙法是外道法，不敢明著指斥是假的，就說我不如法。既然說我不如法，那我就來說說看：什麼是如法，什麼是不如法。如果有很多正法團體所傳的法跟我們一樣，我師父說我不如法，我就算了，不會有反應；但因爲現在正法就只有我們正覺同修會，是唯一的了義正法，就不容被誣責，所以我就不顧師徒之情、不顧師兄弟宿誼，該辨正時就照樣辨正。這表示我絕對不會落入「純情」之中，你們也應該跳脫於「純情」之外，才是真正在學佛。如果是「純情」的人，就不免會跟世俗人一樣了！特別是將來明心以後，更不可以有情執。因爲明心以後如果還在迷戀以前追隨的未悟師父，可真的是「迷」，那他的開悟一定是假的，就與世間的樂迷、歌迷、球迷一樣了。如果明心以後還在迷戀原來的師父，可就大錯特錯了！因爲他畢竟是還沒開悟明心的凡夫，你明心進入七住位了，成爲佛菩提道中的三賢位賢人，也成爲聲聞果中的初果聖人，爲什麼還要迷著還在凡夫位中的師父？真的是「純情」，將來不免下墜，這也表示他開悟的內涵一定是聽來的；因爲他的智慧還沒有生起，才會繼續保有世間愚人的想法。

佛說「純情墜落」，由於「純情」才會失去理智而造作惡業，捨報以後墜落地獄之中，要等到「業火燒乾」，也就是應該領受的地獄業果報已經盡了，才能離開地獄；但是還不能當人，連當畜生的資格都還沒有，所以只能當鬼。而鬼道中的鬼是從哪裡來的？也都是由於他們各自的虛妄想而造作大惡業，才會招引感應了鬼身，才會有鬼道世間。人間的境界也是一樣，「情想均等」生而爲人，也是由於人類「情想均等」的人間業行所招感而成爲人身，才會有人間境界；所以人身也不是無緣而有，卻也不是本來而有的。同理，成爲天身而出現了天界世間，道理也是一樣，所以純想的人就會生天，純情的人就會墜落三惡道中。

因此，這些鬼都是自己的妄想造業所招引出來的，所以這些鬼如果每天晚上來跟你託夢抱怨，你就告訴他：「你都別再抱怨了，都是自作自受。」他如果問說：「那我要怎麼樣才能再來當人？」你說：「你趕快去造善業，多多幫助人，不管人家知不知道你在幫忙，也不管他有沒有向你表示感激；最好是趕快找到你過去世所負欠的人，去幫助他，把自己所欠的舊業趕快還清，才能趕快脫離鬼身。但是，從此開始都要依照理智和不貪來做事，千萬別再純情無想而貪著有爲法上的利益。」其實脫離鬼身之後來到人間，還是要再還一次餘債的；幹了什麼業就還什麼債，一定要加上利息的。所以全都是由自己的妄想而造下大惡業，所以招引來這一世當餓鬼；如果所有人都不造作往生鬼道的惡業時，鬼道世間就不存在了。所以鬼道世間不是本來有，是因爲眾生的虛妄想而造作了適合成爲鬼道眾生的惡業以後，才會有鬼道世間的出生與存在。

「若悟菩提，則妙圓明，本無所有。」如果能夠悟得佛菩提所證的微妙圓滿光明的如來藏心，而如來藏心的自住境界是離六根、六塵、六識的，本無世間所有的法，任何一法都無；真菩提心妙真如性，只是本然存在而寂滅無住，何曾有鬼道世間可說呢？所以說「本無所有」。所以他如果想要離開鬼道，你就告訴他：「你如果能夠證悟佛菩提，盡未來世都永遠不必再當鬼了。」他若是問你：「怎麼樣才能證悟菩提？」你說：「你去當人就能證悟。」因爲不可以爲他明講佛菩提的密意，因爲他就是福德不夠，才會去當餓鬼；你如果爲他明講，那你就得擔負他剩下來的所有惡業，要小心他的債主怨家會找你代他還債，也要小心護法神會處理你。

事實上也確實如此，這是我親自經歷過的：第一次禪三時統統有獎，凡是參不出來的人，我就全部叫到小參室來明講。第二次也一樣，第三次也一樣；結果這三次禪三我都很痛苦，所以第三次禪三結束時，我當然就知道那不是偶然的，而是護法菩薩給我的警告。所以就不再像以前那樣了，第四次禪三時我預先說：「**我開始要隨緣了，能幫上忙的我會儘量幫；若是真的沒辦法，你就下次再來。**」於是我就都平安了。第一次禪三受苦時，我想應該只是巧合。第二次禪三受苦時我還是認爲只是巧合，然而第三次禪三依舊痛苦，卻與以前不同，是讓我根本不能講話，嗓子無緣無故就是沒有聲音，不讓我完成禪三過程；禪三結束時我就知道這不是巧合了！於是從第四次開始，我就不再明講密意了。

爲什麼會這樣子呢？是因爲學人的福德與慧力如果還不夠，就不應該提前幫忙悟入，否則就是會出漏子。後來果然就出問題了，都因爲智慧無法出生而一批又一批退轉了，所以開悟的事情真的不能勉強。諸位也不要鐵齒，因爲我是親自體驗過了，所以現在都不鐵齒了，該怎麼樣就怎麼樣。如果因緣真的不行，那就下回禪三再來；往往下一回來明心時，品質都比第一次來時開悟的品質更好。一旦悟得佛菩提時，現觀一切都是如來藏而無所得，怎麼還會再造惡業呢？

可是有人提出問題來：「有的人明心了以後，還不是照樣在毀謗你嗎？而且還是無根毀謗。」事實上也確實有這種現象，但這道理很容易理解：有的人存有私心，性障很重；他們來同修會修學如來藏妙法的目的，本來就是計劃一旦開悟了，就要去當開山祖師的。他們是以私心來學正覺的法，所以會毀謗我；離開後準備開山時，如果不先把我壓下來，他始終都會在我的陰影遮覆下，無法發展他的事業，當然要無根毀謗我。如今我對這種人也看多了，而且知道將來會更多。又如有人是這樣的私心：「我如果真的悟了，要回去把密意告訴我師父。」然後他又想留在同修會繼續進修。而我們禁止這樣的蠢事，於是他心中很生氣，就開始暗中無根毀謗我，也有這樣的人。有人則是存著私心計劃：「我悟了以後，要用這個法廣招徒眾，大收供養。」因爲全世界沒有一個地方可以幫人開悟，只有正覺同修會；如今悟了，把經典請出來印證，果然全部正確，他就想要藉這個如來藏妙法賺錢了。

這些人心中想的都是要賺錢，不然就是要當開山祖師，想要像那些大山頭大法師一樣風光一輩子。但我從出道弘法以來，沒有起過一念想要利用這個法來獲得世間利益，我同修也不曾這樣想過。可是有些人來學法的目的，就是想要利用這個法去賺錢，或者獲得世間法中的利益；這在同修會的規約中並不允許，他們受到制止時當然就會無根毀謗我。也有人想：「我明心了，要出來當親教師。」但我們對親教師的標準越來越提高，所以悟後還有許多法要修學；心性也還得要再磨練以後，才有資格當親教師。因此，如果有私心就會產生各種狀況，都是因為性障深重才會產生那些狀況；凡是有這些狀況的人，正好顯示他的得法因緣還沒有成熟。但是因為我濫慈悲，給得太容易了，所以他們心中就生起輕易想。然後就由於純情而都在世間利益作考量，當然無法在「本無所有」上面用心觀行，於是這些不好的狀況就會出現。所以我後來就開始檢討，不想再犯濫慈悲的過失。

為什麼說悟得菩提以後，能夠現觀如來藏的「妙圓明」而本無所有呢？有些大法師就解釋錯了：「悟得菩提以後就是緣起性空，什麼都沒有了！連妙圓明都不存在了，才是究竟開悟。」那真是誤會大了！世尊真正的意思是說：當你悟得佛菩提之後，你現前觀察體驗如來藏，發現如來藏的體性是這麼圓滿，不但所有法都從祂來，連我們的身體也是從祂而來的；而我們的離念靈知心、處處作主的思量心，也都是從祂而來的，可以說無一法不從祂來。而如來藏是本來就這樣的清淨，也是永遠都具有光明顯現出來，因為祂還有七種性自性，所以祂是很微妙而光明的；然而如來藏出生了一切法以後，祂在一切法之中，卻從來都不領受任何一法，所以在涅槃本際中是從來都無一法可得的，當然說「本無所有」。

然後反觀十八界自身都是有所得，都在六塵上有所得；但是這些所得都可以回歸到那些大法師們所講的無常空，當然也是無所得。無常所以是苦，苦則非我，非我即無所得，只是一時存在而不是真實存在的常住法。所以，從如來藏來看，如來藏於一切法都無所得；從十八界我，從眾生我來看，也因為無常故空而無所得；既然都無所有，而如來藏又是這樣的微妙圓滿光明。把這個法界中的事實真相看得一清二楚時，自然就不必再落入「十習因」中，造作會使人下墜地獄的「十習因」等十重業了。所以 世尊才說：如果悟得菩提了（當然這一定是有經過深入觀行而不是膚淺的只知道密意），現前觀察到如來藏的「妙圓明」時，也自然會證實一切「本無所有」，全都是六道有情自己造業而成就了六道有情世間；如果所有有情都不造作六道有情相應的業行時，六道有情就全都消失了，這些世間自然也會跟著全部消失，所以三界世間本無所有，本來就都是如來藏的微妙圓明自性。（未完，詳後第十三輯續說。）

佛菩提二主要道次第概要表——二道並修，以外無別佛法

佛菩提道——大菩提道

遠波羅蜜多

資糧位

十信位修集信心——一劫乃至一萬劫

初住位修集布施功德（以財施爲主）。

二住位修集持戒功德。

三住位修集忍辱功德。

四住位修集精進功德。

五住位修集禪定功德。

六住位修集般若功德（熏習般若中觀及斷我見，加行位也）。

外門廣修六度萬行

見道位

七住位明心般若正觀現前，親證本來自性清淨涅槃。

八住位起於一切法現觀般若中道。漸除性障。

十住位眼見佛性，世界如幻觀成就。

一至十行位，於廣行六度萬行中，依般若中道慧，現觀陰處界猶如陽焰，至第十行滿心位，陽焰觀成就。

一至十迴向位熏習一切種智；修除性障，唯留最後一分思惑不斷。第十迴向滿心位成就菩薩道如夢觀。

內門廣修六度萬行

初地：第十迴向位滿心時，成就道種智一分（八識心王一一親證後，領受五法、三自性、七種第一義、七種性自性、二種無我法）復由勇發十無盡願，成通達位菩薩。復又永伏性障而不具斷，能證慧解脫而不取證，由大願故留惑潤生。此地主修法施波羅蜜多及百法明門。證「猶如鏡像」現觀，故滿初地心。

二地：初地功德滿足以後，再成就道種智一分而入二地；主修戒波羅蜜多及一切種智。滿心位成就「猶如光影」現觀，戒行自然清淨。

解脫道：二乘菩提

→ 斷三縛結，成初果解脫

→ 薄貪瞋癡，成二果解脫

→ 斷五下分結，成三果解脫

入地前的四加行令煩惱障現行悉斷，成四果解脫，留惑潤生。分段生死已斷，煩惱障習氣種子開始斷除，兼斷無始無明上煩惱。

近波羅蜜多

修道位

三地：二地滿心再證道種智一分，故入三地。此地主修忍波羅蜜多及四禪八定、四無量心、五神通。能成就俱解脫果而不取證，留惑潤生。滿心位成就「猶如谷響」現觀及無漏妙定意生身。

四地：由三地再證道種智一分故入四地。主修精進波羅蜜多，於此土及他方世界廣度有緣，無有疲倦。進修一切種智，滿心位成就「如水中月」現觀。

五地：由四地再證道種智一分故入五地。主修禪定波羅蜜多及一切種智，斷除下乘涅槃貪。滿心位成就「變化所成」現觀。

六地：由五地再證道種智一分故入六地。此地主修般若波羅蜜多——依道種智現觀十二因緣一一有支及意生身化身，皆自心眞如變化所現，「非有似有」，成就細相觀，不由加行而自然證得滅盡定，成俱解脫大乘無學。

七地：由六地「非有似有」現觀，再證道種智一分故入七地。此地主修一切種智及方便波羅蜜多，由重觀十二有支一一支中之流轉門及還滅門一切細相，成就方便善巧，念念隨入滅盡定。滿心位證得「如犍闥婆城」現觀。

七地滿心斷除故意保留之最後一分思惑時，煩惱障所攝色、受、想三陰有漏習氣種子全部斷盡。

大波羅蜜多

八地：由七地極細相觀成就故再證道種智一分而入八地。此地主修一切種智及願波羅蜜多。至滿心位純無相觀任運恆起，故於相土自在，滿心位復證「如實覺知諸法相意生身」故。

九地：由八地再證道種智一分故入九地。主修力波羅蜜多及一切種智，成就四無礙，滿心位證得「種類俱生無行作意生身」。

十地：由九地再證道種智一分故入此地。此地主修一切種智——智波羅蜜多。滿心位起大法智雲，及現起大法智雲所含藏種種功德，成受職菩薩。

等覺：由十地道種智成就故入此地。此地應修一切種智，圓滿等覺地無生法忍；於百劫中修集極廣大福德，以之圓滿三十二大人相及無量隨形好。

煩惱障所攝行、識二陰無漏習氣種子任運漸斷，所知障所攝上煩惱任運漸斷。

圓滿波羅蜜多

究竟位

妙覺：示現受生人間已斷盡煩惱障一切習氣種子，並斷盡所知障一切隨眠，永斷變易生死無明，成就大般涅槃，四智圓明。人間捨壽後，報身常住色究竟天利樂十方地上菩薩；以諸化身利樂有情，永無盡期，成就究竟佛道。

斷盡變易生死
成就大般涅槃

圓滿成就究竟佛果

佛子蕭平實　謹製
（二〇〇九、〇二　修訂）
（二〇一二、〇二　增補）

佛教正覺同修會〈修學佛道次第表〉

第一階段

* 以憶佛及拜佛方式修習動中定力。
* 學第一義佛法及禪法知見。
* 無相拜佛功夫成就。
* 具備一念相續功夫—動靜中皆能看話頭。
* 努力培植福德資糧，勤修三福淨業。

第二階段

* 參話頭，參公案。
* 開悟明心，一片悟境。
* 鍛鍊功夫求見佛性。
* 眼見佛性〈餘五根亦如是〉親見世界如幻，成就如幻觀。
* 學習禪門差別智。
* 深入第一義經典。
* 修除性障及隨分修學禪定。
* 修證十行位陽焰觀。

第三階段

* 學一切種智真實正理—楞伽經、解深密經、成唯識論…。
* 參究末後句。
* 解悟末後句。
* 透牢關—親自體驗所悟末後句境界，親見實相，無得無失。
* 救護一切衆生迴向正道。護持了義正法，修證十迴向位如夢觀。
* 發十無盡願，修習百法明門，親證猶如鏡像現觀。
* 修除五蓋，發起禪定。持一切善法戒。親證猶如光影現觀。
* 進修四禪八定、四無量心、五神通。進修大乘種智，求證猶如谷響現觀。

佛教正覺同修會 共修現況 及 招生公告 2021/03/17

一、共修現況：（請在共修時間來電，以免無人接聽。）

台北正覺講堂 103 台北市承德路三段 277 號九樓 捷運淡水線圓山站旁 Tel..**總機** 02-25957295（晚上）（**分機：九樓**辦公室 10、11；知客櫃檯 12、13。 **十樓**知客櫃檯 15、16；書局櫃檯 14。 **五樓**辦公室 18；知客櫃檯 19。**二樓**辦公室 20；知客櫃檯 21。）Fax..25954493

第一講堂 台北市承德路三段 277 號九樓

禪淨班：週一晚班、週三晚班、週四晚班、週五晚班、週六下午班、週六上午班（共修期間二年半，全程免費。皆須報名建立學籍後始可參加共修，欲報名者詳見本公告末頁。）

增上班：瑜伽師地論詳解：單週六晚班。雙週六晚班（重播班）。17.50～20.50。平實導師講解，2003 年 2 月開講至今，僅限已明心之會員參加。

禪門差別智：每月第一週日全天 平實導師主講（事冗暫停）。

解深密經詳解 本經從六度波羅密多談到八識心王，再詳論大乘見道所證眞如，然後論及悟後進修的相見道位所觀七眞如，以及入地後的十地所修，乃至成佛時的四智圓明一切種智境界，皆是可修可證之法，流傳至今依舊可證，顯示佛法眞是義學而非玄談，淺深次第皆所論及之第一義諦妙義。預定於 2021 年三月下旬起開講，由平實導師詳解。每逢週二晚上開講，第一至第六講堂都可同時聽聞，歡迎菩薩種性學人，攜眷共同參與此殊勝法會現場聞法，不限制聽講資格。本會學員憑上課證進入第一至第四講堂聽講，會外學人請以身分證件換證進入聽講（此爲大樓管理處安全管理規定之要求，敬請諒解）；第五及第六講堂（B1、B2）對外開放，不需出示任何證件，請由大樓側門直接進入。

第二講堂 台北市承德路三段 267 號十樓。

禪淨班：週一晚班。

進階班：週三晚班、週四晚班、週五晚班、週六早班、週六下午班。禪淨班結業後轉入共修。

解深密經詳解：平實導師講解。每週二 18.50~20.50 影像音聲即時傳輸

第三講堂 台北市承德路三段 277 號五樓。

禪淨班：週六下午班。

進階班：週一晚班、週三晚班、週四晚班、週五晚班。

解深密經詳解：平實導師講解。每週二 18.50~20.50 影像音聲即時傳輸

第四講堂 台北市承德路三段 267 號二樓。

進階班：週一晚班、週三晚班、週四晚班（禪淨班結業後轉入共修）。

解深密經詳解：平實導師講解。每週二 18.50~20.50 影像音聲即時傳輸

第五、第六講堂

念佛班　每週日晚上，第六講堂共修（B2），一切求生極樂世界的三寶弟子皆可參加，不限制共修資格。

進階班：週一晚班、週三晚班、週四晚班。

解深密經詳解：平實導師講解。每週二 18.50~20.50 影像音聲即時傳輸。第五、第六講堂爲**開放式講堂**，不需以身分證件換證即可進入聽講，台北市承德路三段 267 號地下一樓、地下二樓。每逢週二晚上講經時段開放給會外人士自由聽經，請由大樓側面梯階逕行進入聽講。**聽講者請尊重講者的著作權及肖像權，請勿錄音錄影，以免違法；若有錄音錄影被查獲者，將依法處理。**

正覺祖師堂　大溪區美華里信義路 650 巷坑底 5 之 6 號（台 3 號省道 34 公里處 妙法寺對面斜坡道進入）電話 03-3886110　傳眞 03-3881692 本堂供奉 克勤圓悟大師，專供會員每年四月、十月各三次精進禪三共修，兼作本會出家菩薩掛單常住之用。開放參訪日期請參見本會公告。教內共修團體或道場，得另申請其餘時間作團體參訪，務請事先與常住確定日期，以便安排常住菩薩接引導覽，亦免妨礙常住菩薩之日常作息及修行。

桃園正覺講堂（第一、第二講堂）：桃園市介壽路 286、288 號 10 樓（陽明運動公園對面）電話：03-3749363(請於共修時聯繫，或與台北聯繫)

禪淨班：週一晚班（1）、週一晚班（2）、週三晚班、週四晚班、週五晚班。

進階班：週四晚班、週五晚班、週六上午班。

增上班：雙週六晚班（增上重播班）。

解深密經詳解：平實導師講解。每週二晚上，以台北正覺講堂所錄 DVD 放映；歡迎會外學人共同聽講，不需出示身分證件。

新竹正覺講堂　新竹市東光路 55 號二樓之一　電話 03-5724297（晚上）

第一講堂：

禪淨班：週五晚班。

進階班：週三晚班、週四晚班、週六上午班。由禪淨班結業後轉入共修

增上班：單週六晚班。雙週六晚班（重播班）。

解深密經詳解：平實導師講解。每週二晚上，以台北正覺講堂所錄 DVD 放映。歡迎會外學人共同聽講，不需出示身分證件。

第二講堂：

禪淨班：週一晚班、週三晚班、週四晚班、週六上午班。

解深密經詳解：每週二晚上與第一講堂同步播放講經 DVD。

第三、第四講堂：裝修完畢，即將開放。

台中正覺講堂　04-23816090（晚上）

第一講堂　台中市南屯區五權西路二段 666 號 13 樓之四（國泰世華銀行樓上。鄰近縣市經第一高速公路前來者，由五權西路交流道可以快速到達，大樓旁有停車場，對面有素食館）。

禪淨班：週四晚班、週五晚班。

進階班：週一晚班、週三晚班、週六上午班。由禪淨班結業後轉入共修

增上班：單週六晚班。雙週六晚班（重播班）。

解深密經詳解：平實導師講解。每週二晚上，以台北正覺講堂所錄 DVD 放映。歡迎會外學人共同聽講，不需出示身分證件。

第二講堂　台中市南屯區五權西路二段 666 號 4 樓

禪淨班：週一晚班、週三晚班。

第三講堂台中市南屯區五權西路二段 666 號 4 樓

禪淨班：週一晚班。

第四講堂台中市南屯區五權西路二段 666 號 4 樓。

進階班：週一晚班、週四晚班、週六上午班，由禪淨班結業後轉入共修

解深密經詳解：每週二晚上與第一講堂同步播放講經 DVD。

嘉義正覺講堂　嘉義市友愛路 288 號八樓之一　電話：05-2318228

第一講堂：

禪淨班：週四晚班、週五晚班、週六上午班。

進階班：週一晚班、週三晚班（由禪淨班結業後轉入共修）。

增上班：單週六晚班。雙週六晚班（重播班）。

解深密經詳解：平實導師講解。每週二晚上，以台北正覺講堂所錄 DVD 放映。歡迎會外學人共同聽講，不需出示身分證件。

第二講堂　嘉義市友愛路 288 號八樓之二。

第三講堂　嘉義市友愛路 288 號四樓之七。

禪淨班：週一晚班、週三晚班。

台南正覺講堂

第一講堂　台南市西門路四段 15 號 4 樓。06-2820541（晚上）

禪淨班：週一晚班、週三晚班、週四晚班、週五晚班、週六下午班。

增上班：單週六晚班。雙週六晚班（重播班）。

第二講堂　台南市西門路四段 15 號 3 樓。

解深密經詳解：每週二晚上與第三講堂同步播放講經 DVD。

第三講堂　台南市西門路四段 15 號 3 樓。

進階班：週一晚班、週三晚班、週四晚班、週五晚班（由禪淨班結業後轉入共修）。

解深密經詳解：平實導師講解。每週二晚上，以台北正覺講堂所錄 DVD 放映。歡迎會外學人共同聽講，不需出示身分證件。。

高雄正覺講堂　高雄市新興區中正三路 45 號五樓 07-2234248（晚上）

第一講堂（五樓）：

禪淨班：週一晚班、週三晚班、週四晚班、週五晚班、週六上午班。

增上班：單週六晚班。雙週六晚班（重播班）。

解深密經詳解：平實導師講解。每週二晚上，以台北正覺講堂所錄 DVD 放映。歡迎會外學人共同聽講，不需出示身分證件。

第二講堂（四樓）：

進階班：週三晚班、週四晚班、週六上午班。由禪淨班結業後轉入共修

解深密經詳解：每週二晚上與第一講堂同步播放講經 DVD。

第三講堂（三樓）：

進階班：週四晚班（由禪淨班結業後轉入共修）。

香港正覺講堂

香港新界葵涌打磚坪街 93 號維京科技商業中心A 座 18 樓。

電話：(852) 23262231

英文地址：18/F, Tower A, Viking Technology & Business Centre, 93 Ta Chuen Ping Street, Kwai Chung, N.T., Hong Kong.

禪淨班：雙週六下午班、雙週日下午班、單週六下午班、單週日下午班

進階班：雙週五晚上班、雙週日早上班（由禪淨班結業後轉入共修）。

增上班：每月第一週週日，以台北增上班課程錄成 DVD 放映之。

增上重播班：每月第一週週六，以台北增上班課程錄成 DVD 放映之。

大法鼓經詳解：平實導師講解。每週六、日 19:00～21:00，以台北正覺講堂所錄 DVD 放映；歡迎會外學人共同聽講，不需出示身分證件。

美國洛杉磯正覺講堂　☆**已遷移新址**☆

825 S. Lemon Ave Diamond Bar, CA 91789 U.S.A.

Tel. (909) 595-5222（請於週六 9:00~18:00 之間聯繫）

Cell. (626) 454-0607

禪淨班：每逢週末 16：00~18：00 上課。

進階班：每逢週末上午 10：00~12：00 上課。

解深密經詳解：平實導師講解。每週六下午 13：30~15：30 以台北所錄 DVD 放映。歡迎各界人士共享第一義諦無上法益，不需報名。

二、招生公告 本會台北講堂及全省各講堂、香港講堂，每逢**四月、十月**下旬開新班，每週共修一次（每次二小時。開課日起三個月內仍可插班）；但美國洛杉磯共修處之禪淨班得隨時插班共修。各班共修期間皆爲二年半，全程免費，欲參加者請向本會函索報名表（各共修處皆於共修時間方有人執事，非共修時間請勿電詢或前來洽詢、請書），或直接從本會官方網站(http://www.enlighten.org.tw/newsflash/class)或成佛之道網站下載報名表。共修期滿時，若經報名禪三審核通過者，可參加四天三夜之禪三精進共修，有機會明心、取證如來藏，發起般若實相智慧，成爲實義菩薩，脫離凡夫菩薩位。

三、新春禮佛祈福 農曆年假期間停止共修：自農曆新年前七天起停止共修與弘法，正月 8 日起回復共修、弘法事務。新春期間正月初一～初七 9.00～17.00 開放台北講堂、正月初一~初三開放新竹、台中、嘉義、台南、高雄講堂，以及大溪禪三道場（正覺祖師堂），方便會員供佛、祈福及會外人士請書。美國洛杉磯共修處之休假時間，請逕詢該共修處。

密宗四大派修雙身法，是外道性力派的邪法；又以生滅的識陰作為常住法，是常見外道，是假的藏傳佛教。

西藏覺囊巴以他空見弘揚第八識如來藏勝法，才是真藏傳佛教

佛教正覺同修會　弘法行事表　2019/02/18

1、**禪淨班**　以無相念佛及拜佛方式修習動中定力，實證一心不亂功夫。傳授解脫道正理及第一義諦佛法，以及參禪知見。共修期間：二年六個月。每逢四月、十月開新班，詳見招生公告表。

2、**進階班**　禪淨班畢業後得轉入此班，進修更深入的佛法，期能證悟明心。各地講堂各有多班，繼續深入佛法、增長定力，悟後得轉入增上班修學道種智，期能證得無生法忍。

3、**增上班 瑜伽師地論**詳解　詳解論中所言凡夫地至佛地等 17 師之修證境界與理論，從凡夫地、聲聞地……宣演到諸地所證無生法忍、一切種智之眞實正理。由平實導師開講，每逢一、三、五週之週末晚上開示，僅限已明心之會員參加。2003 年二月開講至今，預定 2019 年講畢。

4、**不退轉法輪經**詳解　本經所說妙法極爲甚深難解，時至末法，已然無有知者；而其甚深絕妙之法，流傳至今依舊多人可證，顯示佛法眞是義學而非玄談，其中甚深極妙令人拍案稱絕之第一義諦妙義。已於 2019 年元月底開講，由平實導師詳解。不限制聽講資格。

5、**精進禪三**　主三和尙：平實導師。於四天三夜中，以克勤圓悟大師及大慧宗杲之禪風，施設機鋒與小參、公案密意之開示，幫助會員剋期取證，親證不生不滅之眞實心——人人本有之如來藏。每年四月、十月各舉辦三個梯次；平實導師主持。僅限本會會員參加禪淨班共修期滿，報名審核通過者，方可參加。並選擇會中定力、慧力、福德三條件皆已具足之已明心會員，給以指引，令得眼見自己無形無相之佛性遍佈山河大地，眞實而無障礙，得以肉眼現觀世界身心悉皆如幻，具足成就如幻觀，圓滿十住菩薩之證境。

6、**阿含經**詳解　選擇重要之阿含部經典，依無餘涅槃之實際而加以詳解，令大眾得以現觀諸法緣起性空，亦復不墮斷滅見中，顯示經中所隱說之涅槃實際—如來藏—確實已於四阿含中隱說；令大眾得以聞後觀行，確實斷除我見乃至我執，證得**見到**眞現觀，乃至**身證**……等眞現觀；已得大乘或二乘見道者，亦可由此聞熏及聞後之觀行，除斷我所之貪著，成就慧解脫果。由平實導師詳解。不限制聽講資格。

7、**解深密經**詳解　重講本經之目的，在於令諸已悟之人明解大乘法道之成佛次第，以及悟後進修一切種智之內涵，確實證知三種自性性，並得據此證解七眞如、十眞如等正理。每逢週二 18.50~20.50 開示，由平實導師詳解。將於《**不退轉法輪經**》講畢後開講。不限制聽講資格。

8、**成唯識論**詳解　詳解一切種智眞實正理，詳細剖析一切種智之微細深妙廣大正理；並加以舉例說明，使已悟之會員深入體驗所證如來藏之微密行相；及證驗見分相分與所生一切法，皆由如來藏—阿賴耶識—直接或展轉而生，因此證知一切法無我，證知無餘涅槃之本際。將於增上班《瑜伽師地論》講畢後，由平實導師重講。僅限已明心之會員參加。

9、**精選如來藏系經典**詳解　精選如來藏系經典一部，詳細解說，以此完全印證會員所悟如來藏之眞實，得入不退轉住。另行擇期詳細解說之，由平實導師講解。僅限已明心之會員參加。

10、**禪門差別智**　藉禪宗公案之微細淆訛難知難解之處，加以宣說及剖析，以增進明心、見性之功德，啓發差別智，建立擇法眼。每月第一週日全天，由平實導師開示，僅限破參明心後，復又眼見佛性者參加（事冗暫停）。

11、**枯木禪**　先講智者大師的《小止觀》，後說《釋禪波羅蜜》，詳解四禪八定之修證理論與實修方法，細述一般學人修定之邪見與岔路，及對禪定證境之誤會，消除枉用功夫、浪費生命之現象。已悟般若者，可以藉此而實修初禪，進入大乘通教及聲聞教的三果心解脫境界，配合應有的大福德及後得無分別智、十無盡願，即可進入初地心中。親教師：平實導師。未來緣熟時將於正覺寺開講。不限制聽講資格。

註：本會例行年假，自 2004 年起，改爲每年農曆新年前七天開始停息弘法事務及共修課程，農曆正月 8 日回復所有共修及弘法事務。新春期間（每日 9.00~17.00）開放台北講堂，方便會員禮佛祈福及會外人士請書。大溪區的正覺祖師堂，開放參訪時間，詳見〈正覺電子報〉或成佛之道網站。本表得因時節因緣需要而隨時修改之，不另作通知。

佛教正覺同修會　贈閱書籍 目錄

2018/10/20

1.**無相念佛**　平實導師著　回郵 36 元
2.**念佛三昧修學次第**　平實導師述著　回郵 52 元
3.**正法眼藏—護法集**　平實導師述著　回郵 76 元
4.**真假開悟簡易辨正法&佛子之省思**　平實導師著　回郵 26 元
5.**生命實相之辨正**　平實導師著　回郵 31 元
6.**如何契入念佛法門**（附：印順法師否定極樂世界）平實導師著 回郵 26 元
7.**平實書箋**—答元覽居士書　平實導師著　回郵 52 元
8.**三乘唯識**—如來藏系經律彙編　平實導師編　回郵 80 元
（精裝本　長 27 cm　寬 21 cm　高 7.5 cm　重 2.8 公斤）
9.**三時繫念全集**—修正本　回郵掛號 52 元（長 26.5 cm×寬 19 cm）
10.**明心與初地**　平實導師述　回郵 31 元
11.**邪見與佛法**　平實導師述著　回郵 36 元
12.**甘露法雨**　平實導師述　回郵 36 元
13.**我與無我**　平實導師述　回郵 36 元
14.**學佛之心態**—修正錯誤之學佛心態始能與正法相應 孫正德老師著 回郵52元
附錄：平實導師著**《略說八、九識並存…等之過失》**
15.**大乘無我觀**—《悟前與悟後》別說　平實導師述著　回郵 36 元
16.**佛教之危機**—中國台灣地區現代佛教之真相（附錄：公案拈提六則）
平實導師著　回郵 52 元
17.**燈　影**—燈下黑（覆「求教後學」來函等）平實導師著　回郵 76 元
18.**護法與毀法**—覆上平居士與徐恒志居士網站毀法二文
張正圜老師著　回郵 76 元
19.**淨土聖道**—兼評**選擇本願念佛**　正德老師著　**由正覺同修會購贈** 回郵52 元
20.**辨唯識性相**—對「紫蓮心海《辯唯識性相》書中否定阿賴耶識」之回應
正覺同修會 台南共修處法義組 著　回郵 52 元
21.**假如來藏**—對法蓮法師《如來藏與阿賴耶識》書中否定阿賴耶識之回應
正覺同修會 台南共修處法義組 著　回郵 76 元
22.**入不二門**—公案拈提集錦 第一輯（於平實導師公案拈提諸書中選錄約二十則，
合輯爲一冊流通之）平實導師著　回郵 52 元
23.**真假邪說**—西藏密宗索達吉喇嘛《破除邪說論》真是邪說
釋正安法師著　上、下冊回郵各 52 元
24.**真假開悟**—真如、如來藏、阿賴耶識間之關係　平實導師述著　回郵 76 元
25.**真假禪和**—辨正釋傳聖之謗法謬說　孫正德老師著　回郵 76 元

26.**眼見佛性**—駁慧廣法師眼見佛性的含義文中謬說
游正光老師著　回郵 52 元

27.**普門自在**—公案拈提集錦 第二輯（於平實導師公案拈提諸書中選錄約二十則，合輯為一冊流通之）平實導師著　回郵 52 元

28.**印順法師的悲哀**—以現代禪的質疑為線索　恒毓博士著　回郵 52 元

29.**識蘊真義**—現觀識蘊內涵、取證初果、親斷三縛結之具體行門。
—依《成唯識論》及《惟識述記》正義，略顯安慧《大乘廣五蘊論》之邪謬
平實導師著　回郵 76 元

30.**正覺電子報** 各期紙版本　免附回郵　每次最多函索三期或三本。
（已無存書之較早各期，不另增印贈閱）

31.**現代人應有的宗教觀**　蔡正禮老師 著　回郵31 元

32.**遠惑趣道**—正覺電子報般若信箱問答錄　第一輯　回郵52 元

33.**遠惑趣道**—正覺電子報般若信箱問答錄　第二輯　回郵52 元

34.**確保您的權益**—器官捐贈應注意自我保護　游正光老師 著　回郵31 元

35.**正覺教團電視弘法三乘菩提 DVD 光碟（一）**
由正覺教團多位親教師共同講述錄製 DVD 8 片，MP3 一片，共 9 片。有二大講題：一為「三乘菩提之意涵」，二為「學佛的正知見」。內容精闢，深入淺出，精彩絕倫，幫助大眾快速建立三乘法道的正知見，免被外道邪見所誤導。有志修學三乘佛法之學人不可不看。（製作工本費 100 元，回郵 52 元）

36.**正覺教團電視弘法 DVD 專輯（二）**
總有二大講題：一為「三乘菩提之念佛法門」，一為「學佛正知見（第二篇）」，由正覺教團多位親教師輪番講述，內容詳細闡述如何修學念佛法門、實證念佛三昧，以及學佛應具有的正確知見，可以幫助發願往生西方極樂淨土之學人，得以把握往生，更可令學人快速建立三乘法道的正知見，免於被外道邪見所誤導。有志修學三乘佛法之學人不可不看。（一套 17 片，工本費 160 元。回郵 76 元）

37.**喇嘛性世界**—揭開假藏傳佛教譚崔瑜伽的面紗　張善思 等人合著
由正覺同修會購贈　回郵 52 元

38.**假藏傳佛教的神話**—性、謊言、喇嘛教　張正玄教授編著
由正覺同修會購贈　回郵 52 元

39.**隨　緣**—理隨緣與事隨緣　平實導師述　回郵 52 元。

40.**學佛的覺醒**　正枝居士 著　回郵 52 元

41.**導師之真實義**　蔡正禮老師 著　回郵 31 元

42.**淺談達賴喇嘛之雙身法**—兼論解讀「密續」之達文西密碼
吳明芷居士 著　回郵 31 元

43.**魔界轉世**　張正玄居士 著　回郵 31 元

44.**一貫道與開悟**　蔡正禮老師 著　回郵 31 元

45.**博愛**—愛盡天下女人　正覺教育基金會 編印　回郵 36 元

46.**意識虛妄經教彙編**—實證解脫道的關鍵經文　正覺同修會編印　回郵36元
47.**邪箭囈語**—破斥藏密外道多識仁波切《破魔金剛箭雨論》之邪說
陸正元老師著　上、下冊回郵各52元
48.**真假沙門**—依 佛聖教闡釋佛教僧寶之定義
蔡正禮老師著　俟正覺電子報連載後結集出版
49.**真假禪宗**—藉評論釋性廣《印順導師對變質禪法之批判
及對禪宗之肯定》以顯示真假禪宗
附論一：凡夫知見 無助於佛法之信解行證
附論二：世間與出世間一切法皆從如來藏實際而生而顯
余正偉老師著　俟正覺電子報連載後結集出版　回郵未定

★ 上列贈書之郵資，係台灣本島地區郵資，大陸、港、澳地區及外國地區，請另計酌增（大陸、港、澳、國外地區之郵票不許通用）。尚未出版之書，請勿先寄來郵資，以免增加作業煩擾。

★ 本目錄若有變動，唯於後印之書籍及「成佛之道」網站上修正公佈之，不另行個別通知。

函索書籍請寄：佛教正覺同修會　103台北市承德路3段277號9樓
台灣地區函索書籍者請附寄郵票，無時間購買郵票者可以等值現金抵用，但不接受郵政劃撥、支票、匯票。大陸地區得以人民幣計算，國外地區請以美元計算（請勿寄來當地郵票，在台灣地區不能使用）。欲以掛號寄遞者，請另附掛號郵資。

親自索閱：正覺同修會各共修處。　★請於共修時間前往取書，餘時無人在道場，請勿前往索取；共修時間與地點，詳見書末正覺同修會共修現況表（以近期之共修現況表爲準）。

註：正智出版社發售之局版書，請向各大書局購閱。若書局之書架上已經售出而無陳列者，請向書局櫃台指定洽購；若書局不便代購者，請於正覺同修會共修時間前往各共修處請購，正智出版社已派人於共修時間送書前往各共修處流通。 郵政劃撥購書及 大陸地區 購書，請詳別頁正智出版社發售書籍目錄最後頁之說明。

成佛之道 網站：http://www.a202.idv.tw　正覺同修會已出版之結緣書籍，多已登載於 成佛之道 網站，若住外國、或住處遙遠，不便取得正覺同修會贈閱書籍者，可以從本網站閱讀及下載。　書局版之《宗通與說通》亦已上網，台灣讀者可向書局洽購，售價300元。《狂密與眞密》第一輯~第四輯，亦於 2003.5.1.全部於本網站登載完畢；台灣地區讀者請向書局洽購，每輯約400頁，售價300元（網站下載紙張費用較貴，容易散失，難以保存，亦較不精美）。

＊＊假藏傳佛教修雙身法，非佛教＊＊

正智出版社 籌募弘法基金發售書籍目錄 2020/11/14

1.**宗門正眼**—公案拈提 第一輯 重拈 平實導師著 500 元
因重寫內容大幅度增加故，字體必須改小，並增爲 576 頁 主文 546 頁。比初版更精彩、更有內容。初版《禪門摩尼寶聚》之讀者，可寄回本公司免費調換新版書。免附回郵，亦無截止期限。（2007 年起，每冊附贈本公司精製公案拈提〈超意境〉CD 一片。市售價格 280 元，多購多贈。）

2.**禪淨圓融** 平實導師著 200 元（第一版舊書可換新版書。）

3.**真實如來藏** 平實導師著 400 元

4.**禪—悟前與悟後** 平實導師著 上、下冊，每冊 250 元

5.**宗門法眼**—公案拈提 第二輯 平實導師著 500 元
（2007 年起，每冊附贈本公司精製公案拈提〈超意境〉CD 一片）

6.**楞伽經詳解** 平實導師著 全套共 10 輯 每輯 250 元

7.**宗門道眼**—公案拈提 第三輯 平實導師著 500 元
（2007 年起，每冊附贈本公司精製公案拈提〈超意境〉CD 一片）

8.**宗門血脈**—公案拈提 第四輯 平實導師著 500 元
（2007 年起，每冊附贈本公司精製公案拈提〈超意境〉CD 一片）

9.**宗通與說通**—成佛之道 平實導師著 主文 381 頁 全書 400 頁售價 300 元

10.**宗門正道**—公案拈提 第五輯 平實導師著 500 元
（2007 年起，每冊附贈本公司精製公案拈提〈超意境〉CD 一片）

11.**狂密與真密 一～四輯** 平實導師著 西藏密宗是人間最邪淫的宗教，本質不是佛教，只是披著佛教外衣的印度教性力派流毒的喇嘛教。此書中將西藏密宗密傳之男女雙身合修樂空雙運所有祕密與修法，毫無保留完全公開，並將全部喇嘛們所不知道的部分也一併公開。內容比大辣出版社喧騰一時的《西藏慾經》更詳細。並且函蓋藏密的所有祕密及其錯誤的中觀見、如來藏見……等，藏密的所有法義都在書中詳述、分析、辨正。每輯主文三百餘頁 每輯全書約 400 頁 售價每輯 300 元

12.**宗門正義**—公案拈提 第六輯 平實導師著 500 元
（2007 年起，每冊附贈本公司精製公案拈提〈超意境〉CD 一片）

13.**心經密意**—心經與解脫道、佛菩提道、祖師公案之關係與密意 平實導師述 300 元

14.**宗門密意**—公案拈提 第七輯 平實導師著 500 元
（2007 年起，每冊附贈本公司精製公案拈提〈超意境〉CD 一片）

15.**淨土聖道**—兼評「選擇本願念佛」 正德老師著 200 元

16.**起信論講記** 平實導師述著 共六輯 每輯三百餘頁 售價各 250 元

17.**優婆塞戒經講記** 平實導師述著 共八輯 每輯三百餘頁 售價各 250 元

18.**真假活佛**—略論附佛外道盧勝彥之邪說（對前岳靈犀網站主張「盧勝彥是證悟者」之修正） 正犀居士（岳靈犀）著 流通價 140 元

19.**阿含正義**—唯識學探源 平實導師著 共七輯 每輯 300 元

20.**超意境 CD** 以平實導師公案拈提書中超越意境之頌詞，加上曲風優美的旋律，錄成令人嚮往的超意境歌曲，其中包括正覺發願文及平實導師親自譜成的黃梅調歌曲一首。詞曲雋永，殊堪翫味，可供學禪者吟詠，有助於見道。內附設計精美的彩色小冊，解說每一首詞的背景本事。每片 280 元。【每購買公案拈提書籍一冊，即贈送一片。】

21.**菩薩底憂鬱 CD** 將菩薩情懷及禪宗公案寫成新詞，並製作成超越意境的優美歌曲。 1.主題曲〈菩薩底憂鬱〉，描述地後菩薩能離三界生死而迴向繼續生在人間，但因尚未斷盡習氣種子而有極深沈之憂鬱，非三賢位菩薩及二乘聖者所知，此憂鬱在七地滿心位方才斷盡；本曲之詞中所說義理極深，昔來所未曾見；此曲係以優美的情歌風格寫詞及作曲，聞者得以激發嚮往諸地菩薩境界之大心，詞、曲都非常優美，難得一見；其中勝妙義理之解說，已印在附贈之彩色小冊中。 2.以各輯公案拈提中直示禪門入處之頌文，作成各種不同曲風之超意境歌曲，值得玩味、參究；聆聽公案拈提之優美歌曲時，請同時閱讀內附之印刷精美說明小冊，可以領會超越三界的證悟境界；未悟者可以因此引發求悟之意向及疑情，眞發菩提心而邁向求悟之途，乃至因此眞實悟入般若，成眞菩薩。 3.正覺總持咒新曲，總持佛法大意；總持咒之義理，已加以解說並印在隨附之小冊中。本 CD 共有十首歌曲，長達 63 分鐘。每盒各附贈二張購書優惠券。每片 280 元。

22.**禪意無限 CD** 平實導師以公案拈提書中偈頌寫成不同風格曲子，與他人所寫不同風格曲子共同錄製出版，幫助參禪人進入禪門超越意識之境界。盒中附贈彩色印製的精美解說小冊，以供聆聽時閱讀，令參禪人得以發起參禪之疑情，即有機會證悟本來面目而發起實相智慧，實證大乘菩提般若，能如實證知般若經中的眞實意。本 CD 共有十首歌曲，長達 69 分鐘，每盒各附贈二張購書優惠券。每片 280 元。

23.**我的菩提路**第一輯　釋悟圓、釋善藏等人合著　售價 300 元

24.**我的菩提路**第二輯　郭正益等人合著　售價 300 元（停售，俟改版後另行發售）

25.**我的菩提路**第三輯　王美伶等人合著　售價 300 元

26.**我的菩提路**第四輯　陳晏平等人合著　售價 300 元

27.**我的菩提路**第五輯　林慈慧等人合著　售價 300 元

28.**我的菩提路**第六輯　劉惠莉等人合著　售價 300 元

29.**我的菩提路**第七輯　余正偉等人合著　售價 300 元　預定 2021/6/30 出版

30.**鈍鳥與靈龜**—考證後代凡夫對大慧宗杲禪師的無根誹謗。

平實導師著 共 458 頁 售價 350 元

31.**維摩詰經講記** 平實導師述 共六輯 每輯三百餘頁 售價各 250 元

32.**真假外道**—破劉東亮、杜大威、釋證嚴常見外道見　正光老師著　200 元

33.**勝鬘經講記**—兼論印順《勝鬘經講記》對於《勝鬘經》之誤解。

平實導師述　共六輯　每輯三百餘頁　售價250元

34.**楞嚴經講記**　平實導師述　共15輯，每輯三百餘頁　售價300元

35.**明心與眼見佛性**—駁慧廣〈蕭氏「眼見佛性」與「明心」之非〉文中謬說

正光老師著　共448頁　售價300元

36.**見性與看話頭**　黃正倖老師 著，本書是禪宗參禪的方法論。

內文375頁，全書416頁，售價300元。

37.**達賴真面目**—玩盡天下女人 白正偉老師 等著 中英對照彩色精裝大本 800元

38.**喇嘛性世界**—揭開假藏傳佛教譚崔瑜伽的面紗　張善思 等人著　200元

39.**假藏傳佛教的神話**—性、謊言、喇嘛教　正玄教授編著　200元

40.**金剛經宗通**　平實導師述　共九輯　每輯售價250元。

41.**空行母**—性別、身分定位，以及藏傳佛教。

珍妮·坎貝爾著 呂艾倫 中譯 售價250元

42.**末代達賴**—性交教主的悲歌　張善思、呂艾倫、辛燕編著 售價250元

43.**霧峰無霧**—給哥哥的信　辨正釋印順對佛法的無量誤解

游宗明 老師著　售價250元

44.**霧峰無霧**—第二輯—救護佛子向正道　細說釋印順對佛法的各類誤解

游宗明 老師著　售價250元

45.**第七意識與第八意識？**—穿越時空「超意識」

平實導師述　每冊300元

46.**黯淡的達賴**—失去光彩的諾貝爾和平獎

正覺教育基金會編著　每冊250元

47.**童女迦葉考**—論呂凱文〈佛教輪迴思想的論述分析〉之謬。

平實導師 著 定價180元

48.**人間佛教**—實證者必定不悖三乘菩提

平實導師 述，定價400元

49.**實相經宗通**　平實導師述　共八輯　每輯250元

50.**真心告訴您(一)**—達賴喇嘛在幹什麼？

正覺教育基金會編著　售價250元

51.**中觀金鑑**—詳述應成派中觀的起源與其破法本質

孫正德老師著　分爲上、中、下三冊，每冊250元

52.**藏傳佛教要義**—《狂密與真密》之簡體字版　平實導師 著 上、下冊

僅在大陸流通　每冊300元

53.**法華經講義**　平實導師述　共二十五輯　每輯300元

已於2015/05/31起開始出版，每二個月出版一輯

54.**西藏「活佛轉世」制度**—附佛、造神、世俗法

許正豐、張正玄老師合著　定價150元

55.**廣論三部曲**　郭正益老師著　定價150元

56.**真心告訴您(二)**—達賴喇嘛是佛教僧侶嗎？

—補祝達賴喇嘛八十大壽

正覺教育基金會編著　售價300元

57.**次法**—實證佛法前應有的條件

張善思居士著　分爲上、下二冊，每冊250元

58.**涅槃**—解說四種涅槃之實證及內涵　平實導師著 上、下冊 各350元

59.**山法**—西藏關於他空與佛藏之根本論

篤補巴‧喜饒堅贊著　傑弗里‧霍普金斯英譯

張火慶教授、張志成、呂艾倫等中譯　精裝大本1200元

60.**佛藏經講義**　平實導師述　2019年7月31日開始出版　共21輯

每二個月出版一輯，每輯300元。

61.**假鋒虛焔金剛乘**—揭示顯密正理，兼破索達吉師徒《般若鋒兮金剛焰》

釋正安法師著 簡體字版 即將出版 售價未定

62.**廣論之平議**—宗喀巴《菩提道次第廣論》之平議　正雄居士著

約二或三輯　俟正覺電子報連載後結集出版　書價未定

63.**大法鼓經講義**　平實導師講述　《佛藏經講義》出版後發行，每輯300元

64.**不退轉法輪經講義**　平實導師講述　《大法鼓經講義》出版後發行

65.**八識規矩頌**詳解　○○居士 註解　出版日期另訂　書價未定。

66.**中觀正義**—註解平實導師《中論正義頌》。

○○法師（居士）著　出版日期未定　書價未定

67.**中論正義**—釋龍樹菩薩《中論》頌正理。

孫正德老師著　出版日期未定　書價未定

68.**中國佛教史**—依中國佛教正法史實而論。 ○○老師 著　書價未定。

69.**印度佛教史**—法義與考證。依法義史實評論印順《印度佛教思想史、佛教史地考論》之謬說　正偉老師著　出版日期未定　書價未定

70.**阿含經講記**—將選錄四阿含中數部重要經典全經講解之，講後整理出版。

平實導師述　約二輯　每輯300元　出版日期未定

71.**實積經講記**　平實導師述　每輯三百餘頁 優惠價300元 出版日期未定

72.**解深密經講義**　平實導師述 約四輯　將於重講後整理出版

73.**成唯識論略解**　平實導師著　五～六輯　每輯300元　出版日期未定

74.**修習止觀坐禪法要講記**　平實導師述　每輯三百餘頁

將於正覺寺建成後重講、以講記逐輯出版　出版日期未定

75.**無門關**—《無門關》公案拈提　平實導師著　出版日期未定

76.**中觀再論**—兼述印順《中觀今論》謬誤之平議。正光老師著 出版日期未定

77.**輪迴與超度**—佛教超度法會之真義。

○○法師（居士）著　出版日期未定　書價未定

78.**《釋摩訶衍論》平議**—對偽稱龍樹所造《釋摩訶衍論》之平議

○○法師（居士）著　出版日期未定　書價未定

79.**正覺發願文**註解—以真實大願為因 得證菩提
正德老師著 出版日期未定 書價未定
80.**正覺總持咒**—佛法之總持 正圜老師著 出版日期未定 書價未定
81.**三自性**—依四食、五蘊、十二因緣、十八界法，說三性三無性。
作者未定 出版日期未定
82.**道品**—從三自性說大小乘三十七道品 作者未定 出版日期未定
83.**大乘緣起觀**—依四聖諦七真如現觀十二緣起 作者未定 出版日期未定
84.**三德**—論解脫德、法身德、般若德。 作者未定 出版日期未定
85.**真假如來藏**—對印順《如來藏之研究》謬說之平議 作者未定 出版日期未定
86.**大乘道次第** 作者未定 出版日期未定 書價未定
87.**四緣**—依如來藏故有四緣。 作者未定 出版日期未定
88.**空之探究**—印順《空之探究》謬誤之平議 作者未定 出版日期未定
89.**十法義**—論阿含經中十法之正義 作者未定 出版日期未定
90.**外道見**—論述外道六十二見 作者未定 出版日期未定

正智出版社有限公司 書籍介紹

禪淨圓融：言淨土諸祖所未曾言，示諸宗祖師所未曾示；禪淨圓融，另闢成佛捷徑，兼顧自力他力，闡釋淨土門之速行易行道，亦同時揭櫫聖教門之速行易行道；令廣大淨土行者得免緩行難證之苦，亦令聖道門行者得以藉著淨土速行道而加快成佛之時劫。乃前無古人之超勝見地，非一般弘揚禪淨法門典籍也，先讀爲快。平實導師著 200元。

宗門正眼—公案拈提第一輯：繼承克勤圜悟大師碧巖錄宗旨之禪門鉅作。先則舉示當代大法師之邪說，消弭當代禪門大師鄉愿之心態，摧破當今禪門「世俗禪」之妄談；次則旁通教法，表顯宗門正理；繼以道之次第，消弭古今狂禪；後藉言語及文字機鋒，直示宗門入處。悲智雙運，禪味十足，數百年來難得一睹之禪門鉅著也。平實導師著 500元（原初版書《禪門摩尼寶聚》，改版後補充爲五百餘頁新書，總計多達二十四萬字，內容更精彩，並改名爲《宗門正眼》，讀者原購初版《禪門摩尼寶聚》皆可寄回本公司免費換新，免附回郵，亦無截止期限）（2007年起，凡購買公案拈提第一輯至第七輯，每購一輯皆贈送本公司精製公案拈提〈超意境〉CD一片，市售價格280元，多購多贈）。

禪—悟前與悟後：本書能建立學人悟道之信心與正確知見，圓滿具足而有次第地詳述禪悟之功夫與禪悟之內容，指陳參禪中細微淆訛之處，能使學人明自眞心、見自本性。若未能悟入，亦能以正確知見辨別古今中外一切大師究係眞悟？或屬錯悟？便有能力揀擇，捨名師而選明師，後時必有悟道之緣。一旦悟道，遲者七次人天往返，便出三界，速者一生取辦。學人欲求開悟者，不可不讀。 平實導師著。上、下冊共500元，單冊250元。

眞實如來藏：如來藏眞實存在，乃宇宙萬有之本體，並非印順法師、達賴喇嘛等人所說之「唯有名相、無此心體」。如來藏是涅槃之本際，是一切有智之人竭盡心智、不斷探索而不能得之生命實相；是古今中外許多大師自以爲悟而當面錯過之生命實相。如來藏即是阿賴耶識，乃是一切有情本自具足、不生不滅之眞實心。當代中外大師於此書出版之前所未能言者，作者於本書中盡情流露、詳細闡釋。眞悟者讀之，必能增益悟境、智慧增上；錯悟者讀之，必能檢討自己之錯誤，免犯大妄語業；未悟者讀之，能知參禪之理路，亦能以之檢查一切名師是否眞悟。此書是一切哲學家、宗教家、學佛者及欲昇華心智之人必讀之鉅著。　平實導師著　售價400元。

宗門法眼—**公案拈提**第二輯：列舉實例，闡釋土城廣欽老和尚之悟處；並直示這位不識字的老和尚妙智橫生之根由，繼而剖析禪宗歷代大德之開悟公案，解析當代密宗高僧卡盧仁波切之錯悟證據，並例舉當代顯宗高僧、大居士之錯悟證據（凡健在者，爲免影響其名聞利養，皆隱其名）。藉辨正當代名師之邪見，向廣大佛子指陳禪悟之正道，彰顯宗門法眼。悲勇兼出，強捋虎鬚；慈智雙運，巧探驪龍；摩尼寶珠在手，直示宗門入處，禪味十足；若非大悟徹底，不能爲之。禪門精奇人物，允宜人手一冊，供作參究及悟後印證之圭臬。本書於2008年4月改版，增寫爲大約500頁篇幅，以利學人研讀參究時更易悟入宗門正法，以前所購初版首刷及初版二刷舊書，皆可免費換取新書。平實導師著　500元（2007年起，凡購買公案拈提第一輯至第七輯，每購一輯皆贈送本公司精製公案拈提〈超意境〉CD一片，市售價格280元，多購多贈）。

宗門道眼—**公案拈提**第三輯：繼宗門法眼之後，再以金剛之作略、慈悲之胸懷、犀利之筆觸，舉示寒山、拾得、布袋三大士之悟處，消弭當代錯悟者對於寒山大士……等之誤會及誹謗。　亦舉出民初以來與虛雲和尚齊名之蜀郡鹽亭袁煥仙夫子——南懷瑾老師之師，其「悟處」何在？並蒐羅許多眞悟祖師之證悟公案，顯示禪宗歷代祖師之睿智，指陳部分祖師、奧修及當代顯密大師之謬悟，作爲殷鑑，幫助禪子建立及修正參禪之方向及知見。假使讀者閱此書已，一時尚未能悟，亦可一面加功用行，一面以此宗門道眼辨別眞假善知識，避開錯誤之印證及歧路，可免大妄語業之長劫慘痛果報。欲修禪宗之禪者，務請細讀。平實導師著　售價500元（2007年起，凡購買公案拈提第一輯至第七輯，每購一輯皆贈送本公司精製公案拈提〈超意境〉CD一片，市售價格280元，多購多贈）。

楞伽經詳解：本經是禪宗見道者印證所悟眞僞之根本經典，亦是禪宗見道者悟後起修之依據經典；故達摩祖師於印證二祖慧可大師之後，將此經典連同佛缽祖衣一併交付二祖，令其依此經典佛示金言、進入修道位，修學一切種智。由此可知此經對於眞悟之人修學佛道，是非常重要之一部經典。此經能破外道邪說，亦破佛門中錯悟名師之謬說，亦破禪宗部分祖師之狂禪：不讀經典、一向主張「一悟即成究竟佛」之謬執。並開示愚夫所行禪、觀察義禪、攀緣如禪、如來禪等差別，令行者對於三乘禪法差異有所分辨；亦糾正禪宗祖師古來對於如來禪之誤解，嗣後可免以訛傳訛之弊。此經亦是法相唯識宗之根本經典，禪者悟後欲修一切種智而入初地者，必須詳讀。平實導師著，全套共十輯，已全部出版完畢，每輯主文約320頁，每冊約352頁，定價250元。

宗門血脈—**公案拈提第四輯**：末法怪象—許多修行人自以爲悟，每將無念靈知認作眞實；崇尚二乘法諸師及其徒眾，則將**外於如來藏之緣起性空**—無因論之無常空、斷滅空、一切法空—錯認爲 佛所說之般若空性。這兩種現象已於當今海峽兩岸及美加地區顯密大師之中普遍存在；人人自以爲悟，心高氣壯，便敢寫書解釋祖師證悟之公案，大多出於意識思惟所得，言不及義，錯誤百出，因此誤導廣大佛子同陷大妄語之地獄業中而不能自知。彼等書中所說之悟處，其實處處違背第一義經典之聖言量。彼等諸人不論是否身披袈裟，都非佛法宗門血脈，或雖有禪宗法脈之傳承，亦只徒具形式；猶如螟蛉，非眞血脈，未悟得根本眞實故。禪子欲知佛、祖之眞血脈者，請讀此書，便知分曉。平實導師著，主文452頁，全書464頁，定價500元（2007年起，凡購買公案拈提第一輯至第七輯，每購一輯皆贈送本公司精製公案拈提〈超意境〉CD一片，市售價格280元，多購多贈）。

宗通與說通：古今中外，錯誤之人如麻似粟，每以常見外道所說之靈知心，認作眞心；或妄想虛空之勝性能量爲眞如，或錯認物質四大元素藉冥性（靈知心本體）能成就吾人色身及知覺，或認初禪至四禪中之了知心爲不生不滅之涅槃心。此等皆非通宗者之見地。復有錯悟之人一向主張「宗門與教門不相干」，此即尚未通達宗門之人也。其實宗門與教門互通不二，宗門所證者乃是眞如與佛性，教門所說者乃說宗門證悟之眞如佛性，故教門與宗門不二。本書作者以宗教二門互通之見地，細說「宗通與說通」，從初見道至悟後起修之道、細說分明；並將諸宗諸派在整體佛教中之地位與次第，加以明確之教判，學人讀之即可了知佛法之梗概也。欲擇明師學法之前，允宜先讀。平實導師著，主文共381頁，全書392頁，只售成本價300元。

宗門正道—公案拈提第五輯：修學大乘佛法有二果須證—解脫果及大菩提果。二乘人不證大菩提果，唯證解脫果；此果之智慧，名為聲聞菩提、緣覺菩提。大乘佛子所證二果之菩提果為佛菩提，故名大菩提果，其慧名為一切種智—函蓋二乘解脫果。然此大乘二果修證，須經由禪宗之宗門證悟方能相應。而宗門證悟極難，自古已然；其所以難者，咎在古今佛教界普遍存在三種邪見：1.以修定認作佛法，2.以無因論之緣起性空—否定涅槃本際如來藏以後之一切法空作為佛法，3.以常見外道邪見（離語言妄念之靈知性）作為佛法。如是邪見，或因自身正見未立所致，或因邪師之邪教導所致，或因無始劫來虛妄熏習所致。若不破除此三種邪見，永劫不悟宗門真義、不入大乘正道，唯能外門廣修菩薩行。平實導師於此書中，有極為詳細之說明，有志佛子欲摧邪見、入於內門修菩薩行者，當閱此書。主文共496頁，全書512頁。售價500元（2007年起，凡購買公案拈提第一輯至第七輯，每購一輯皆贈送本公司精製公案拈提〈超意境〉CD一片，市售價格280元，多購多贈）。

狂密與真密：密教之修學，皆由有相之觀行法門而入，其最終目標仍不離顯教經典所說第一義諦之修證；若離顯教第一義經典、或違背顯教第一義經典，即非佛教。西藏密教之觀行法，如灌頂、觀想、遷識法、寶瓶氣、大聖歡喜雙身修法、喜金剛、無上瑜伽、大樂光明、樂空雙運等，皆是印度教**兩性生生不息思想**之轉化，**自始至終皆以如何能運用交合淫樂之法達到全身受樂**為其中心思想，純屬欲界五欲的貪愛，不能令人超出欲界輪迴，更不能令人斷除我見；何況大乘之明心與見性，更無論矣！故密宗之法絕非佛法也。而其明光大手印、大圓滿法教，又皆同以常見外道所說**離語言妄念之無念靈知心**錯認為佛地之真如，不能直指不生不滅之真如。西藏密宗所有法王與徒眾，都尚未開頂門眼，不能辨別真偽，以**依人不依法、依密續不依經典**故，不肯將其上師喇嘛所說對照第一義經典，純依密續之藏密祖師所說為準，因此而誇大其證德與證量，動輒謂彼祖師上師為究竟佛、為地上菩薩；如今台海兩岸亦有自謂其師證量高於 釋迦文佛者，然觀其師所述，猶未見道，仍在觀行即佛階段，尚未到禪宗相似即佛、分證即佛階位，竟敢標榜為究竟佛及地上法王，誑惑初機學人。凡此怪象皆是狂密，不同於真密之修行者。近年狂密盛行，密宗行者被誤導者極眾，動輒自謂已證佛地真如，自視為究竟佛，陷於大妄語業中而不知自省，反謗顯宗真修實證者之證量粗淺；或如義雲高與釋性圓…等人，於報紙上公然誹謗真實證道者為「騙子、無道人、人妖、癩蛤蟆…」等，造下誹謗大乘勝義僧之大惡業；或以外道法中有為有作之甘露、魔術……等法，誑騙初機學人，狂言彼外道法為真佛法。如是怪象，在西藏密宗及附藏密之外道中，不一而足，舉之不盡，學人宜應慎思明辨，以免上當後又犯毀破菩薩戒之重罪。密宗學人若欲遠離邪知邪見者，請閱此書，即能了知密宗之邪謬，從此遠離邪見與邪修，轉入真正之佛道。平實導師著 共四輯 每輯約400頁（主文約340頁）每輯售價300元。

宗門正義—**公案拈提**第六輯：佛教有六大危機，乃是藏密化、世俗化、膚淺化、學術化、宗門密意失傳、悟後進修諸地之次第混淆；其中尤以宗門密意之失傳，爲當代佛教最大之危機。由宗門密意失傳故，易令 世尊本懷普被錯解，易令 世尊正法被轉易爲外道法，以及加以淺化、世俗化，是故宗門密意之廣泛弘傳與具緣佛弟子，極爲重要。然而欲令宗門密意之廣泛弘傳予具緣之佛弟子者，必須同時配合錯誤知見之解析、普令佛弟子知之，然後輔以公案解析之直示入處，方能令具緣之佛弟子悟入。而此二者，皆須以公案拈提之方式爲之，方易成其功、竟其業，是故平實導師續作宗門正義一書，以利學人。　全書500餘頁，售價500元（2007年起，凡購買公案拈提第一輯至第七輯，每購一輯皆贈送本公司精製公案拈提〈超意境〉CD一片，市售價格280元，多購多贈）。

心經密意—心經與解脫道、佛菩提道、祖師公案之關係與密意。二乘菩提所證之解脫道，實依第八識心之斷除煩惱障現行而立解脫之名；大乘菩提所證之佛菩提道，實依親證第八識如來藏之涅槃性、清淨自性、及其中道性而立般若之名；禪宗祖師公案所證之眞心，即是此第八識如來藏；是故三乘佛法所修所證之三乘菩提，皆依此如來藏心而立名也。此第八識心，即是《心經》所說之心也。證得此如來藏已，即能漸入大乘佛菩提道，亦可因證知此心而了知二乘無學所不能知之無餘涅槃本際，是故《心經》之密意，與三乘佛菩提之關係極爲密切、不可分割，三乘佛法皆依此心而立名故。今者平實導師以其所證解脫道之無生智及佛菩提之般若種智，將《心經》與解脫道、佛菩提道、祖師公案之關係與密意，以演講之方式，用淺顯之語句和盤托出，發前人所未言，呈三乘菩提之眞義，令人藉此《心經密意》一舉而窺三乘菩提之堂奧，迴異諸方言不及義之說；欲求眞實佛智者、不可不讀！主文317頁，連同跋文及序文…等共384頁，售價300元。

宗門密意—**公案拈提**第七輯：佛教之世俗化，將導致學人以信仰作爲學佛，則將以感應及世間法之庇祐，作爲學佛之主要目標，不能了知學佛之主要目標爲親證三乘菩提。大乘菩提則以般若實相智慧爲主要修習目標，以二乘菩提解脫道爲附帶修習之標的；是故學習大乘法者，應以禪宗之證悟爲要務，能親入大乘菩提之實相般若智慧中故，般若實相智慧非二乘聖人所能知故。此書則以台灣世俗化佛教之三大法師，說法似是而非之實例，配合眞悟祖師之公案解析，提示證悟般若之關節，令學人易得悟入。平實導師著，全書五百餘頁，售價500元（2007年起，凡購買公案拈提第一輯至第七輯，每購一輯皆贈送本公司精製公案拈提〈超意境〉CD一片，市售價格280元，多購多贈）。

淨土聖道—兼評日本本願念佛：佛法甚深極廣，般若玄微，非諸二乘聖僧所能知之，一切凡夫更無論矣！所謂一切證量皆歸淨土是也！是故大乘法中「聖道之淨土、淨土之聖道」，其義甚深，難可了知；乃至眞悟之人，初心亦難知也。今有正德老師眞實證悟後，復能深探淨土與聖道之緊密關係，憐憫眾生之誤會淨土實義，亦欲利益廣大淨土行人同入聖道，同獲淨土中之聖道門要義，乃振奮心神、書以成文，今得刊行天下。主文279頁，連同序文等共301頁，總有十一萬六千餘字，正德老師著，成本價200元。

起信論講記：詳解大乘起信論**心生滅門**與**心眞如門**之眞實意旨，消除以往大師與學人對起信論所說**心生滅門**之誤解，由是而得了知眞心如來藏之非常非斷中道正理；亦因此一講解，令此論以往隱晦而被誤解之眞實義，得以如實顯示，令大乘佛菩提道之正理得以顯揚光大；初機學者亦可藉此正論所顯示之法義，對大乘法理生起正信，從此得以眞發菩提心，眞入大乘法中修學，世世常修菩薩正行。平實導師演述，共六輯，都已出版，每輯三百餘頁，售價各250元。

優婆塞戒經講記：本經詳述在家菩薩修學大乘佛法，應如何受持菩薩戒？對人間善行應如何看待？對三寶應如何護持？應如何正確地修集此世後世證法之福德？應如何修集後世「行菩薩道之資糧」？並詳述第一義諦之正義：五蘊非我非異我、自作自受、異作異受、不作不受……等深妙法義，乃是修學大乘佛法、行菩薩行之在家菩薩所應當了知者。出家菩薩今世或未來世登地已，捨報之後多數將如華嚴經中諸大菩薩，以在家菩薩身而修行菩薩行，故亦應以此經所述正理而修之，配合《楞伽經、解深密經、楞嚴經、華嚴經》等道次第正理，方得漸次成就佛道；故此經是一切大乘行者皆應證知之正法。平實導師講述，每輯三百餘頁，售價各250元；共八輯，已全部出版。

真假活佛—略論附佛外道盧勝彥之邪說：人人身中都有眞活佛，永生不滅而有大神用，但眾生都不了知，所以常被身外的西藏密宗假活佛籠罩欺瞞。本來就眞實存在的眞活佛，才是眞正的密宗無上密！諾那活佛因此而說禪宗是大密宗，但藏密的所有活佛都不知道、也不曾實證自身中的眞活佛。本書詳實宣示眞活佛的道理，舉證盧勝彥的「佛法」不是眞佛法，也顯示盧勝彥是假活佛，直接的闡釋第一義佛法見道的眞實正理。眞佛宗的所有上師與學人們，都應該詳細閱讀，包括盧勝彥個人在內。正犀居士著，優惠價140元。

阿含正義—唯識學探源：廣說四大部《阿含經》諸經中隱說之眞正義理，一一舉示佛陀本懷，令阿含時期初轉法輪根本經典之眞義，如實顯現於佛子眼前。並提示末法大師對於阿含眞義誤解之實例，一一比對之，證實唯識增上慧學確於原始佛法之阿含諸經中已隱覆密意而略說之，證實 世尊確於原始佛法中已曾密意而說第八識如來藏之總相；亦證實 世尊在四阿含中已說此藏識是名色十八界之因、之本—證明如來藏是能生萬法之根本心。佛子可據此修正以往受諸大師（譬如西藏密宗應成派中觀師：印順、昭慧、性廣、大願、達賴、宗喀巴、寂天、月稱、……等人）誤導之邪見，建立正見，轉入正道乃至親證初果而無困難；書中並詳說三果所證的**心解脫**，以及四果**慧解脫**的親證，都是如實可行的具體知見與行門。全書共七輯，已出版完畢。平實導師著，每輯三百餘頁，售價300元。

超意境CD：以平實導師公案拈提書中超越意境之頌詞，加上曲風優美的旋律，錄成令人嚮往的超意境歌曲，其中包括正覺發願文及平實導師親自譜成的黃梅調歌曲一首。詞曲雋永，殊堪翫味，可供學禪者吟詠，有助於見道。內附設計精美的彩色小冊，解說每一首詞的背景本事。每片280元。【每購買公案拈提書籍一冊，即贈送一片。】

鈍鳥與靈龜：鈍鳥及靈龜二物，被宗門證悟者說爲二種人：前者是精修禪定而無智慧者，也是以定爲禪的愚癡禪人；後者是或有禪定、或無禪定的宗門證悟者，凡已證悟者皆是靈龜。但後者被人虛造事實，用以嘲笑大慧宗杲禪師，說他雖是靈龜，卻不免被天童禪師預記「患背」痛苦而亡：「**鈍鳥離巢易，靈龜脫殼難。**」藉以貶低大慧宗杲的證量；同時又將天童禪師實證如來藏的證量，曲解爲意識境界的離念靈知。自從大慧禪師入滅以後，錯悟凡夫對他的不實毀謗就一直存在著，不曾止息，並且捏造的假事實也隨著年月的增加而越來越多，終至編成「鈍鳥與靈龜」的假公案、假故事。本書是考證大慧與天童之間的不朽情誼，顯現這件假公案的虛妄不實；更見大慧宗杲面對惡勢力時的正直不阿，亦顯示大慧對天童禪師的至情深義，將使後人對大慧宗杲的誣謗至此而止，不再有人誤犯毀謗賢聖的惡業。書中亦舉出大慧與天童二師的證悟內容，證明宗門的所悟確以第八識如來藏爲標的，詳讀之後必可改正以前被錯悟大師誤導的參禪知見，日後必定有助於實證禪宗的開悟境界，得階大乘眞見道位中，即是實證般若之賢聖。全書459頁，售價350元。

菩薩底憂鬱CD將菩薩情懷及禪宗公案寫成新詞，並製作成超越意境的優美歌曲。1.主題曲〈菩薩底憂鬱〉，描述地後菩薩能離三界生死而迴向繼續生在人間，但因尚未斷盡習氣種子而有極深沈之憂鬱，非三賢位菩薩及二乘聖者所知，此憂鬱在七地滿心位方才斷盡；本曲之詞中所說義理極深，昔來所未曾見；此曲係以優美的情歌風格寫詞及作曲，聞者得以激發嚮往諸地菩薩境界之大心，詞、曲都非常優美，難得一見；其中勝妙義理之解說，已印在附贈之彩色小冊中。2.以各輯公案拈提中直示禪門入處之頌文，作成各種不同曲風之超意境歌曲，值得玩味、參究；聆聽公案拈提之優美歌曲時，請同時閱讀內附之印刷精美說明小冊，可以領會超越三界的證悟境界；未悟者可以因此引發求悟之意向及疑情，眞發菩提心而邁向求悟之途，乃至因此眞實悟入般若，成眞菩薩。3.正覺總持咒新曲，總持佛法大意；總持咒之義理，已加以解說並印在隨附之小冊中。本CD共有十首歌曲，長達63分鐘，附贈二張購書優惠券。每片280元。

我的菩提路第一輯：凡夫及二乘聖人不能實證的佛菩提證悟，末法時代的今天仍然有人能得實證，由正覺同修會釋悟圓、釋善藏法師等二十餘位實證如來藏者所寫的見道報告，已為當代學人見證宗門正法之絲縷不絕，證明大乘義學的法脈仍然存在，為末法時代求悟般若之學人照耀出光明的坦途。由二十餘位大乘見道者所繕，敘述各種不同的學法、見道因緣與過程，參禪求悟者必讀。全書三百餘頁，售價300元。

我的菩提路第二輯：由郭正益老師等人合著，書中詳述彼等諸人歷經各處道場學法，一一修學而加以檢擇之不同過程以後，因閱讀正覺同修會、正智出版社書籍而發起抉擇分，轉入正覺同修會中修學；乃至學法及見道之過程，都一一詳述之。其中張志成等人係由前現代禪轉進正覺同修會，張志成原為現代禪副宗長，以前未閱本會書籍時，曾被人藉其名義著文評論平實導師（詳見《宗通與說通》辨正及《眼見佛性》書末附錄…等）；後因偶然接觸正覺同修會書籍，深覺以前聽人評論平實導師之語不實，於是投入極多時間閱讀本會書籍、深入思辨，詳細探索中觀與唯識之關聯與異同，認為正覺之法義方是正法，深覺相應；亦解開多年來對佛法的迷雲，確定應依八識論正理修學方是正法。乃不顧面子，毅然前往正覺同修會面見平實導師懺悔，並正式學法求悟。今已與其同修王美伶（亦為前現代禪傳法老師），同樣證悟如來藏而證得法界實相，生起實相般若真智。此書中尚有七年來本會第一位眼見佛性者之見性報告一篇，一同供養大乘佛弟子。全書四百頁，售價300元。

我的菩提路第三輯：由王美伶老師等人合著。自從正覺同修會成立以來，每年夏初、冬初都舉辦精進禪三共修，藉以助益會中同修們得以證悟明心發起般若實相智慧；凡已實證而被平實導師印證者，皆書具見道報告用以證明佛法之眞實可證而非玄學，證明佛法並非純屬思想、理論而無實質，是故每年都能有人證明正覺同修會的「實證佛教」主張並非虛語。特別是眼見佛性一法，自古以來中國禪宗祖師實證者極寡，較之明心開悟的證境更難令人信受；至2017年初，正覺同修會中的證悟明心者已近五百人，然而其中眼見佛性者至今唯十餘人爾，可謂難能可貴，是故明心後欲冀眼見佛性者實屬不易。黃正倖老師是懸絕七年無人見性後的第一人，她於2009年的見性報告刊於本書的第二輯中，爲大眾證明佛性確實可以眼見；其後七年之中求見性者都屬解悟佛性而無人眼見，幸而又經七年後的2016冬初，以及2017夏初的禪三，復有三人眼見佛性，希冀鼓舞四眾佛子求見佛性之大心，今則具載一則於書末，顯示求見佛性之事實經歷，供養現代佛教界欲得見性之四眾弟子。全書四百頁，售價300元，已於2017年6月30日發行。

我的菩提路第四輯：由陳晏平等人著。中國禪宗祖師往往有所謂「見性」之言，所言多屬看見如來藏具有能令人發起成佛之自性，並非《大般涅槃經》中如來所說之眼見佛性。眼見佛性者，於親見佛性之時，即能於山河大地眼見自己佛性，亦能於他人身上眼見自己佛性及對方之佛性，如是境界無法爲尚未實證者解釋；勉強說之，縱使眞實明心證悟之人聞之，亦只能以自身明心之境界想像之，但不論如何想像多屬非量，能有正確之比量者亦是稀有，故說眼見佛性極爲困難。眼見佛性之人若所見極分明時，在所見佛性之境界下所眼見之山河大地、自己五蘊身心皆是虛幻，自有異於明心者之解脫功德受用，此後永不思證二乘涅槃，必定邁向成佛之道而進入第十住位中，已超第一阿僧祇劫三分有一，可謂之爲超劫精進也。今又有明心之後眼見佛性之人出於人間，將其明心及後來見性之報告，連同其餘證悟明心者之精彩報告一同收錄於此書中，供養眞求佛法實證之四眾佛子。全書380頁，售價300元，已於2018年6月30日發行。

我的菩提路第五輯：林慈慧老師等人著，本輯中所舉學人從相似正法中來到正覺同修會的過程，各人都有不同，發生的因緣亦是各有差別，然而都會指向同一個目標——證實生命實相的源底，確證自己生從何來、死往何去的事實，所以最後都證明佛法眞實而可親證，絕非玄學；本書將彼等諸人的始修及末後證悟之實例，羅列出來以供學人參考。本期亦有一位會裡的老師，是從1995年即開始追隨 平實導師修學，1997年明心後持續進修不斷，直到2017年眼見佛性之實例，足可證明《大般涅槃經》中世尊開示眼見佛性之法正眞無訛，第十住位的實證在末法時代的今天仍有可能，如今一併具載於書中以供學人參考，並供養現代佛教界欲得見性之四眾弟子。全書四百頁，售價300元，已於2019年12月31日發行。

我的菩提路第六輯：劉惠莉老師等人著，本輯中舉示劉老師明心多年以後的眼見佛性實錄，供末法時代學人了知明心之異於見性本質，足可證明《大般涅槃經》中世尊開示眼見佛性之法正眞無訛。亦列舉多篇學人從各道場來到正覺學法之不同過程，以及如何發覺邪見之異於正法的所在，最後終能在正覺禪三中悟入的實況，以證明佛教正法仍在末法時代的人間繼續弘揚的事實，鼓舞一切眞實學法的菩薩大眾思之：我等諸人亦可有因緣證悟，絕非空想白思。約四百頁，售價300元，已於2020年6月30日發行。

勝鬘經講記：如來藏爲三乘菩提之所依，若離如來藏心體及其含藏之一切種子，即無三界有情及一切世間法，亦無二乘菩提緣起性空之出世間法；本經詳說無始無明、一念無明皆依如來藏而有之正理，藉著詳解煩惱障與所知障間之關係，令學人深入了知二乘菩提與佛菩提相異之妙理；聞後即可了知佛菩提之特勝處及三乘修道之方向與原理，邁向攝受正法而速成佛道的境界中。平實導師講述，共六輯，每輯三百餘頁，售價各250元。

禪意無限CD平實導師以公案拈提書中偈頌寫成不同風格曲子，與他人所寫不同風格曲子共同錄製出版，幫助參禪人進入禪門超越意識之境界。盒中附贈彩色印製的精美解說小冊，以供聆聽時閱讀，令參禪人得以發起參禪之疑情，即有機會證悟本來面目，實證大乘菩提般若。本CD共有十首歌曲，長達69分鐘，每盒各附贈二張購書優惠券。每片280元。

明心與眼見佛性：本書細述明心與眼見佛性之異同，同時顯示了中國禪宗破初參明心與重關眼見佛性二關之間的關聯；書中又藉法義辨正而旁述其他許多勝妙法義，讀後必能遠離佛門長久以來積非成是的錯誤知見，令讀者在佛法的實證上有極大助益。也藉慧廣法師的謬論來教導佛門學人回歸正知正見，遠離古今禪門錯悟者所墮的意識境界，非唯有助於斷我見，也對未來的開悟明心實證第八識如來藏有所助益，是故學禪者都應細讀之。游正光老師著　共448頁　售價300元

見性與看話頭：黃正倖老師的《見性與看話頭》於《正覺電子報》連載完畢，今結集出版。書中詳說禪宗看話頭的詳細方法，並細說看話頭與眼見佛性的關係，以及眼見佛性者求見佛性前必須具備的條件。本書是禪宗實修者追求明心開悟時參禪的方法書，也是求見佛性者作功夫時必讀的方法書，內容兼顧眼見佛性的理論與實修之方法，是依實修之體驗配合理論而詳述，條理分明而且極爲詳實、周全、深入。本書內文375頁，全書416頁，售價300元。

維摩詰經講記：本經係　世尊在世時，由等覺菩薩維摩詰居士藉疾病而演說之大乘菩提無上妙義，所說函蓋甚廣，然極簡略，是故今時諸方大師與學人讀之悉皆錯解，何況能知其中隱含之深妙正義，是故普遍無法爲人解說；若強爲人說，則成依文解義而有諸多過失。今由平實導師公開宣講之後，詳實解釋其中密意，令維摩詰菩薩所說大乘不可思議解脫之深妙正法得以正確宣流於人間，利益當代學人及與諸方大師。書中詳實演述大乘佛法深妙不共二乘之智慧境界，顯示諸法之中絕待之實相境界，建立大乘菩薩妙道於永遠不敗不壞之地，以此成就護法偉功，欲冀永利娑婆人天。已經宣講圓滿整理成書流通，以利諸方大師及諸學人。全書共六輯，每輯三百餘頁，售價各250元。

金剛經宗通：三界唯心，萬法唯識，是成佛之修證內容，是諸地菩薩之所修；般若則是成佛之道（實證三界唯心、萬法唯識）的入門，若未證悟實相般若，即無成佛之可能，必將永在外門廣行菩薩六度，永在凡夫位中。然而實相般若的發起，全賴實證萬法的實相；若欲證知萬法的眞相，則必須探究萬法之所從來，則須實證自心如來—金剛心如來藏，然後現觀這個金剛心的金剛性、眞實性、如如性、清淨性、涅槃性、能生萬法的自性性、本住性，名爲證眞如；進而現觀三界六道唯是此金剛心所成，人間萬法須藉八識心王和合運作方能現起。如是實證《華嚴經》的「三界唯心、萬法唯識」以後，由此等現觀而發起實相般若智慧，繼續進修第十住位的如幻觀、第十行位的陽焰觀、第十迴向位的如夢觀，再生起增上意樂而勇發十無盡願，方能滿足三賢位的實證，轉入初地；自知成佛之道而無偏倚，從此按部就班、次第進修乃至成佛。第八識自心如來是般若智慧之所依，般若智慧的修證則要從實證金剛心自心如來開始；《金剛經》則是解說自心如來之經典，是一切三賢位菩薩所應進修之實相般若經典。這一套書，是將平實導師宣講的《金剛經宗通》內容，整理成文字而流通之；書中所說義理，迥異古今諸家依文解義之說，指出大乘見道方向與理路，有益於禪宗學人求開悟見道，及轉入內門廣修六度萬行。已於2013年9月出版完畢，總共9輯，每輯約三百餘頁，售價各250元。

真假外道：本書具體舉證佛門中的常見外道知見實例，並加以教證及理證上的辨正，幫助讀者輕鬆而快速的了知常見外道的錯誤知見，進而遠離佛門內外的常見外道知見，因此即能改正修學方向而快速實證佛法。游正光老師著。成本價200元。

空行母—性別、身分定位，以及藏傳佛教　本書作者爲蘇格蘭哲學家，因爲嚮往佛教深妙的哲學內涵，於是進入當年盛行於歐美的假藏傳佛教密宗，擔任卡盧仁波切的翻譯工作多年以後，被邀請成爲卡盧的空行母（又名佛母、明妃），開始了她在密宗裡的實修過程；後來發覺在密宗雙身法中的修行，其實無法使自己成佛，也發覺密宗對女性岐視而處處貶抑，並剝奪女性在雙身法中擔任一半角色時應有的身分定位。當她發覺自己只是雙身法中被喇嘛利用的工具，沒有獲得絲毫應有的尊重與基本定位時，發現了密宗的父權社會控制女性的本質；於是作者傷心地離開了卡盧仁波切與密宗，但是卻被恐嚇不許講出她在密宗裡的經歷，也不許她說出自己對密宗的教義與教制下對女性剝削的本質，否則將被咒殺死亡。後來她去加拿大定居，十餘年後方才擺脫這個恐嚇陰影，下定決心將親身經歷的實情及觀察到的事實寫下來並且出版，公諸於世。出版之後，她被流亡的達賴集團人士大力攻訐，誣指她爲精神狀態失常、說謊……等。但有智之士並未被達賴集團的政治操作及各國政府政治運作吹捧達賴的表相所欺，使她的書銷售無阻而又再版。正智出版社鑑於作者此書是親身經歷的事實，所說具有針對「藏傳佛教」而作學術研究的價值，也有使人認清假藏傳佛教剝削佛母、明妃的男性本位實質，因此洽請作者同意中譯而出版於華人地區。珍妮．坎貝爾女士著，呂艾倫 中譯，每冊250元。

假藏傳佛教的神話—性、謊言、喇嘛教　本書編著者是由一首名爲「阿姊鼓」的歌曲爲緣起，展開了序幕，揭開假藏傳佛教—喇嘛教—的神秘面紗。其重點是蒐集、摘錄網路上質疑「喇嘛教」的帖子，以揭穿「假藏傳佛教的神話」爲主題，串聯成書，並附加彩色插圖以及說明，讓讀者們瞭解西藏密宗及相關人事如何被操作爲「神話」的過程，以及神話背後的眞相。作者：張正玄教授。售價200元。

霧峰無霧—給哥哥的信　本書作者藉兄弟之間信件往來論義，略述佛法大義；並以多篇短文辨義，舉出釋印順對佛法的無量誤解證據，並一一給予簡單而清晰的辨正，令人一讀即知。久讀、多讀之後即能認清楚釋印順的六識論見解，與眞實佛法之牴觸是多麼嚴重；於是在久讀、多讀之後，於不知不覺之間提升了對佛法的極深入理解，正知正見就在不知不覺間建立起來了。當三乘佛法的正知見建立起來之後，對於三乘菩提的見道條件便將隨之具足，於是聲聞解脫道的見道也就水到渠成；接著大乘見道的因緣也將次第成熟，未來自然也會有親見大乘菩提之道的因緣，悟入大乘實相般若也將自然成功，自能通達般若系列諸經而成實義菩薩。作者居住於南投縣霧峰鄉，自喻見道之後不復再見霧峰之霧，故鄉原野美景一一明見，於是立此書名爲《霧峰無霧》；讀者若欲撥霧見月，可以此書爲緣。游宗明　老師著　已於2015年出版　售價250元。

霧峰無霧—第二輯—救護佛子向正道　本書作者藉釋印順著作中之各種錯謬法義提出辨正，以詳實的文義一一提出理論上及實證上之解析，列舉釋印順對佛法的無量誤解證據，藉此教導佛門大師與學人釐清佛法義理，遠離岐途轉入正道，然後知所進修，久之便能見道明心而入大乘勝義僧數。被釋印順誤導的大師與學人極多，很難救轉，是故作者大發悲心深入解說其錯謬之所在，佐以各種義理辨正而令讀者在不知不覺之間轉歸正道。如是久讀之後欲得斷身見、證初果，即不爲難事；乃至久之亦得大乘見道而得證眞如，脫離空有二邊而住中道，實相般若智慧生起，於佛法不再茫然，漸漸亦知悟後進修之道。屆此之時，對於大乘般若等深妙法之迷雲暗霧亦將一掃而空，生命及宇宙萬物之故鄉原野美景一一明見，是故本書仍名《霧峰無霧》，爲第二輯；讀者若欲撥雲見日、離霧見月，可以此書爲緣。游宗明　老師著　已於2019年出版　售價250元。

達賴真面目—玩盡天下女人：假使您不想戴綠帽子，請記得詳細閱讀此書；假使您不想讓好朋友戴綠帽子，請您將此書介紹給您的好朋友。假使您想保護家中的女性，也想要保護好朋友的女眷，請記得將此書送給家中的女性和好友的女眷都來閱讀。本書爲印刷精美的大本彩色中英對照精裝本，爲您揭開達賴喇嘛的眞面目，內容精彩不容錯過，爲利益社會大眾，特別以優惠價格嘉惠所有讀者。編著者：白志偉等。大開版雪銅紙彩色精裝本。售價800元。

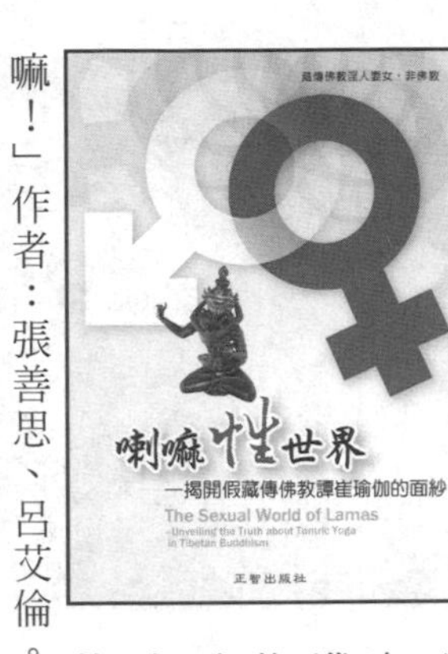

喇嘛性世界—揭開假藏傳佛教譚崔瑜伽的面紗：這個世界中的喇嘛，號稱來自世外桃源的香格里拉，穿著或紅或黃的喇嘛長袍，散布於我們的身邊傳教灌頂，吸引了無數的人嚮往學習；這些喇嘛虔誠地爲大眾祈福，手中拿著寶杵（金剛）與寶鈴（蓮花），口中唸著咒語：「唵·嘛呢·叭咪·吽……」，咒語的意思是說：「我至誠歸命金剛杵上的寶珠伸向蓮花寶穴之中」！「喇嘛性世界」是什麼樣的「世界」呢？本書將爲您呈現喇嘛世界的面貌。當您發現眞相以後，您將會唸：「噢！喇嘛·性·世界，譚崔性交嘛！」作者：張善思、呂艾倫。售價200元。

末代達賴—性交教主的悲歌：簡介從藏傳僞佛教（喇嘛教）的修行核心—性力派男女雙修，探討達賴喇嘛及藏傳僞佛教的修行內涵。書中引用外國知名學者著作、世界各地新聞報導，包含：歷代達賴喇嘛的祕史、達賴六世修雙身法的事蹟，以及《時輪續》中的性交灌頂儀式……等；達賴喇嘛書中開示的雙修法、達賴喇嘛的黑暗政治手段；達賴喇嘛所領導的寺院爆發喇嘛性侵兒童；新聞報導《西藏生死書》作者索甲仁波切性侵女信徒、澳洲喇嘛秋達公開道歉、美國最大假藏傳佛教組織領導人邱陽創巴仁波切的性氾濫，等等事件背後眞相的揭露。作者：張善思、呂艾倫、辛燕。售價250元。

黯淡的達賴—失去光彩的諾貝爾和平獎：本書舉出很多證據與論述，詳述達賴喇嘛不爲世人所知的一面，顯示達賴喇嘛並不是眞正的和平使者，而是假借諾貝爾和平獎的光環來欺騙世人；透過本書的說明與舉證，讀者可以更清楚的瞭解，達賴喇嘛是結合暴力、黑暗、淫欲於喇嘛教裡的集團首領，其政治行爲與宗教主張，早已讓諾貝爾和平獎的光環染污了。本書由財團法人正覺教育基金會寫作、編輯，由正覺出版社印行，每冊250元。

楞嚴經講記：楞嚴經係密教部之重要經典，亦是顯教中普受重視之經典；經中宣說明心與見性之內涵極爲詳細，將一切法都會歸如來藏及佛性—妙眞如性；亦闡釋佛菩提道修學過程中之種種魔境，以及外道誤會涅槃之狀況，旁及三界世間之起源。然因言句深澀難解，法義亦復深妙寬廣，學人讀之普難通達，是故讀者大多誤會，不能如實理解佛所說之明心與見性內涵，亦因是故多有悟錯之人引爲開悟之證言，成就大妄語罪。今由平實導師詳細講解之後，整理成文，以易讀易懂之語體文刊行天下，以利學人。全書十五輯，全部出版完畢。每輯三百餘頁，售價每輯300元。

第七意識與第八意識？—穿越時空「超意識」「三界唯心，萬法唯識」是佛教中應該實證的聖教，也是《華嚴經》中明載而可以實證的法界實相。唯心者，三界一切境界、一切諸法唯是一心所成就，即是每一個有情的第八識如來藏，不是意識心。唯識者，即是人類各各都具足的八識心王——眼識、耳鼻舌身意識、意根、阿賴耶識，第八阿賴耶識又名如來藏，人類五陰相應的萬法，莫不由八識心王共同運作而成就，故說萬法唯識。依聖教量及現量、比量，都可以證明意識是二法因緣生，是由第八識藉意根與法塵二法爲因緣而出生，又是夜夜斷滅不存之生滅心，即無可能反過來出生第七識意根、第八識如來藏，當知不可能從生滅性的意識心中，細分出恆審思量的第七識意根，更無可能細分出恆而不審的第八識如來藏。本書是將演講內容整理成文字，細說如是內容，並已在〈正覺電子報〉連載完畢，今彙集成書以廣流通，欲幫助佛門有緣人斷除意識我見，跳脫於識陰之外而取證聲聞初果；嗣後修學禪宗時即得不墮外道神我之中，得以求證第八識金剛心而發起般若實智。平實導師 述，每冊300元。

人間佛教—實證者必定不悖三乘菩提　「大乘非佛說」的講法似乎流傳已久，卻只是日本人企圖擺脫中國正統佛教的影響，而在明治維新時期才開始提出來的說法；台灣佛教、大陸佛教的淺學無智之人，由於未曾實證佛法而迷信日本人錯誤的學術考證，錯認爲這些別有用心的日本佛學考證的講法爲天竺佛教的眞實歷史；甚至還有更激進的反對佛教者提出「**釋迦牟尼佛並非眞實存在，只是後人捏造的假歷史人物**」，竟然也有少數佛教徒願意跟著「學術」的假光環而信受不疑，亦導致部分台灣佛教界人士，造作了反對中國大乘佛教而推崇南洋小乘佛教的行爲，使台灣佛教的信仰者難以檢擇，亦導致一般大陸人士開始轉入基督教的盲目迷信中。在這些佛教及外教人士之中也就有一分人根據此邪說而大聲主張「大乘非佛說」的謬論，這些人以「人間佛教」的名義來抵制中國正統佛教，公然宣稱中國的大乘佛教是由聲聞部派佛教的凡夫僧所創造出來的。這樣的說法流傳於台灣及大陸佛教界凡夫僧之中已久，卻非眞正的佛教歷史中曾經發生過的事，只是繼承六識論的聲聞法中凡夫僧，以及別有居心的日本佛教界，依自己的意識境界立場，純憑臆想而編造出來的妄想說法，卻已經影響許多無智之凡夫僧俗信受不移。本書則是從佛教的經藏法義實質及實證的現量內涵本質立論，證明大乘佛法本是佛說，是從《阿含正義》尚未說過的不同面向來討論「人間佛教」的議題，證明「大乘眞佛說」。閱讀本書可以斷除六識論邪見，迴入三乘菩提正道發起實證的因緣；也能斷除禪宗學人學禪時普遍存在之錯誤知見，對於建立參禪時的正知見有很深的著墨。平實導師 述，內文488頁，全書528頁，定價400元。

童女迦葉考—論呂凱文〈佛教輪迴思想的論述分析〉之謬　童女迦葉是佛世率領五百大比丘遊行於人間的歷史事實，是以童貞行而依止菩薩戒弘化於人間的大菩薩，不依別解脫戒（聲聞戒）來弘化於人間。這是大乘佛教與聲聞佛教同時存在於佛世的歷史明證，證明大乘佛教不是從聲聞法中分裂出來的部派佛教的產物，卻是聲聞佛教分裂出來的部派佛教聲聞凡夫僧所不樂見的史實；於是古今聲聞法中的凡夫都欲加以扭曲而作詭說，更是末法時代高聲大呼「大乘非佛說」的六識論聲聞凡夫極力想要扭曲的佛教史實之一，於是想方設法扭曲迦葉菩薩爲聲聞僧，以及扭曲迦葉童女爲比丘僧等荒謬不實之論著便陸續出現，古時聲聞僧寫作的《分別功德論》是最具體之事例，現代之代表作則是呂凱文先生的〈佛教輪迴思想的論述分析〉論文。鑑於如是假藉學術考證以籠罩大眾之不實謬論，未來仍將繼續造作及流竄於佛教界，繼續扼殺大乘佛教學人法身慧命，必須舉證辨正之，遂成此書。平實導師 著，每冊180元。

中觀金鑑—詳述應成派中觀的起源與其破法本質　學佛人往往迷於中觀學派之不同學說，被應成派與自續派所迷惑；修學般若中觀二十年後自以爲實證般若中觀了，卻仍不曾入門，甫聞實證般若中觀者之所說，則茫無所知，迷惑不解；隨後信心盡失，不知如何實證佛法；凡此，皆因惑於這二派中觀學說所致。自續派中觀所說同於常見，以意識境界立爲第八識如來藏之境界，應成派所說則同於斷見，但又同立意識爲常住法，故亦具足斷常二見。今者孫正德老師有鑑於此，乃將起源於密宗的應成派中觀學說，追本溯源，詳考其來源之外，亦一一舉證其立論內容，詳加辨正，令密宗雙身法祖師以識陰境界而造之應成派中觀學說本質，詳細呈現於學人眼前，令其維護雙身法之目的無所遁形。若欲遠離密宗此二大派中觀謬說，欲於三乘菩提有所進道者，允宜具足閱讀並細加思惟，反覆讀之以後將可捨棄邪道返歸正道，則於般若之實證即有可能，證後自能現觀如來藏之中道境界而成就中觀。本書分上、中、下三冊，每冊250元，已全部出版完畢。

實相經宗通：學佛之目的在於實證一切法界背後之實相，禪宗稱之爲本來面目或本地風光，佛菩提道中稱之爲實相法界；此實相法界即是金剛藏，又名佛法之祕密藏，即是能生有情五陰、十八界及宇宙萬有（山河大地、諸天、三惡道世間）的第八識如來藏，又名阿賴耶識心，即是禪宗祖師所說的眞如心，此心即是三界萬有背後的實相。證得此第八識心時，自能瞭解般若諸經中隱說的種種密意，即得發起實相般若——實相智慧。每見學佛人修學佛法二十年後仍對實相般若茫然無知，亦不知如何入門，茫無所趣；更因不知三乘菩提的互異互同，是故越是久學者對佛法越覺茫然，都肇因於尚未瞭解佛法的全貌，亦未瞭解佛法的修證內容即是第八識心所致。本書對於修學佛法者所應實證的實相境界提出明確解析，並提示趣入佛菩提道的入手處，有心親證實相般若的佛法實修者，宜詳讀之，於佛菩提道之實證即有下手處。平實導師述著，共八輯，已於2016年出版完畢，每輯成本價250元。

真心告訴您（一）——達賴喇嘛在幹什麼？這是一本報導篇章的選集，更是「破邪顯正」的暮鼓晨鐘。「破邪」是戳破假象，說明達賴喇嘛及其所率領的密宗四大派法王、喇嘛們，弘傳的佛法是仿冒的佛法；他們是假藏傳佛教，是坦特羅(譚崔性交)外道法和藏地崇奉鬼神的苯教混合成的「喇嘛教」，推廣的是以所謂「無上瑜伽」的男女雙身法冒充佛法的假佛教，詐財騙色誤導眾生，常常造成信徒家庭破碎、家中兒少失怙的嚴重後果。「顯正」是揭櫫眞相，指出眞正的藏傳佛教只有一個，就是覺囊巴，傳的是 釋迦牟尼佛演繹的第八識如來藏妙法，稱爲他空見大中觀。正覺教育基金會即以此古今輝映的如藏正法正知見，在眞心新聞網中逐次報導出來，將箇中原委「眞心告訴您」，如今結集成書，與想要知道密宗眞相的您分享。售價250元。

真心告訴您（二）——達賴喇嘛是佛教僧侶嗎？補祝達賴喇嘛八十大壽：這是一本針對當今達賴喇嘛所領導的喇嘛教，冒用佛教名相、於師徒間或師兄姊間，實修男女邪淫，而從佛法三乘菩提的現量與聖教量，揭發其謊言與邪術，證明達賴及其喇嘛教是仿冒佛教的外道，是「假藏傳佛教」。藏密四大派教義雖有「八識論」與「六識論」的表面差異，然其實修之內容，皆共許「無上瑜伽」四部灌頂爲究竟「成佛」之法門，也就是共以男女雙修之邪淫法爲「即身成佛」之密要，雖美其名曰「欲貪爲道」之「金剛乘」，並誇稱其成就超越於(應身佛) 釋迦牟尼佛所傳之顯教般若乘之上；然詳考其理論，則或以意識離念時之粗細心爲第八識如來藏，或以中脈裡的明點爲第八識如來藏，或如宗喀巴與達賴堅決主張第六意識爲常恆不變之眞心者，分別墮於外道之常見與斷見中；全然違背 佛說能生五蘊之如來藏的實質。售價300元。

西藏「活佛轉世」制度——附佛、造神、世俗法：歷來關於喇嘛教活佛轉世的研究，多針對歷史及文化兩部分，於其所以成立的理論基礎，較少系統化的探討。尤其是此制度是否依據「佛法」而施設？是否合乎佛法眞實義？現有的文獻大多含糊其詞，或人云亦云，不曾有明確的闡釋與如實的見解。因此本文先從活佛轉世的由來，探索此制度的起源、背景與功能，並進而從活佛的尋訪與認證之過程，發掘活佛轉世的特徵，以確認「活佛轉世」在佛法中應具足何種果德。定價150元。

法華經講義：此書爲平實導師始從2009/7/21演述至2014/1/14之講經錄音整理所成。世尊一代時教，總分五時三教，即是華嚴時、聲聞緣覺教、般若教、種智唯識教、法華時；依此五時三教區分爲藏、通、別、圓四教。本經是最後一時的圓教經典，圓滿收攝一切法教於本經中，是故最後的圓教聖訓中，特地指出無有三乘菩提，其實唯有一佛乘；皆因眾生愚迷故，方便區分爲三乘菩提以助眾生證道。世尊於此經中特地說明如來示現於人間的唯一大事因緣，便是爲有緣眾生「開、示、悟、入」諸佛的所知所見——第八識如來藏妙眞如心，並於諸品中隱說「妙法蓮花」如來藏心的密意。然因此經所說甚深難解，眞義隱晦，古來難得有人能窺堂奧；平實導師以知如是密意故，特爲末法佛門四眾演述《妙法蓮華經》中各品蘊含之密意，使古來未曾被古德註解出來的「此經」密意，如實顯示於當代學人眼前。乃至〈藥王菩薩本事品〉、〈妙音菩薩品〉、〈觀世音菩薩普門品〉、〈普賢菩薩勸發品〉中的微細密意，亦皆一併詳述之，可謂開前人所未曾言之密意，示前人所未見之妙法。最後乃至以〈法華大義〉而總其成，全經妙旨貫通始終，而依佛旨圓攝於一心如來藏妙心，厥爲曠古未有之大說也。平實導師述　，共有25輯，已於2019/05/31出版完畢。每輯300元。

涅槃——解說四種涅槃之實證及內涵：眞正學佛之人，首要即是見道，由見道故方有涅槃之實證，證涅槃者方能出生死，但涅槃有四種：二乘聖者的有餘涅槃、無餘涅槃，以及大乘聖者的本來自性清淨涅槃、佛地的無住處涅槃。大乘聖者實證本來自性清淨涅槃，入地前再取證二乘涅槃，然後起惑潤生捨離二乘涅槃，繼續進修而在七地心前斷盡三界愛之習氣種子，依七地無生法忍之具足而證得念念入滅盡定；八地後進斷異熟生死，直至妙覺地下生人間成佛，具足四種涅槃，方是眞正成佛。此理古來少人言，以致誤會涅槃正理者比比皆是，今於此書中廣說四種涅槃、如何實證之理、實證前應有之條件，實屬本世紀佛教界極重要之著作，令人對涅槃有正確無訛之認識，然後可以依之實行而得實證。本書共有上下二冊，每冊各四百餘頁，對涅槃詳加解說，每冊各350元。

佛藏經講義：本經說明爲何佛菩提難以實證之原因，都因往昔無數阿僧祇劫前的邪見，引生此世求證時之業障而難以實證。即以諸法實相詳細解說，繼之以念佛品、念法品、念僧品，說明諸佛與法之實質；然後以淨戒品之說明，期待佛弟子四眾堅持清淨戒而轉化心性，並以往古品的實例說明，教導四眾務必滅除邪見轉入正見中，然後以了戒品的說明和囑累品的付囑，期望末法時代的佛門四眾弟子皆能清淨知見而得以實證。平實導師於此經中有極深入的解說，總共21輯，每輯300元，於2019/07/31開始每二個月發行一輯。

我的菩提路第七輯：余正偉老師等人著，本輯中舉示余老師明心二十餘年以後的眼見佛性實錄，供末法時代學人了知明心異於見性之本質，並且舉示其見性後與平實導師互相討論眼見佛性之諸多疑訛處；除了證明《大般涅槃經》中世尊開示眼見佛性之法正眞無訛以外，亦得一解明心後尚未見性者之所未知處，甚爲精彩。此外亦列舉多篇學人從各不同宗教進入正覺學法之不同過程，以及發覺諸方道場邪見之內容與過程，最終得於正覺精進禪三中悟入的實況，足供末法精進學人借鑑，以彼鑑己而生信心，得以投入了義正法中修學及實證。凡此，皆足以證明不唯明心所證之第七住位般若智慧及解脫功德仍可實證，乃至第十住位的實證與當場發起如幻觀之實證，於末法時代的今天皆仍有可能。本書約四百頁，售價300元，將於2021年6月30日發行。

大法鼓經講義：本經解說佛法的總成：法、非法。由開解法、非法二義，說明了義佛法與世間戲論法的差異，指出佛法實證之標的即是法第八識如來藏；並顯示實證後的智慧，如實擊大法鼓、演深妙法，演說如來祕密教法，非二乘定性及諸凡夫所能得聞，唯有具足菩薩性者方能得聞。正聞之後即得依於世尊大願而拔除邪見，入於正法而得實證；深解不了義經之方便說，亦能實解了義經所說之眞實義，得以證法如來藏，而得發起根本無分別智，乃至進修而發起後得無分別智；並堅持布施及受持清淨戒而轉化心性，得以現觀眞我如來藏之各種層面。此爲第一義諦聖教，於末法最後餘四十年時，一切世間樂見離車童子將繼續護持此經所說正法。平實導師於此經中有極深入的解說，總共約六輯，每輯300元，於《佛藏經講義》出版完畢後開始發行，每二個月發行一輯。

解深密經講義：本經係 世尊晚年第三轉法輪，宣說地上菩薩所應熏修之唯識正義經典，經中所說義理乃是大乘一切種智增上慧學，以阿陀那識—如來藏—阿賴耶識爲主體。禪宗之證悟者，若欲修證初地無生法忍乃至八地無生法忍者，必須修學《楞伽經、解深密經》所說之八識心王一切種智；此二經所說正法，方是眞正成佛之道；印順法師否定第八識如來藏之後所說萬法緣起性空之法，是以誤會後之二乘解脫道取代大乘眞正成佛之道，尚且不符二乘解脫道正理，亦已墮於斷滅見中，不可謂爲成佛之道也。平實導師曾於本會郭故理事長往生時，於喪宅中從首七開始宣講，於每一七各宣講三小時，至第十七而快速略講圓滿，作爲郭老之往生佛事功德，迴向郭老早證八地、速返娑婆住持正法。茲爲今時後世學人故，將擇期重講《解深密經》，以淺顯之語句講畢後，將會整理成文，用供證悟者進道；亦令諸方未悟者，據此經中佛語正義，修正邪見，依之速能入道。平實導師述著，全書輯數未定，每輯三百餘頁，將於未來重講完畢後逐輯出版。

修習止觀坐禪法要講記：修學四禪八定之人，往往錯會禪定之修學知見，欲以無止盡之坐禪而證禪定境界，卻不知修除性障之行門才是修證四禪八定不可或缺之要素，故智者大師云「性障初禪」；性障不除，初禪永不現前，云何修證二禪等？又：行者學定，若唯知數息，而不解六妙門之方便善巧者，欲求一心入定，未到地定極難可得，智者大師名之爲「事障未來」：障礙未到地定之修證。又禪定之修證，不可違背二乘菩提及第一義法，否則縱使具足四禪八定，亦不能實證涅槃而出三界。此諸知見，智者大師於《修習止觀坐禪法要》中皆有闡釋。作者平實導師以其第一義之見地及禪定之實證證量，曾加以詳細解析。將俟正覺寺竣工啓用後重講，不限制聽講者資格；講後將以語體文整理出版。欲修習世間定及增上定之學者，宜細讀之。平實導師述著。

阿含經講記—小乘解脫道之修證：數百年來，南傳佛法所說證果之不實，所說解脫道之虛妄，所弘解脫道法義之世俗化，皆已少人知之；從南洋傳入台灣與大陸之後，所說法義虛謬之事，亦復少人知之；今時台灣全島印順系統之法師居士，多不知南傳佛法數百年來所說解脫道之義理已然偏斜、已然世俗化、已非眞正之二乘解脫正道，猶極力推崇與弘揚。彼等南傳佛法近代所謂之證果者皆非眞實證果者，譬如阿迦曼、葛印卡、帕奧禪師、一行禪師……等人，悉皆未斷我見故。近年更有台灣南部大願法師，高抬南傳佛法之二乘修證行門爲「捷徑究竟解脫之道」者，然而南傳佛法縱使眞修實證，得成阿羅漢，至高唯是二乘菩提解脫之道，絕非**究竟**解脫，無餘涅槃中之實際尚未得證故，法界之實相尚未了知故，習氣種子待除故，一切種智未實證故，焉得謂爲「究竟解脫」？即使南傳佛法近代眞有實證之阿羅漢，尚且不及三賢位中之七住明心菩薩本來自性清淨涅槃智慧境界，則不能知此賢位菩薩所證之無餘涅槃實際，仍非大乘佛法中之見道者，何況普未實證聲聞果乃至未斷我見之人？謬充證果已屬逾越，更何況是誤會二乘菩提之後，以未斷我見之凡夫知見所說之二乘菩提解脫偏斜法道，焉可高抬爲「究竟解脫」？而且自稱「捷徑之道」？又妄言解脫之道即是成佛之道，完全否定般若實智、否定三乘菩提所依之如來藏心體，此理大大不通也！平實導師爲令修學二乘菩提欲證解脫果者，普得迴入二乘菩提正見、正道中，是故選錄四阿含諸經中，對於二乘解脫道法義有具足圓滿說明之經典，預定未來十年內將會加以詳細講解，令學佛人得以了知二乘解脫道之修證理路與行門，庶免被人誤導之後，未證言證，梵行未立，干犯道禁自稱阿羅漢或成佛，成大妄語，欲升反墮。本書首重斷除我見，以助行者斷除我見而實證初果爲著眼之目標，若能根據此書內容，配合平實導師所著《識蘊眞義》《阿含正義》內涵而作實地觀行，實證初果非爲難事，行者可以藉此三書自行確認聲聞初果爲實際可得現觀成就之事。此書中除依二乘經典所說加以宣示外，亦依斷除我見等之證量，及大乘法中道種智之證量，對於意識心之體性加以細述，令諸二乘學人必定得斷我見、常見，免除三縛結之繫縛。次則宣示斷除我執之理，欲令升進而得薄貪瞋痴，乃至斷五下分結…等。平實導師將擇期講述，然後整理成書。共二冊，每冊三百餘頁。每輯300元。

總經銷： 聯合發行股份有限公司

231 新北市新店區寶橋路 235 巷 6 弄 6 號 4F

Tel.02－2917-8022（代表號） Fax.02－2915-6275（代表號）

零售：1.**全台連鎖經銷書局：**

三民書局、誠品書局、何嘉仁書店

敦煌書店、紀伊國屋、金石堂書局、建宏書局

諾貝爾圖書城、墊腳石圖書文化廣場

2.**台北市：**佛化人生 **大安區**羅斯福路 3 段 325 號 6 樓之 4　台電大樓對面

3.**新北市：**春大地書店 **蘆洲區**中正路 117 號

4.**桃園市：**御書堂 **龍潭區**中正路 123 號

5.**新竹市：**大學書局 **東區**建功路 10 號

6.**台中市：**瑞成書局 **東區**雙十路 1 段 4 之 33 號

佛教詠春書局 **南屯區**永春東路 884 號

文春書店 **霧峰區**中正路 1087 號

7.**彰化市：**心泉佛教文化中心 南瑤路 286 號

8.**高雄市：**政大書城 **前鎮區**中華五路 789 號 2 樓（高雄夢時代店）

明儀書局 **三民區**明福街 2 號

青年書局 **苓雅區**青年一路 141 號

9.**台東市：**東普佛教文物流通處 博愛路 282 號

10.**其餘鄉鎮市經銷書局：**請電詢總經銷**聯合**公司。

11.**大陸地區請洽：**

香港：樂文書店

旺角店 :香港九龍旺角西洋菜街 62 號 3 樓

電話 : (852) 2390 3723　email: luckwinbooks@gmail.com

銅鑼灣店 :香港銅鑼灣駱克道 506 號 2 樓

電話 : (852) 2881 1150　email: luckwinbs@gmail.com

廈門：廈門外圖臺灣書店有限公司

地址:廈門市思明區湖濱南路809 號 廈門外圖書城3 樓 郵編:361004

電話：0592-5061658（臺灣地區請撥打 86-592-5061658）

E-mail：JKB118@188.COM

12.**美國：世界日報圖書部：**紐約圖書部　電話 7187468889#6262

洛杉磯圖書部　電話 3232616972#202

13.**國內外地區網路購書：**

正智出版社 書香園地　http://books.enlighten.org.tw/

（書籍簡介、經銷書局可直接聯結下列網路書局購書）

三民 網路書局　http://www.sanmin.com.tw

誠品 網路書局　http://www.eslitebooks.com

博客來 網路書局　http://www.books.com.tw
金石堂 網路書局　http://www.kingstone.com.tw
聯合 網路書局　http:// www.nh.com.tw

附註：1.請儘量向各經銷書局購買：郵政劃撥需要八天才能寄到（本公司在您劃撥後第四天才能接到劃撥單，次日寄出後第二天您才能收到書籍，此六天中可能會遇到週休二日，是故共需八天才能收到書籍）若想要早日收到書籍者，請劃撥完畢後，將劃撥收據貼在紙上，旁邊寫上您的姓名、住址、郵區、電話、買書詳細內容，直接傳眞到本公司 02-28344822，並來電 02-28316727、28327495 確認是否已收到您的傳眞，即可提前收到書籍。 **2**.因台灣每月皆有五十餘種宗教類書籍上架，書局書架空間有限，故唯有新書方有機會上架，通常每次只能有一本新書上架；本公司出版新書，大多上架不久便已售出，若書局未再叫貨補充者，書架上即無新書陳列，則請直接向書局櫃台訂購。 **3**.若書局不便代購時，可於晚上共修時間向正覺同修會各共修處請購（共修時間及地點，詳閱**共修現況表**。每年例行年假期間請勿前往請書，年假期間請見共修現況表）。 **4**.郵購：郵政劃撥帳號 19068241。 **5**.正覺同修會會員購書都以八折計價（戶籍台北市者爲一般會員，外縣市爲護持會員）都可獲得優待，欲一次購買全部書籍者，可以考慮入會，節省書費。入會費一千元（第一年初加入時才需要繳），年費二千元。**6.尚未出版之書籍，請勿預先郵寄書款與本公司，謝謝您！** **7**.若欲一次購齊本公司書籍，或同時取得正覺同修會贈閱之全部書籍者，請於正覺同修會共修時間，親到各共修處請購及索取；**台北市讀者**請洽：103 台北市承德路三段 267 號 10 樓（捷運淡水線 圓山站旁）請書時間：週一至週五爲 18.00~21.00，第一、三、五週週六爲 10.00~21.00，雙週之週六爲 10.00~18.00 請購處專線電話：25957295-分機 14（於請書時間方有人接聽）。

敬告大陸讀者：

大陸讀者購書、索書捷徑（尚未在大陸出版的書籍，以下二個途徑都可以購得，電子書另包括結緣書籍）：

1.**廈門外國圖書公司**：廈門市思明區湖濱南路 809 號 廈門外圖書城 3F
郵編：361004　電話：0592-5061658　網址：http://www.xibc.com.cn/

2.**電子書**：正智出版社有限公司及正覺同修會在台灣印行的各種局版書、結緣書，已有『**正覺電子書**』陸續上線中，提供讀者於手機、平板電腦上購書、下載、閱讀正智出版社、正覺同修會及正覺教育基金會所出版之電子書，詳細訊息敬請參閱『正覺電子書』專頁：
http://books.enlighten.org.tw/ebook

關於平實導師的書訊，請上網查閱：

成佛之道　http://www.a202.idv.tw

正智出版社 書香園地　http://books.enlighten.org.tw/

★ 正智出版社有限公司售書之稅後盈餘，全部捐助財團法人正覺寺籌備處、佛教正覺同修會、正覺教育基金會，供作弘法及購建道場之用；懇請諸方大德支持，功德無量。

★ 聲　明 ★

本社於 2015/01/01 開始調整本目錄中部分書籍之售價，以因應各項成本的持續增加。

＊ 喇嘛教修外道雙身法、墮識陰境界，非佛教 ＊

＊ 弘揚如來藏他空見的覺囊派才是真正藏傳佛教 ＊

換書及道歉公告

《法華經講義》第十三輯，因謄稿、印製等相關人員作業疏失，導致該書中的經文及內文用字將「**親近**」誤植成「清淨」。茲為顧及讀者權益，自 2017/8/30 開始免費調換新書；敬請所有讀者將以前所購第十三輯初版首刷及二刷本，攜回或寄回本社免費換新，或請自行更正其中的錯誤之處；郵寄者之回郵由本社負擔，不需寄來郵票。同時對因此而造成讀者閱讀、以及換書的困擾及不便，在此向所有讀者致上最誠懇的歉意，祈請讀者大眾見諒！錯誤更正說明如下：

一、第 256 頁第 10 行~第 14 行：【就是先要具備「**法親近處**」、「**眾生親近處**」；法**親近**處就是在實相之法有所實證，如果在實相法上有所實證，他在二乘菩提中自然也能有所實證，以這個作為第一個**親近**處——第一個基礎。然後還要有第二個基礎，就是瞭解應該如何善待眾生；對於眾生不要有排斥或者是貪取之心，平等觀待而攝受、親近一切有情。以這兩個**親近**處作為基礎，來實行其他三個安樂行法。】。

二、第 268 頁第 13 行：【具足了那兩個「**親近處**」，使你能夠在末法時代，如實而圓滿的演述《法華經》時，那麼你作這個夢，它就是如理作意的，完全符合邏輯去完成這個過程，就表示你那個晚上，在那短短的一場夢中，已經度了不少眾生了。】

正智出版社有限公司 敬啓

售後服務—換書啓事（免附回郵） 2017/12/05

《楞伽經詳解》第三輯初版免費調換新書啓事：茲因 平實導師弘法早期尚未回復往世全部證量，有些法義接受他人的說法，寫書當時並未察覺而有二處（同一種法義）跟著誤說，如今發現已將之修正。茲爲顧及讀者權益，已開始免費調換新書；敬請所有讀者將以前所購第三輯（不論第幾刷），攜回或寄回本公司免費換新；郵寄者之回郵由本公司負擔，不需寄來郵票。因此而造成讀者閱讀、以及換書的不便，在此向所有讀者致上萬分的歉意，祈請讀者大眾見諒！

《楞嚴經講記》第 14 輯初版首刷本免費調換新書啓事：本講記第 14 輯出版前因 平實導師諸事繁忙，未將之重新閱讀而只改正校對時發現的錯別字，故未能發覺十年前所說法義有部分錯誤，於第 15 輯付印前重閱時才發覺第 14 輯中有部分錯誤尚未改正。今已重新審閱修改並已重印完成，煩請所有讀者將以前所購第 14 輯初版首刷本，寄回本公司免費換新（初版二刷本無錯誤），本公司將於寄回新書時同時附上您寄書來換新時的郵資，並在此向所有讀者致上最誠懇的歉意。

《心經密意》初版書免費調換二版新書啓事：本書係演講錄音整理成書，講時因時間所限，省略部分段落未講。後於再版時補寫增加 13 頁，維持原價流通之。茲爲顧及初版讀者權益，自 2003/9/30 開始免費調換新書，原有初版一刷、二刷書籍，皆可寄來本公司換書。

《宗門法眼》已經增寫改版爲 464 頁新書，2008 年 6 月中旬出版。讀者原有初版之第一刷、第二刷書本，都可以寄回本公司免費調換改版新書。改版後之公案及錯悟事例維持不變，但將內容加以增說，較改版前更具有廣度與深度，將更能助益讀者參究實相。

換書者**免附回郵**，亦無截止期限；舊書請寄：111 台北郵政 73-151 號信箱 或 103 台北市承德路三段 267 號 10 樓 正智出版社有限公司。舊書若有塗鴨、殘缺、破損者，仍可換取新書；但缺頁之舊書至少應仍有五分之三頁數，方可換書。所有讀者不必顧念本公司是否有盈餘之問題，都請踴躍寄來換書；本公司成立之目的不是營利，只要能眞實利益學人，即已達到成立及運作之目的。若以郵寄方式換書者，免附回郵；並於寄回新書時，由本公司附上您寄來書籍時耗用的郵資。造成您不便之處，再次致上萬分的歉意。

正智出版社有限公司 啓

國家圖書館出版品預行編目資料

楞嚴經講記／平實導師述. —初版—
臺北市：正智，2009.11— 〔民98— 〕
冊； 公分

ISBN 978-986-6431-04-3 （第1輯：平裝）
ISBN 978-986-6431-05-0 （第2輯：平裝）
ISBN 978-986-6431-06-7 （第3輯：平裝）
ISBN 978-986-6431-08-1 （第4輯：平裝）
ISBN 978-986-6431-09-8 （第5輯：平裝）
ISBN 978-986-6431-10-4 （第6輯：平裝）
ISBN 978-986-6431-11-1 （第7輯：平裝）
ISBN 978-986-6431-13-5 （第8輯：平裝）
ISBN 978-986-6431-15-9 （第9輯：平裝）
ISBN 978-986-6431-16-6 （第10輯：平裝）
ISBN 978-986-6431-17-3 （第11輯：平裝）
ISBN 978-986-6431-22-7 （第12輯：平裝）
ISBN 978-986-6431-23-4 （第13輯：平裝）
ISBN 978-986-6431-25-8 （第14輯：平裝）
ISBN 978-986-6431-28-9 （第15輯：平裝）

1.秘密部
221.94 98019505

楞嚴經講記——第十二輯

著 述 者：平實導師
音文轉換：曾邱賢 劉惠莉
校 對：章乃鈞 陳介源 蔡禮政 傅素嫻 王美伶
出 版 者：正智出版社有限公司
電話：〇二 28327495 28316727（白天）
傳眞：〇二 28344822
111台北郵政 73-151號信箱
郵政劃撥帳號：一九〇六八二四一
正覺講堂：總機〇二 25957295（夜間）
總 經 銷：聯合發行股份有限公司
231新北市新店區寶橋路235巷6弄6號4樓
電話：〇二 29178022（代表號）
傳眞：〇二 29156275
初版首刷：二〇一一年九月三十日 二千冊
初版六刷：二〇二一年三月 二千冊
定 價：三〇〇元